Lucy Maud Montgomery

Neues aus Avonlea

Lucy Maud Montgomery

Neues aus Avonlea

ERZÄHLUNGEN

VERLAG 28 EICHEN
BARNSTORF

Aus dem Englischen übersetzt
und mit Anmerkungen versehen
von Nadine Erler.

Das Original erschien 1920 unter dem Titel
Further Chronicles of Avonlea
bei McClelland & Stewart, Toronto,
und liegt hier in der deutschen Erstausgabe vor.

Mit besonderem Dank der Übersetzerin an
Rebecca Klemme Eliceiri und Denise MacLennan
(Lucy Maud Montgomery Society).

Die Deutsche Bibliothek verzeichnet diese Publikation
in der Deutschen Nationalbibliographie.
Detaillierte bibliographische Daten sind im Internet über
http://dnb.ddb.de abrufbar.

ISBN 978-3-96027-122-2

Cover unter Verwendung des Gemäldes
„Coquelicots“ [Mohnfeld] (1873) von Claude Monet,
Musée d’Orsay, Paris,

Inhalt

1. Tante Cynthias Perserkatze

Max segnet das Tier immer, wenn es erwähnt wird, und ich leugne nicht, daß die Sache gut ausgegangen ist. Aber wenn ich an die Angst denke, die Ismay und ich wegen dieser abscheulichen Katze ausgestanden haben, finde ich es schwer, einen Segen darin zu sehen.

Ich mochte Katzen noch nie, finde sie aber erträglich, wenn sie auf ihrem Platz bleiben. Ich komme auch gut mit einem sanftmütigen, matronenhaften alten Stubentiger aus, der auf sich selbst aufpassen und sich nützlich machen kann. Was Ismay betrifft, so haßt sie Katzen von jeher.

Aber Tante Cynthia, die Katzen vergötterte, verstand nie, daß es Leute gab, die ihre Begeisterung nicht teilten. Sie glaubte fest daran, daß Ismay und ich in der Tiefe unseres Herzens Katzen mochten, es aber aus irgendeinem seltsamen Grund nicht zugeben wollten.

Die Katze, die ich am meisten verabscheute, war Tante Cynthias weiße Perserkatze. Und was wir immer vermutet hatten, konnten wir schließlich beweisen – bei Tante Cynthia selbst war es mehr Stolz als Liebe. Sie hätte an einer guten, gewöhnlichen Katze zehnmal mehr Freude gehabt als an dieser verwöhnten Schönheit. Aber eine Perserkatze mit Stammbaum, die hundert Dollar wert war, weckte in Tante Cynthia einen solchen Besitzerstolz, daß sie sich einredete, das Tier sei wirklich ihr Augapfel.

Ein Neffe, der Missionar war, hatte es als kleines Kätzchen aus Persien mitgebracht, und für die nächsten drei Jahre bestand Tante Cynthias Leben daraus, diese Katze zu umsorgen. Sie war schneeweiß, mit einer blaugrauen Schwanzspitze, blauäugig, taub und empfindlich. Tante Cynthia fürchtete immer, sie könne sich erkälten und sterben. Ismay und ich hofften, daß es passieren würde – wir hatten es so satt, von der Katze und ihren Launen zu hören. Aber das sagten wir nicht zu Tante Cynthia. Sie hätte wahrscheinlich nie wieder mit uns gesprochen, und es war nicht klug, Tante Cynthia zu kränken. Wenn man eine vertrauensselige Tante mit viel Geld auf der Bank hat, stellt man sich am besten gut mit ihr, falls es geht. Außerdem mochten wir Tante Cynthia sehr – manchmal. Sie war eine dieser anstrengenden Menschen, die einen kritisieren, bis man sich berechtigt fühlt, sie zu hassen, und die dann plötzlich eine Kehrtwende machen und so nett sind, daß man sich verpflichtet fühlt, sie zu lieben.

Also hörten wir geduldig zu, wenn sie von Fatima erzählte – so hieß die Katze –, und wenn es gemein von uns war, letzterer den Tod zu wünschen, wurden wir später mehr als genug bestraft.

Eines Tages im November kam Tante Cynthia nach Spencervale. Sie fuhr in einem Phaeton vor, der von einem dicken grauen Pony gezogen wurde, aber irgendwie wirkte Tante Cynthia immer wie eine gewaltige Fregatte, die bei günstigem Wind segelt.

Es war ein schwarzer Tag für uns alle. Alles war schiefgegangen. Ismay hatte ihren Samtmantel mit Fett bekleckert, die neue Bluse, die ich genäht hatte, paßte überhaupt nicht, der Ofen in der Küche qualmte, und das Brot war schimmelig. Außerdem hatte Huldah Jane Keyson, unser getreues altes Kindermädchen, Köchin und „Hausherrin“, das, was sie „Neurologie“ nannte, in der Schulter. Huldah Jane ist der beste Mensch der

Welt, aber wenn sie „Neurologie“ hat, will jeder die Flucht ergreifen, und wenn das nicht möglich ist, fühlt man sich wie der heilige Laurentius auf seinem Eisenrost.

Und als Krönung kam Tante Cynthia zu Besuch und hatte ein Anliegen.

„Himmel“, sagte sie und schnüffelte, „rieche ich da etwa Rauch? Ihr Mädchen habt die Dinge nicht im Griff. Mein Ofen qualmt nie. Aber das ist ja zu erwarten, wenn zwei Mädchen versuchen, ohne Mann einen Haushalt zu führen.“

„Wir kommen sehr gut ohne Mann zurecht“, sagte ich hochnäsig. Max hatte sich vier Tage nicht blicken lassen, und auch wenn niemand ihn unbedingt sehen wollte, fragte ich mich, warum. „Männer sind lästig.“

„Ihr tut nur so“, sagte Tante Cynthia und machte alles noch schlimmer. „Aber keine Frau denkt jemals wirklich so. Ich glaube, daß diese hübsche Anne Shirley, die gerade bei Ella Kimball zu Besuch ist, anderer Meinung ist. Ich habe sie heute mit Dr. Irving spazierengehen sehen, und sie sahen beide sehr zufrieden aus. Wenn du Max noch lange hinhältst, Sue, schlüpft er dir durch die Finger!“

Es war sehr taktvoll, das zu *mir* zu sagen, die ich Max Irving so viele Körbe gegeben hatte, daß ich sie nicht mehr zählen konnte. Ich war wütend, also lächelte ich meine enervierende Tante honigsüß an. „Wie witzig, liebe Tante!“ sagte ich. „Du redest, als wollte ich mir Max angeln!“

„Das willst du ja auch“, sagte Tante Cynthia.

„Wenn es so wäre – warum habe ich dann alle seine Anträge abgelehnt?“ fragte ich lächelnd. Tante Cynthia wußte genau, daß es so war, denn Max hatte es ihr jedes Mal erzählt.

„Das weiß der Himmel“, sagte Tante Cynthia, „aber vielleicht tust du es einmal zu oft und wirst dann beim

Wort genommen. Diese Anne Shirley hat etwas sehr Faszinierendes an sich."

„Ja, wirklich", stimmte ich zu. „Sie hat die schönsten Augen, die ich je gesehen habe. Sie wäre genau die richtige Frau für Max, und ich hoffe, daß er sie heiratet."

„Hmpf", sagte Tante Cynthia. „Nun, ich stifte dich lieber nicht zu noch mehr Lügen an. Und ich bin nicht gekommen, um dich in bezug auf Max zur Vernunft zu bringen. Ich gehe für zwei Monate nach Halifax und möchte, daß ihr euch um Fatima kümmert, während ich weg bin."

„Fatima?" rief ich.

„Ja. Ich wage nicht, sie dem Personal anzuvertrauen. Denkt daran, ihre Milch immer warmzumachen, bevor ihr sie ihr gebt, und laßt sie auf keinen Fall nach draußen."

Ich sah Ismay an und sie mich. Wir wußten, daß es kein Entrinnen gab. Bei einer Ablehnung wäre Tante Cynthia tödlich beleidigt gewesen. Außerdem hätte sie es darauf geschoben, daß ich mich über ihre Worte über Max ärgerte, und wäre jahrelang darauf herumgeritten. Aber ich wagte zu fragen: „Was ist, wenn ihr etwas passiert, während du weg bist?"

„Um das zu verhindern, lasse ich sie ja bei euch", sagte Tante Cynthia. „Ihr dürft ihr einfach nichts zustoßen lassen. Es wird euch guttun, ein bißchen Verantwortung zu übernehmen. Und ihr habt endlich die Chance, zu merken, was für ein wunderbares Wesen Fatima ist. So, das ist also geregelt. Ich schicke euch Fatima morgen!"

„Du kannst dich allein um dieses gräßliche Vieh kümmern", sagte Ismay, als die Tür hinter Tante Cynthia ins Schloß gefallen war. „Ich fasse sie nicht einmal mit einer Kneifzange an! Du hattest kein Recht, zu sagen, daß wir sie nehmen!"

„Habe ich das denn gesagt?“ erwiderte ich ärgerlich. „Tante Cynthia ist einfach davon ausgegangen, daß wir einverstanden sind. Und du weißt genauso gut wie ich, daß wir nicht ablehnen konnten. Also, was hat es für einen Sinn, grantig zu sein?“

„Wenn ihr etwas passiert, wird Tante Cynthia uns dafür verantwortlich machen“, sagte Ismay düster.

„Glaubst du, daß Anne Shirley wirklich mit Gilbert Blythe verlobt ist?“ fragte ich neugierig.

„Ich habe gehört, daß sie es ist“, sagte Ismay geistesabwesend. „Nimmt sie etwas zu sich außer Milch? Ist es richtig, ihr Mäuse zu geben?“

„Oh, ich glaube schon. Aber meinst du, daß Max wirklich in sie verliebt ist?“

„Ich denke ja. Was für eine Erleichterung für dich!“

„Oh, natürlich“, sagte ich frostig. „Anne Shirley oder Anne So-und-So kann Max meinetwegen gern haben, wenn sie ihn will. Ich will ihn ganz bestimmt nicht. Ismay Meade, wenn der Ofen nicht aufhört zu qualmen, explodiere ich! Was für ein scheußlicher Tag! Ich hasse dieses Geschöpf!“

„Oh, so solltest du nicht reden, du kennst sie ja nicht einmal“, protestierte Ismay. „Alle sagen, Anne Shirley sei bezaubernd –“

„Ich spreche von Fatima“, rief ich wütend.

„Oh!“ sagte Ismay. Sie stellt sich manchmal dumm an – ich fand die Art, auf die sie „Oh!“ sagte, unverzeihlich dumm.

Fatima kam am nächsten Tag. Max brachte sie in einem abgedeckten Korb, der mit rotem Satin gepolstert war. Max mag Katzen und Tante Cynthia. Er erklärte uns, wie wir mit Fatima umzugehen hatten, und als Ismay das Zimmer verlassen hatte – Ismay verließ immer das Zimmer, wenn sie genau wußte, daß ich wollte, daß sie blieb –, machte er mir wieder einen Heiratsantrag. Natürlich sagte ich nein, wie immer, war aber recht zufrieden. Max hatte in den letzten zwei Jahren ungefähr alle zwei Monate um meine Hand angehalten. Manchmal – wie in diesem Fall – waren es aber auch drei Monate, und dann fragte ich mich immer, woran es lag. Ich schloß daraus, daß er nicht wirklich an Anne Shirley interessiert war, und war erleichtert. Ich wollte Max nicht heiraten, aber es war angenehm, ihn in der Nähe zu haben, und wir würden ihn furchtbar vermissen, wenn ein anderes Mädchen ihn sich angelte. Er war so nützlich und immer bereit, alles für uns zu tun – er nagelte lockere Dachschindeln fest, fuhr uns in die Stadt, verlegte Teppiche – kurzum, er war immer da, wenn man ihn brauchte.

Also strahlte ich ihn an, als ich nein sagte.

Max begann, mit den Fingern zu zählen. Als er bei acht angelangt war, schüttelte er den Kopf und fing von vorn an.

„Was ist?“ fragte ich.

„Ich versuche zu zählen, wie viele Male ich um dich angehalten habe“, sagte er. „Aber ich erinnere mich nicht, ob ich es an dem Tag getan habe, an dem wir den Garten umgegraben haben. Wenn ja, dann sind es –“

„Nein, hast du nicht“, unterbrach ich ihn.

„Nun, dann sind es elf Male“, sagte Max nachdenklich. „Ziemlich nah an der Grenze, nicht? Mein männlicher Stolz erlaubt mir nicht, mehr als zwölfmal um das gleiche Mädchen anzuhalten. Also, das nächste Mal wird das letzte Mal, Sue, Liebling.“

„Oh“, sagte ich etwas matt. Ich vergaß, mich darüber zu ärgern, daß er mich Liebling nannte. Ich fragte mich, ob das Leben nicht langweilig sein würde, wenn Max aufhörte, um mich anzuhalten. Es war die einzige Abwechslung für mich. Aber natürlich war es am besten – er konnte ja nicht ewig so weitermachen, und um das Thema geschickt zu wechseln, fragte ich ihn, wie Miss Shirley sei.

„Ein reizendes Mädchen“, sagte Max. „Du weißt ja, daß ich diese Mädchen mit den grauen Augen und dem prächtigen tizianroten Haar immer bewundert habe.“

Ich habe dunkles Haar und braune Augen. In diesem Augenblick verabscheute ich Max. Ich stand auf und sagte, ich würde etwas Milch für Fatima holen.

In der Küche traf ich auf Ismay, die völlig außer sich war. Sie war auf dem Dachboden gewesen, und ihr war eine Maus über die Füße gelaufen. Mäuse brachten Ismay immer aus der Fassung.

„Wir brauchen wirklich eine Katze“, fauchte sie, „aber nicht so ein nutzloses, verwöhntes Ding wie Fatima! Auf dem Dachboden wimmelt es buchstäblich von Mäusen. Ich gehe nicht wieder hinauf!“

Fatima war nicht so lästig, wie wir befürchtet hatten. Huldah Jane mochte sie, und Ismay sorgte trotz ihrer Erklärung, daß sie nichts mit ihr zu tun haben wolle, sehr gewissenhaft für sie. Sie stand sogar mitten in der Nacht auf und ging nachsehen, ob Fatima es warm genug hatte. Max kam jeden Tag und gab uns gute Ratschläge.

Dann, eines Tages – etwa drei Wochen nach Tante Cynthias Abreise – verschwand Fatima. Sie verschwand einfach, als habe sie sich in Luft aufgelöst. Wir ließen sie für einen Nachmittag in Huldah Janes Obhut; sie schlummerte in ihrem Korb am Feuer, und machten einen Besuch. Als wir nach Hause kamen, war Fatima weg.

Huldah Jane weinte verzweifelt und schwor, daß sie Fatima die ganze Zeit nicht aus den Augen gelassen habe – abgesehen von drei Minuten, in denen sie auf den Dachboden gegangen war, um Gartenbohnenkraut zu holen. Als sie zurückkam, hatte der Wind die Küchentür aufgestoßen, und Fatima war verschwunden.

Ismay und ich gerieten in Panik. Wir durchsuchten den Garten und alle Gebäude und riefen nach Fatima, aber vergeblich.

Dann setzte Ismay sich auf die Stufen vor der Tür und fing an zu weinen. „Sie wird sich draußen erkälten und sich den Tod holen, und Tante Cynthia wird uns nie verzeihen."

„Ich gehe zu Max", erklärte ich. Das tat ich auch – ich eilte durch die Fichtenwälder und über das Feld, so schnell meine Füße mich trugen, und dankte der Vorsehung, daß es Max gab, an den man sich in einer solchen Notlage wenden konnte.

Max kam, und wir starteten eine neue Suche, aber ohne Ergebnis. Tage vergingen, ohne daß wir Fatima fanden. Ich wäre sicher wahnsinnig geworden, wenn Max nicht gewesen wäre. Er war Gold wert in der schrecklichen Woche, die folgte. Wir wagten nicht, eine Anzeige aufzugeben, weil Tante Cynthia sie hätte sehen können, aber wir forschten weit und breit nach einer weißen Perserkatze mit blauer Schwanzspitze und boten eine Belohnung an, aber niemand hatte sie gesehen, auch wenn Tag und Nacht Leute mit allen möglichen Katzen zu uns kamen und fragten, ob es die sei, die wir verloren hatten.

„Wir werden Fatima nie wiedersehen", sagte ich eines Nachmittags hoffnungslos zu Max und Ismay. Gerade hatte ich eine alte Frau mit einem großen gelben Kater weggeschickt, der ihrer Meinung nach uns gehören mußte, „weil er zu uns kam, Madam, und schrecklich jaulte, und er gehört niemandem in Grafton, Madam".

„Das fürchte ich auch", sagte Max. „Sie ist sicher schon längst eingegangen."

„Tante Cynthia wird uns nie verzeihen", sagte Ismay bekümmert. „Ich hatte schon in dem Moment, in dem die Katze ins Haus kam, eine Vorahnung, daß es Ärger geben würde."

Davon hatten wir noch nie gehört, aber Ismay ist gut darin, Vorahnungen zu haben – *nachdem* etwas passiert ist.

„Was sollen wir tun?“ fragte ich hilflos. „Max, weißt du nicht irgendeinen Ausweg?“

„Gebt eine Anzeige in den Zeitungen von Charlottetown auf – ‚Weiße Perserkatze gesucht‘“, schlug Max vor. „Vielleicht hat jemand eine zu verkaufen. Dann kauft ihr sie und präsentiert sie eurer lieben Tante als Fatima. Sie ist ja sehr kurzsichtig, also ist es durchaus machbar.“

„Aber Fatima hat eine blaue Schwanzspitze“, sagte ich.

„Dann müßt ihr um eine Katze mit einer blauen Schwanzspitze inserieren“, sagte Max.

„Das wird eine Menge kosten“, jammerte Ismay. „Fatima wurde auf hundert Dollar geschätzt.“

„Wir müssen das Geld nehmen, das wir für unsere neuen Pelzmäntel gespart haben“, sagte ich bedauernd. „Es gibt keinen anderen Ausweg. Es würde uns wesentlich mehr kosten, Tante Cynthias Wohlwollen zu verlieren. Sie ist imstande zu glauben, daß wir Fatima in böser Absicht beseitigt haben.“

Also gaben wir eine Anzeige auf. Max ging in die Stadt und ließ die Annonce in den wichtigsten Tageszeitungen erscheinen. Wer eine weiße Perserkatze mit blauer Schwanzspitze loswerden wollte, sollte sich an M. I. wenden.

Wir hatten wenig Hoffnung, daß etwas daraus werden würde, und so waren wir freudig überrascht, als Max vier Tage später mit einem Brief aus der Stadt kam. Es war eine mit der Maschine geschriebene Nachricht aus Halifax, in der es hieß, daß der Schreiber eine weiße Perserkatze zu verkaufen hatte, auf die unsere Beschreibung paßte. Der Preis war hundertzehn Dollar, und wenn M. I. nach Halifax kommen und das Tier in Augenschein nehmen wollte, würde er es in der Hollis Street 110 vorfinden.

„Freut euch nicht zu früh, meine Freunde“, sagte Ismay düster. „Vielleicht paßt die Katze nicht. Vielleicht ist der Fleck an der Schwanzspitze zu groß oder zu klein oder an der falschen Stelle. Ich kann nicht glauben, daß diese schreckliche Geschichte gut ausgeht."

Genau in diesem Moment klopfte es an der Tür, und ich eilte hinaus. Es war der Sohn des Briefträgers mit einem Telegramm. Ich riß es auf, warf einen Blick darauf und hastete zurück ins Zimmer.

„Was ist jetzt los?" rief Ismay, als sie mein Gesicht sah.

Ich hielt ihr das Telegramm hin. Es war von Tante Cynthia. Sie forderte uns auf, Fatima nach Halifax zu schicken, und zwar sofort.

Ausnahmsweise machte Max nicht gleich einen Vorschlag. Ich sprach als erste. „Max", sagte ich bittend, „du erledigst das für uns, nicht wahr? Ismay und ich können nicht Hals über Kopf nach Halifax. Du mußt morgen früh losfahren. Geh in die Hollis Street 110 und frage nach der Perserkatze. Wenn sie genug Ähnlichkeit mit Fatima hat, kauf sie und bring sie Tante Cynthia. Wenn nicht – aber sie muß! Das tust du, nicht wahr?"

„Das kommt darauf an", sagte Max.

Ich starrte ihn an. Das sah Max gar nicht ähnlich.

„Du läßt mich eine unangenehme Arbeit machen", sagte er kühl. „Woher soll ich wissen, daß Tante Cynthia darauf hereinfällt, auch wenn sie kurzsichtig ist? Es ist ein großes Risiko, und wenn sie den Trick durchschaut, sitze ich in der Tinte!"

„Oh, Max", sagte ich, den Tränen nahe.

„Natürlich", sagte Max und schaute nachdenklich ins Feuer, „wenn ich wirklich zur Familie gehören würde oder eine realistische Aussicht darauf hätte, würde es mir nicht soviel ausmachen. Dann wäre es ganz alltäglich. Aber so –"

Ismay stand auf und verließ das Zimmer.

„Oh, Max, bitte", sagte ich.

„Willst du mich heiraten, Sue?" fragte Max streng. „Wenn ja, gehe ich nach Halifax und in die Höhle des

Löwen. Wenn nötig, bringe ich Tante Cynthia eine schwarze streunende Katze und schwöre, daß es Fatima ist. Ich helfe dir aus der Klemme, selbst wenn ich beweisen muß, daß Fatima nie bei euch war, oder daß sie bei euch in Sicherheit ist oder daß es sie nie gab. Ich tue und sage alles – aber es muß für meine zukünftige Frau sein."

„Mit weniger gibst du dich nicht zufrieden?" fragte ich hilflos.

„Nein."

Ich dachte scharf nach. Natürlich benahm Max sich abscheulich – aber – aber – er war wirklich ein lieber Kerl – und dies war das zwölfte Mal – und da war immer noch Anne Shirley! Ich wußte in der Tiefe meiner Seele, daß das Leben schrecklich sein würde, wenn Max nicht mehr in der Nähe wäre. Außerdem hätte ich ihn schon vor langer Zeit geheiratet, wenn Tante Cynthia nicht so penetrant versucht hätte, uns zu verkuppeln, seit er das erste Mal in Spencervale gewesen war.

„Von mir aus", sagte ich grantig.

Max fuhr am Morgen nach Halifax. Am nächsten Tag bekamen wir ein Telegramm, in dem es hieß, alles sei in Ordnung. Am nächsten Abend war er wieder da.

Ismay und ich drückten ihn auf einen Stuhl und starrten ihn ungeduldig an.

Max fing an zu lachen. Er lachte, bis er dunkelrot anlief.

„Schön, daß es so lustig ist", sagte Ismay grimmig. „Aber noch lustiger wäre es, wenn Sue und ich den Witz verstehen würden."

„Liebe kleine Mädchen, habt Geduld mit mir", bat Max. „Wenn ihr wüßtet, wie schwer es für mich war, in Halifax todernst zu bleiben, würdet ihr mir verzeihen, daß ich mich jetzt nicht mehr beherrschen kann."

„Wir verzeihen dir ja – aber erzähl uns nun alles", rief ich.

„Also, als ich in Halifax ankam, eilte ich in die Hollis Street 110, aber – siehe da! Habt ihr mir nicht gesagt, die Adresse eurer Tante sei Pleasant Street 10?“

„Ja.“

„Das ist falsch. Seht euch die Adresse an, wenn wieder ein Telegramm kommt. Sie ist vor einer Woche zu einer Freundin gefahren, die in der Hollis Street 10 wohnt!“

„Max!“

„Es ist wahr. Ich klingelte an der Tür und wollte gerade das Dienstmädchen nach der Perserkatze fragen, als eure Tante Cynthia durch die Halle kam und sich auf mich stürzte. ‚Max‘, sagte sie, ‚hast du Fatima mitgebracht?‘

‚Nein‘, antwortete ich und versuchte, mich auf diese neue Entwicklung einzustellen, als sie mich in die Bibliothek zerrte. ‚Nein, ich – ich – bin nur wegen einer kleinen geschäftlichen Angelegenheit nach Halifax gekommen.‘

‚Lieber Himmel‘, sagte Tante Cynthia verdrießlich, ‚ich weiß nicht, was diese Mädchen sich denken. Ich habe ihnen gedrahtet, daß sie mir Fatima umgehend schicken sollen. Aber sie ist noch nicht da, und ich erwarte jeden Moment einen Besucher, der sie kaufen will.‘

‚Oh!‘ murmelte ich, und mir sank das Herz immer tiefer.

‚Ja‘, fuhr eure Tante fort, ‚in der *Charlottetown Enterprise* steht eine Anzeige, in der eine Perserkatze gesucht wird, und die habe ich beantwortet. Fatima macht wirklich viel Arbeit – und es ist wahrscheinlich, daß sie stirbt und ein Verlust ist‘ – wollte eure Tante einen Witz machen, Mädchen? ‚Und deshalb habe ich, auch wenn ich sehr an ihr hänge, beschlossen, mich von ihr zu trennen.‘

Inzwischen hatte ich mich wieder gefangen und entschied, daß eine gemilderte Version der Wahrheit angebracht war.

‚Ach, was für ein Zufall', rief ich. ‚Oh, Miss Ridley, die Anzeige habe ich aufgegeben – für Sue. Sie und Ismay haben beschlossen, daß sie selbst eine Katze wie Fatima haben wollen.'

Ihr hättet sehen sollen, wie sie gestrahlt hat! Sie sagte, sie habe immer gewußt, daß ihr Katzen liebt und es nur nicht zugeben wolltet. Wir wurden uns sofort einig. Ich gab ihr eure hundertzehn Dollar – und sie hat das Geld genommen, ohne mit der Wimper zu zucken – und jetzt gehört Fatima euch beiden. Viel Glück damit!"

„Geiziges altes Ding", schniefte Ismay. Sie meinte Tante Cynthia, und da ich an unsere schäbigen Pelze dachte, widersprach ich ihr nicht.

„Aber wir haben keine Fatima", sagte ich skeptisch. „Was sollen wir sagen, wenn Tante Cynthia nach Hause kommt?"

„Nun, eure Tante kommt ja erst in einem Monat nach Hause. Wenn sie kommt, müßt ihr ihr sagen, daß die Katze – verschwunden ist – aber ihr braucht ja nicht zu erzählen, *wann* es passiert ist. Jedenfalls gehört Fatima jetzt euch, also kann sich Tante Cynthia nicht beschweren. Aber sie wird mehr denn je der Meinung sein, daß ihr keinen Haushalt führen könnt."

Als Max sich verabschiedet hatte, ging ich zum Fenster und schaute ihm nach. Er sah wirklich gut aus, und ich war stolz auf ihn. An der Pforte wandte er sich um und winkte, und dabei schaute er nach oben. Selbst aus dieser Entfernung sah ich seinen fassungslosen Blick. Dann kehrte er Hals über Kopf um.

„Ismay, das Haus brennt!" kreischte ich und rannte zur Tür.

„Sue“, rief Max, „ich habe Fatima gesehen – oder ihren Geist – im Dachfenster – vor einer Minute!“

„Unsinn!“ rief ich.

Aber Ismay war schon halb die Treppe hinauf, und wir folgten ihr. Wir stürzten auf den Dachboden. Dort saß Fatima, glänzend und zufrieden, und sonnte sich am Fenster.

Max lachte, daß die Wände wackelten.

„Sie kann nicht die ganze Zeit hier oben gewesen sein“, protestierte ich, den Tränen nahe. „Wir hätten sie doch miauen hören!“

„Aber das habt ihr nicht“, sagte Max.

„Sie wäre erfroren“, erklärte Ismay.

„Aber das ist sie nicht“, sagte Max.

„Oder verhungert“, rief ich.

„Hier wimmelt es von Mäusen“, sagte Max. „Nein, Mädchen, es besteht kein Zweifel, daß die Katze die ganze Zeit über hier war. Sie muß Huldah Jane an dem Tag unbemerkt nachgelaufen sein. Seltsam, daß ihr sie nicht miauen gehört habt – wenn sie überhaupt miaut hat. Aber vielleicht hat sie es nicht getan, und ihr schlaft ja unten. Daß ihr nicht auf die Idee gekommen seid, hier nach ihr zu suchen!“

„Es hat uns über hundert Dollar gekostet“, sagte Ismay mit einem bösen Blick auf die glänzende Fatima.

„Es hat mich mehr als das gekostet“, sagte ich und ging zur Treppe.

Max hielt mich einen Moment zurück, als Ismay und Fatima nach unten tapsten. „Findest du, daß es zuviel gekostet hat, Sue?“ flüsterte er.

Ich schaute ihn von der Seite an. Er war wirklich ein Schatz. Die Nettigkeit in Person.

„Nei-i-in“, sagte ich, „aber wenn wir verheiratet sind, mußt du dich um Fatima kümmern. Ich tue es nicht!“

„Die liebe Fatima“, sagte Max dankbar.

2. Cecil erwacht zum Leben

Es hatte mir nie etwas ausgemacht, daß ich nicht verheiratet war, auch wenn alle in Avonlea alte Jungfern bedauerten. Was mir jedoch Kummer machte – ich gestehe es unumwunden –, war, daß ich nie die Chance gehabt hatte, zu heiraten. Sogar Nancy, mein altes Kinder- und mittlerweile Dienstmädchen, wußte das und bedauerte mich deswegen. Nancy ist selbst eine alte Jungfer, aber sie hat zwei Anträge bekommen. Sie hat keinen der beiden angenommen, weil der erste Bewerber ein Witwer mit sieben Kindern war und der zweite ein Taugenichts, aber wenn jemand Nancy damit aufzog, daß sie alleinstehend war, konnte sie triumphierend auf diese beiden verweisen – als Beweis, daß „sie könnte, wenn sie wollte". Wenn ich nicht mein ganzes Leben in Avonlea verbracht hätte, hätten die Leute nicht sicher sein können, aber so wußten alle alles über mich – oder dachten es jedenfalls.

Ich fragte mich wirklich oft, warum nie jemand in mich verliebt gewesen war. Ich war keineswegs unscheinbar – George Adoniram Maybrick hatte vor Jahren sogar ein Gedicht über mich geschrieben, in dem er meine Schönheit überschwenglich pries. Das bedeutete aber nichts, denn George Adoniram schrieb Gedichte für alle hübschen Mädchen, gab sich jedoch nur mit Flora King ab, die rote Haare hatte und schielte. Es beweist immerhin, daß es nicht mein Aussehen war, daß mich aus dem Rennen geworfen hatte. Es lag auch nicht daran, daß ich selbst Gedichte schrieb – wenn auch nicht solche wie George Adoniram –, weil das niemand wußte. Wenn es über mich kam, schloß ich mich in meinem Zimmer ein und schrieb es in ein kleines Buch, das ich danach wieder weggeschloß. Es ist jetzt fast voll, denn ich schreibe schon ein Leben lang Gedichte. Es ist das einzige, was ich je vor Nancy geheimhalten konnte. Nancy hat jedenfalls keine hohe Meinung von meiner Fähigkeit, für mich selbst zu sorgen; aber ich zittere bei der Vorstellung, was sie denken würde, wenn sie das mit dem kleinen Buch herausfinden würde. Ich bin überzeugt, daß sie einen Arzt rufen und auf Senfpflastern bestehen würde, während wir auf ihn warteten.

Wie auch immer, ich schrieb weiter, und mit meinen Blumen, meinen Katzen, meinen Zeitschriften und meinem kleinen Buch war ich wirklich sehr glücklich und zufrieden. Aber es *gab* mir einen Stich, daß Adella Gilbert von gegenüber, die einen Säufer zum Mann hat, „die arme Charlotte“ bedauerte, weil nie jemand sie gewollt hätte. Die arme Charlotte, von wegen! Wenn ich mich einem Mann so an den Hals geworfen hätte wie Adella Gilbert – aber ach, ich muß mir solche Gedanken verkneifen. Sie sind unchristlich.

Der Nähzirkel traf sich an meinem vierzigsten Geburtstag bei Mary Gillespie. Ich rede nicht mehr über meinen Geburtstag, aber das bringt nicht viel in Avonlea, wo jeder weiß, wie alt man ist – und wenn sie doch einmal falsch liegen, halten sie einen nie für zu jung. Aber Nancy hat sich in meiner Kindheit daran gewöhnt, meinen Geburtstag zu feiern und kann es sich nicht abgewöhnen. Ich versuche nicht, sie zu kurieren, denn es ist trotz allem schön, umsorgt zu werden. Sie brachte mir mein Frühstück ans Bett – ein Zugeständnis an meine Faulheit, das Nancy an keinem anderen Tag des

Jahres machen würde. Sie hatte alles gekocht, was ich am liebsten mochte, und das Tablett mit Rosen aus dem Garten und Farnkraut aus dem Wald hinter dem Haus geschmückt. Ich genoß jeden Bissen dieses Frühstücks, dann stand ich auf und zog mein zweitbestes Musselinkleid an. Ich hätte mein bestes genommen, wenn ich es gewagt hätte, aber ich wußte, daß Nancy *das* nie dulden würde, nicht einmal an meinem Geburtstag. Ich goß meine Blumen und fütterte meine Katzen, und dann schloß ich mich ein und schrieb ein Gedicht über den Juni. Über Geburtstage schrieb ich nicht mehr, seit ich dreißig geworden war.

Am Nachmittag ging ich zum Nähzirkel. Als ich mich fertiggemacht hatte, schaute ich in den Spiegel und fragte mich, ob ich wirklich vierzig sein konnte. Ich war sicher, daß man es mir nicht ansah. Mein Haar war braun und wellig, meine Wangen rosig, und die Falten waren kaum zu sehen, obwohl das vielleicht an dem schlechten Licht lag. Mein Spiegel hängt in der dunkelsten Ecke des Zimmers. Nancy versteht nicht, warum. Ich weiß natürlich, daß die Falten da sind, aber wenn sie nicht sehr deutlich zu sehen sind, vergesse ich sie.

Es waren viele Leute beim Nähzirkel, junge und alte. Ich kann wirklich nicht sagen, daß mir diese Zusammenkünfte gefielen, jedenfalls nicht bis zu diesem Tag, obwohl ich gewissenhaft hinging, weil ich es für meine Pflicht hielt. Die verheirateten Frauen erzählten soviel von ihren Männern und ihren Kindern, und natürlich konnte ich bei diesem Thema nicht mitreden. Und die jungen Mädchen saßen in Ecken zusammen, sprachen von ihren Verehrern und verstummten, wenn ich zu ihnen kam, als seien sie der Meinung, daß eine alte Jungfer, die nie einen Verehrer gehabt hatte, nichts davon verstand. Die anderen alten Jungfern wiederum tratschten über jeden, und das mochte ich auch nicht.

Ich wußte: Sobald ich mich umdrehte, würden sie über mich herziehen – behaupten, ich würde mir die Haare färben, und erklären, es sei einfach lächerlich, wenn eine Frau von *fünfzig* ein rosa Musselinkleid mit Spitzen und Rüschen trage.

Es waren wirklich alle da, denn wir bereiteten einen Basar vor – der Erlös sollte der Renovierung des Pfarrhauses dienen. Die jungen Mädchen waren fröhlicher und lauter als sonst, denn Wilhelmina Mercer war da und hielt die Unterhaltung in Gang. Die Mercers waren erst vor zwei Monaten nach Avonlea gezogen.

Ich saß am Fenster, und Wilhelmina Mercer, Maggie Henderson, Susette Cross und Georgie Hall scharten sich in einer kleinen Gruppe vor mir zusammen. Ich nahm gar keine Notiz von ihrem Geplauder, aber plötzlich rief Georgie übermütig: „Miss Charlotte lacht über uns. Wahrscheinlich findet sie es furchtbar albern, daß wir über unsere Verehrer reden."

In Wirklichkeit lächelte ich nur wegen ein paar schöner Gedanken über die Rosen, die vor Mary Gillespies Fenster wuchsen. Ich wollte sie in das kleine Buch schreiben, wenn ich nach Hause kam. Georgies Worte holten mich unsanft in die harte Wirklichkeit zurück. Dieses Gerede tat mir weh – wie immer.

„Hatten Sie jemals einen Verehrer, Miss Holmes?" fragte Wilhelmina lachend.

Zufällig war es genau in diesem Moment eine kleine Stille eingetreten, und alle Anwesenden hörten Wilhelminas Frage.

Ich weiß bis heute nicht, was mich überkam, denn ich bin ein ehrlicher Mensch und hasse jeden Betrug. Aber jetzt konnte ich nicht einfach vor all den Frauen „Nein" sagen. Es war *zu* demütigend. Ich glaube, daß all die Sticheleien und Kränkungen, die ich in den letzten fünfzehn Jahren erduldet hatte, eine „kumulative Wirkung" entfalteten, wie es der neue Arzt nannte.

„Ja, ich hatte einmal einen, meine Liebe“, sagte ich ruhig.

Zum einzigen Mal in meinem Leben erregte ich Aufsehen. Alle Frauen im Zimmer hörten auf zu nähen und starrten mich an. Den meisten sah ich an, daß sie mir nicht glaubten, aber Wilhelmina tat es. Ihr hübsches Gesicht verriet Interesse.

„Oh, wollen Sie uns nicht von ihm erzählen, Miss Holmes?“ bat sie. „Und warum haben Sie ihn nicht geheiratet?“

„Genau, Miss Mercer“, sagte Josephine Cameron mit einem gehässigen kleinen Lächeln. „Lassen Sie sie erzählen. Es interessiert uns alle. Es ist uns etwas ganz Neues, daß Charlotte je einen Verehrer hatte.“

Wenn Josephine das nicht gesagt hätte, wäre ich vielleicht nicht fortgefahren. Aber sie sagte es, und mir entging nicht, daß Mary Gillespie und Adella Gilbert wissende Blicke tauschten. Das besiegelte meinen Entschluß und ließ mich tollkühn werden. Wer A sagt, muß auch B sagen, dachte ich und sagte mit einem wehmütigen Lächeln: „Niemand hat je von ihm erfahren, und es ist alles lange, lange her.“

„Wie hieß er?“ fragte Wilhelmina.

„Cecil Fenwick“, antwortete ich prompt. Cecil war von jeher mein Lieblingsmännername; er tauchte oft in dem kleinen Buch auf. Und Fenwick? Ich hatte ein Stück Zeitung in der Hand und maß einen Saum ab. Auf dem Papier stand „Versuchen Sie es mit Fenwicks Schönheitspflaster“, und ich verband die beiden einfach in plötzlicher, unauflöslicher Ehe miteinander.

„Wo sind Sie ihm begegnet?“ fragte Georgie.

Ich ging schnell meine Vergangenheit durch. Es gab nur einen Ort, an dem ich Cecil Fenwick unterbringen konnte. Ich war nur einmal im Leben etwas weiter aus Avonlea weggewesen – mit achtzehn, als ich eine Tante in New Brunswick besucht hatte.

„In Blakely, New Brunswick“, sagte ich und glaubte es beinahe selbst, als ich sah, wie arglos sie es alle aufnahmen. „Ich war erst achtzehn und er dreiundzwanzig.“

„Wie sah er aus?“ wollte Susette wissen.

„Oh, sehr gut!“ Und ich beschrieb ohne zu zögern mein Ideal. Um die schreckliche Wahrheit zu sagen, es machte mir Spaß. Ich sah, daß die Mädchen Respekt vor mir bekamen, und wußte, daß ich meine Schande für immer abgeschüttelt hatte. Von nun an würde ich eine Frau mit romantischer Vergangenheit sein, die der einzigen Liebe ihres Lebens treugeblieben war – eine sehr, sehr andere Sache als eine alte Jungfer zu sein, die nie einen Verehrer gehabt hatte.

„Er war groß und dunkelhaarig, mit schwarzen Locken und glänzenden Augen. Er hatte ein prächtiges Kinn, eine schöne Nase und ein faszinierendes Lächeln!“

„Was war er?“ fragte Maggie.

„Anwalt“, sagte ich. Meine Wahl fiel auf diesen Beruf, weil vor mir eine vergrößerte Daguerreotypie von Mary Gillespies verstorbenem Bruder hing. Er war Anwalt gewesen.

„Warum haben Sie ihn nicht geheiratet?“ fragte Susette.

„Wir hatten einen Streit“, sagte ich traurig. „Einen schrecklichen Streit. Oh, wir waren beide so jung und dumm! Es war meine Schuld! Ich piesackte Cecil, indem ich mit einem anderen Mann flirtete“, meine Phantasie ging mit mir durch, „und er war wütend und eifersüchtig. Er ging in den Westen und kam nie zurück. Ich habe ihn nie wiedergesehen und weiß nicht einmal, ob er noch lebt. Aber – aber – ich konnte nie einen anderen Mann lieben.“

„Oh, wie interessant!“ seufzte Wilhelmina. „Ich liebe tragische Liebesgeschichten so sehr! Aber vielleicht kommt er eines Tages doch noch zurück, Miss Holmes."

„O nein, nie", sagte ich und schüttelte den Kopf. „Er hat mich sicher völlig vergessen. Oder wenn nicht, hat er mich nie verziehen."

In diesem Augenblick erschien Mary Gillespies Susan Jane und verkündete, der Tee sei fertig. Ich war erleichtert, denn meine Phantasie war erschöpft, und ich wußte nicht, was die Mädchen als nächstes fragen würden. Aber ich verspürte schon eine Veränderung in der Atmosphäre, die mich umgab, und war während des Abendessens insgeheim aufgeregt. Reue? Scham? Kein bißchen! Ich hätte dasselbe wieder getan und bedauerte nur, daß ich es nicht schon lange vorher getan hatte.

Als ich abends nach Hause kam, sah Nancy mich erstaunt an und sagte: „Sie sehen heute abend aus wie ein junges Mädchen, Miss Charlotte."

„So fühle ich mich auch", sagte ich lachend, rannte in mein Zimmer und tat etwas, das ich noch nie getan hatte – ich schrieb ein zweites Gedicht am gleichen Tag. Ich mußte meinen Gefühlen Ausdruck verleihen. Ich nannte es „Die Sommertage vor langer Zeit" und ließ Mary Gillespies Rosen und Cecil Fenwicks Augen darin vorkommen. Es war so traurig, nostalgisch und voller Moll-Töne, daß ich rundum glücklich war.

In den nächsten zwei Monaten ging alles gut. Niemand machte mehr Bemerkungen über Cecil Fenwick, aber die Mädchen erzählten mir unbefangen von ihren kleinen Liebesgeschichten, und ich wurde eine Art Vertraute für sie. Es wärmte mir das Herz, und die Nähzirkel begannen mir Spaß zu machen. Ich nähte mir viele schöne neue Kleider und einen Hut, nahm jede Einladung an und amüsierte mich bestens.

Aber eins ist sicher. Wenn man etwas falsch macht, wird man dafür bestraft, irgendwie und irgendwann.

Meine Strafe wurde um zwei Monate verschoben, dann fiel das Damoklesschwert auf mich nieder.

Außer den Mercers war in diesem Frühling noch eine neue Familie nach Avonlea gekommen – die Maxwells. Es waren nur Mr. und Mrs. Maxwell, ein Ehepaar mittleren Alters und sehr wohlhabend. Mr. Maxwell hatte die Sägemühlen gekauft, und sie wohnten in dem alten Haus der Spencers, das immer „das“ Haus von Avonlea gewesen war. Sie führten ein ruhiges Leben; Mrs. Maxwell ging kaum aus dem Haus, weil sie kränklich war. Sie war aber nicht da, als ich vorbeikam, und ich war nicht da, als sie meinen Besuch erwiderte, deshalb war ich ihr nie begegnet.

Es war wieder Nähzirkeltag – diesmal bei Sarah Gardiner. Ich kam zu spät, alle anderen waren schon da, und sobald ich das Zimmer betrat, wußte ich, daß etwas passiert war, ahnte aber nicht, was es war. Alle sahen mich so sonderbar an.

Natürlich war Wilhelmina Mercer die erste, die den Mund aufmachte. „Oh, Miss Holmes, haben Sie ihn schon gesehen?“ rief sie.

„Wen gesehen?“ fragte ich gleichgültig und holte meine Fingerhüte und Schnittmuster hervor.

„Na, Cecil Fenwick! Er ist hier – in Avonlea – und besucht seine Schwester, Mrs. Maxwell.“

Ich glaube, ich tat das, was sie von mir erwarteten. Ich ließ alles fallen, was ich in den Händen hielt, und Josephine Cameron sagte hinterher, daß Charlotte Holmes nicht einmal im Sarg bleicher aussehen würde. Wenn sie nur geahnt hätten, warum ich so blaß wurde!

„Das ist unmöglich!“ brachte ich hervor.

„Es ist wirklich wahr“, sagte Wilhelmina. Sie war hellauf begeistert von dieser überraschenden Entwicklung meiner vermeintlichen Romanze. „Ich war gestern abend bei Mrs. Maxwell und bin ihm begegnet.“

„Es – kann nicht – derselbe – Cecil Fenwick sein", sagte ich matt, weil ich etwas sagen mußte.

„O doch, er ist es. Er wohnt in Blakely, New Brunswick, ist Anwalt und war zweiundzwanzig Jahre im Westen. Er sieht – oh – phantastisch aus, genauso, wie Sie ihn beschrieben haben, nur daß er jetzt graue Haare hat. Er hat nie geheiratet – ich habe Mrs. Maxwell gefragt – also hat er Sie nie vergessen, Miss Holmes. Und oh, ich glaube, alles wird gut!"

Ich konnte ihre freudige Zuversicht nicht ganz teilen. Alles schien in einer Katastrophe zu enden. Ich war so durcheinander, daß ich nicht wußte, was ich tun oder sagen sollte. Ich fühlte mich wie in einem Alptraum – es *mußte* ein Traum sein – es konnte keinen echten Cecil Fenwick geben! Meine Gefühle waren einfach unbeschreiblich. Glücklicherweise schrieben alle meine Verwirrung einer ganz anderen Ursache zu und waren so gütig, mich in Ruhe zu lassen, damit ich mich wieder fangen konnte. Diesen schrecklichen Nachmittag vergesse ich nie. Gleich nach dem Tee entschuldigte ich mich und eilte nach Hause, so schnell ich konnte. Dort schloß ich mich in meinem Zimmer ein, aber *nicht*, um Gedichte zu schreiben, wahrhaftig nicht! Ich war in keiner poetischen Stimmung.

Ich versuchte, den Tatsachen ins Auge zu sehen. Es gab einen Cecil Fenwick, so außergewöhnlich dieser Zufall auch war, und er befand sich hier in Avonlea. Alle meine Freunde – und Feinde – glaubten, er sei meine entschwundene Jugendliebe. Wenn er lange in Avonlea blieb, konnten zwei Dinge passieren. Entweder er hörte die Geschichte und stritt alles ab, dann würde ich für den Rest meines Lebens zum Gespött werden. Oder er würde einfach wieder abreisen, ohne etwas zu erfahren, und dann würden alle glauben, er habe mich vergessen, und mich bemitleiden. Die zweite Möglichkeit war schon schlimm genug, aber nicht mit der ersten zu vergleichen, und oh, wie ich betete – ja, ich *betete* –, daß er sofort wieder verschwinden würde.

Aber die Vorsehung hatte anderes für mich im Sinn.

Cecil Fenwick reiste nicht wieder ab. Er blieb in Avonlea, und die Maxwells sonnten sich in seinem Glanz und taten alles, damit er sich wohlfühlte. Mrs. Maxwell gab ein Fest für ihn. Ich war eingeladen – aber ich ging natürlich nicht hin, auch wenn Nancy es verrückt fand. Dann gaben alle anderen ebenfalls Feste zu Mr. Fenwicks Ehren, und ich wurde eingeladen und ging nie hin. Wilhelmina Mercer kam und bat und schimpfte und sagte, daß Mr. Fenwick denken mußte, ich hegte immer noch Groll gegen ihn und er daher keinen Versuch zur Versöhnung machen würde. Wilhelmina hat immer gute Absichten, aber nicht viel Verstand.

Cecil Fenwick schien bei allen, Jung und Alt, beliebt zu sein. Er war auch sehr reich, und Wilhelmina erklärte, die Hälfte der Mädchen sei hinter ihm her.

„Wenn Sie nicht wären, Miss Holmes – ich glaube, ich würde selbst einen Versuch machen, trotz seiner grauen Haare und seines hitzigen Temperaments – denn das hat er laut Mrs. Maxwell, aber es geht immer schnell vorüber“, sagte Wilhelmina, halb scherzhaft und ganz im Ernst.

Ich selbst ging gar nicht mehr aus, nicht einmal in die Kirche. Ich sorgte und grämte mich, verlor den Appetit und schrieb keine Zeile mehr in mein Buch. Nancy geriet beinahe in Panik und bestand darauf, mich mit ihren Lieblingspillen zu behandeln. Ich nahm sie gehorsam ein, denn es ist Zeit- und Kraftverschwendung, sich Nancy zu widersetzen, aber natürlich half es nicht. Mein Kummer saß zu tief, um durch Pillen geheilt zu werden. Wenn je eine Frau für eine Lüge bestraft wurde, dann war ich es. Ich kündigte mein Abonnement des *Weekly Advocate,* weil er immer noch die Werbung für das Schönheitspflaster enthielt und ich den Anblick nicht ertragen konnte. Ohne die Zeitung wäre ich nie auf den Namen Fenwick gekommen und hätte mir all diesen Ärger erspart.

Eines Abends, als ich in meinem Zimmer vor mich hinbrütete, erschien Nancy. „Ein Herr im Salon fragt nach Ihnen, Miss Charlotte.“

Mein Herz machte einen schrecklichen Satz. „Was – für ein Herr, Nancy?“ stammelte ich.

„Ich glaube, es ist dieser Fenwick, von dem soviel die Rede ist“, sagte Nancy, die nichts von meinen Eskapaden wußte, „und er sieht aus irgendeinem Grund wütend aus. So einen Flunsch habe ich noch nie gesehen!“

„Sagen Sie ihm, ich käme sofort, Nancy“, sagte ich ganz gelassen.

Sobald Nancy wieder nach unten gestapft war, legte ich mein gehäkeltes Schultertuch um und steckte mir zwei Taschentücher in den Gürtel, denn ich dachte, daß ich wahrscheinlich mehr als eins brauchen würde. Dann stöberte ich eine alte Ausgabe des *Advocate* auf und ging in den Salon hinunter. Ich wußte in diesem Moment genau, wie sich ein Verbrecher fühlt, der zur Hinrichtung geht, und bin seitdem gegen die Todesstrafe.

Ich betrat den Salon und achtete darauf, die Tür hinter mir zu schließen, denn Nancy hat die bedauerliche Angewohnheit, in der Halle zu lauschen. Dann gaben meine Beine nach, und ich hätte keinen Schritt mehr geschafft, selbst wenn es um mein Leben gegangen wäre. Ich blieb einfach stehen, klammerte mich an den Türknauf und zitterte wie Espenlaub.

Ein Mann stand am Südfenster und schaute hinaus; er wirbelte herum, als ich eintrat, und wie Nancy sagte, sah er wütend aus. Er war jedoch sehr ansehnlich, und sein graues Haar verlieh ihm eine gewisse Würde. Das fiel mir später wieder ein, aber in diesem Moment dachte ich gar nicht daran.

Dann geschah plötzlich etwas Seltsames. Die grimmige Miene schwand, er sah erst erstaunt und dann albern aus. Ich sah, wie ihm die Röte in die Wangen stieg.

Ich selbst stand immer noch da, starrte ihn an und brachte keinen Ton heraus.

„Miss Holmes, nehme ich an“, sagte er schließlich mit tiefer, angenehmer Stimme. „Ich – ich – oh, verflixt! Ich bin hier, weil – ich habe ein paar alberne Geschichten gehört und war wütend, als ich herkam. Das war dumm von mir – ich weiß jetzt, daß das Gerede nicht stimmen kann. Entschuldigen Sie mich – ich gehe und ohrfeige mich!“

„Nein“, sagte ich und fand mit einem Keuchen die Sprache wieder. „Sie dürfen erst gehen, wenn Sie die Wahrheit gehört haben. Die ist schlimm genug, aber nicht so schlimm, wie Sie vielleicht glauben würden. Diese – diese Geschichten – ich muß ein Geständnis ablegen. Ich habe es wirklich erzählt – aber ich wußte nicht, daß es einen Cecil Fenwick gibt.“

Er sah verwirrt aus, und das mit Recht. Dann lächelte er, nahm meine Hand und führte mich von der Tür weg – deren Knauf ich immer noch fest umklammert gehalten hatte – zum Sofa.

„Lassen Sie uns in aller Ruhe darüber reden“, sagte er.

Ich gestand einfach die ganze peinliche Geschichte. Es war eine furchtbare Demütigung, aber es geschah mir recht. Ich erzählte ihm, wie die Leute mich ständig damit aufgezogen hatten, daß ich nie einen Verehrer gehabt hätte, und ich behauptete, ich habe sehr wohl einen gehabt, und zuletzt zeigte ich ihm die Schönheitspflaster-Werbung.

Er hörte mich wortlos an, und dann warf er seinen großen, lockigen, grauen Kopf in den Nacken und lachte. „Das erklärt die vielen geheimnisvollen Andeutungen, die gemacht wurden, seit ich nach Avonlea gekommen bin“, sagte er, „und heute nachmittag kam eine Mrs. Gilbert zu meiner Schwester und erzählte eine völlig absurde Geschichte über die Liebesaffäre, die ich hier einmal mit einer Charlotte Holmes gehabt hätte. Sie sagte, Sie hätten es ihr selbst erzählt. Ich gestehe, daß ich aufgebraust bin. Ich bin ein Hitzkopf und dachte – ich dachte – oh, ich spreche es am besten aus: Ich dachte, Sie wären eine magere alte Jungfer, die sich damit amüsiert, Unsinn über mich zu verbreiten. Als Sie eintraten, wußte ich sofort, daß es nicht Ihre Schuld sein kann.“

„Aber das ist es“, sagte ich reuevoll. „Es war nicht richtig, eine solche Geschichte zu erzählen – und auch sehr albern. Aber wer hätte ahnen können, daß es einen echten Cecil Fenwick gibt, der in Blakely gewohnt hat? Ich habe noch nie von so einem Zufall gehört!“

„Es ist mehr als Zufall“, sagte Mr. Fenwick entschieden. „Es ist vorherbestimmt, jawohl. Und nun vergessen wir es und reden über etwas anderes.“

Wir sprachen über etwas anderes – das heißt, Mr. Fenwick sprach, denn ich schämte mich so sehr, daß ich nicht viel zu sagen vermochte – so lange, daß Nancy unruhig wurde und alle fünf Minuten durch die Halle stiefelte –, aber Mr. Fenwick verstand die Andeutung nicht. Als er schließlich ging, fragte er, ob er wiederkommen dürfe.

„Es ist Zeit, daß wir diesen alten Streit begraben“, sagte er lachend.

Und ich, eine alte Jungfer von vierzig, ertappte mich dabei, daß ich errötete wie ein Mädchen. Aber ich fühlte mich auch wie ein Mädchen, denn es war eine solche Erleichterung, die Erklärung hinter sich zu haben. Ich war nicht einmal böse auf Adella Gilbert. Sie war eben eine Unruhestifterin, und wenn eine Frau so geboren ist, sollte man sie eher bedauern, als ihr Vorwürfe zu machen. Ich schrieb ein Gedicht in mein Buch, bevor ich schlafenging – ich hatte einen Monat nichts mehr geschrieben, und es war herrlich, wieder anzufangen.

Mr. Fenwick kam wirklich wieder – schon am nächsten Abend. Und er kam so oft, daß sich sogar Nancy damit abfand. Eines Tages mußte ich ihr etwas sagen. Ich schreckte davor zurück, weil ich fürchtete, es würde sie traurig machen.

„Oh, ich habe damit gerechnet“, sagte sie grimmig. „In dem Augenblick, in dem dieser Mann das Haus betrat, ahnte ich, daß er Ärger machen würde. Nun, Miss Charlotte, ich wünsche Ihnen Glück. Ich weiß nicht, ob ich das Klima in Kalifornien vertrage, aber ich werde mich wohl daran gewöhnen müssen.“

„Aber Nancy“, sagte ich, „ich kann nicht erwarten, daß Sie mitkommen. Es ist zu viel verlangt.“

„Und wo soll ich sonst hin?“ fragte Nancy ehrlich erstaunt. „Wie in aller Welt wollen Sie ohne mich den Haushalt führen? Ich überlassen Sie nicht der Gnade eines gelben Chinesen mit Zopf! Wo Sie hingehen, da gehe ich auch hin, Miss Charlotte, und damit Schluß!“

Ich war sehr froh, denn es war ein schrecklicher Gedanke, mich von Nancy zu trennen, und sei es um Cecils Willen. Von dem kleinen Buch habe ich meinem Mann noch nichts erzählt, aber ich habe vor, es eines Tages zu tun. Und ich habe mein Abonnement für den *Weekly Advocate* erneuert.

3. Die Tochter ihres Vaters

Natürlich müssen wir Tante Jane einladen“, sagte Mrs. Spencer.

Rachel machte eine abwehrende Bewegung mit ihren großen, weißen, wohlgeformten Händen – Händen, die so ganz anders aussahen als die mageren, dunklen, knotigen, die auf dem Tisch ihr gegenüber gefaltet waren. Der Unterschied ging nicht auf Mühsal oder deren Fehlen zurück; Rachel hatte zeitlebens schwer gearbeitet. Eine unterschiedliche Veranlagung war der Grund. Alle Spencers hatten – unabhängig davon, was sie taten oder wie schwer sie arbeiteten – runde, weiche, weiße Hände mit geschmeidigen Fingern; die der Chiswicks dagegen waren – auch wenn sie nicht schufteten oder spannen – rauh und unförmig. Außerdem beschränkte sich der Gegensatz nicht nur auf Äußerlichkeiten, sondern ging tiefer – bis zu den innersten Antrieben des Lebens, der Gedanken und des Tuns.

„Ich sehe keinen Grund, Tante Jane einzuladen“, sagte Rachel. Soweit ihre sanfte, kehlige Stimme Ungeduld ausdrücken konnte, tat sie es. „Tante Jane mag mich nicht und ich sie auch nicht.“

„Ich weiß wirklich nicht, warum du sie nicht magst“, sagte Mrs. Spencer. „Es ist undankbar von dir. Sie war immer sehr gut zu dir.“

„Sie war einerseits immer sehr freundlich“, lächelte Rachel. „Ich weiß noch, wie ich Tante Jane zum ersten

Mal gesehen habe. Ich war sechs Jahre alt. Sie hielt mir ein kleines Nadelkissen aus Samt mit Perlen hin. Und als ich mich nicht schnell genug bedankte, weil ich so schüchtern war, klopfte sie mir mit dem Finger – sie trug einen Fingerhut – auf den Kopf, um mich ‚bessere Manieren zu lehren'. Es tat scheußlich weh – ich hatte immer einen empfindlichen Kopf. Und so war Tante Jane immer. Als ich zu groß für die Behandlung mit dem Fingerhut war, nahm sie stattdessen ihr Mundwerk – und das tat noch mehr weh. Und du weißt genau, Mutter, wie sie über meine Verlobung gesprochen hat. Sie kann die ganze Stimmung verderben, falls sie zufällig schlechter Laune sein sollte. Ich will sie nicht sehen."

„Wir müssen sie einladen, es würde sonst Gerede geben!"

„Warum sollte es? Sie ist doch nur meine angeheiratete Großtante. Es wäre mir egal, wenn die Leute reden würden, sie tun es ohnehin – das weißt du doch, Mutter."

„Oh, wir müssen sie einladen", sagte Mrs. Spencer mit der Entschlossenheit, die all ihre Worte und Entscheidungen auszeichnete – und gegen die man meistens machtlos war. Wer sie kannte, versuchte es nur selten, Fremde taten es gelegentlich, weil sie sich vom äußeren Schein täuschen ließen.

Isabella Spencer war eine zierliche Frau, mit einem blassen, hübschen Gesicht, grauen Augen mit langen Wimpern und dichtem, seidigen braunen Haar. Sie hatte feine, ausgeprägte Züge und einen kleinen, kindlichen roten Mund. Sie sah aus, als würde ein Atemzug sie umwerfen, aber in Wirklichkeit hätte nicht einmal ein Tornado sie von dem Weg abgebracht, den sie eingeschlagen hatte.

Einen Moment lang sah Rachel rebellisch aus, dann gab sie nach, wie meistens, wenn sie und ihre Mutter eine Meinungsverschiedenheit hatten. Es lohnte sich nicht, sich wegen dieser vergleichsweise unwichtigen Frage zu streiten. Es würde später sowieso noch Streit geben; Rachel wollte ihre Kräfte dafür aufsparen. Sie zuckte die Achseln und schrieb Tante Janes Namen auf die Gästeliste. Ihre Handschrift war groß und etwas unordentlich, was ihre Mutter immer zu ärgern schien. Rachel verstand das nie. Sie ahnte nicht, woran es lag – nämlich daran, daß ihre Schrift aussah wie die in einem Bündel verblichener Briefe, die Mrs. Spencer auf dem Boden einer alten Truhe in ihrem Schlafzimmer versteckt hatte. Die Briefmarken stammten von Häfen aus der ganzen Welt. Mrs. Spencer las die Briefe nie und schaute sie nicht einmal an, aber sie erinnerte sich an jeden Schwung dieser Handschrift.

Isabella Spencer hatte in ihrem Leben viele Widerstände mit bloßer Willenskraft überwunden. Aber gegen Vererbung war auch sie machtlos. Rachel war in jeder Hinsicht die Tochter ihres Vaters, und Isabella Spencer schaffte es nur, sie nicht dafür zu hassen, indem sie sie deswegen umso mehr liebte. Trotzdem kam es oft vor, daß sie den Blick von Rachels Gesicht abwenden mußte, weil irgendeine Erinnerung ihr einen Stich gab, und seit der Geburt des Kindes konnte Isabella es nicht ertragen, sie schlafend zu sehen.

Rachel würde in vierzehn Tagen Frank Bell heiraten, und Mrs. Spencer war sehr einverstanden damit. Sie mochte Frank sehr gern, und sein Bauernhof war in der Nähe ihres eigenen, also würde sie Rachel nicht ganz verlieren. Rachel glaubte wirklich, daß ihre Mutter sie gar nicht verlieren würde, aber Isabella war durch Erfahrung klug geworden und wußte, was die Heirat ihrer Tochter für sie bedeuten würde, und wappnete sich dagegen.

Sie saßen im Wohnzimmer und beratschlagten über die Gäste und andere Einzelheiten. Die Septembersonne schien durch die Zweige des Apfelbaums, der vor dem Fenster wuchs. Ihre Strahlen fielen auf Rachels Gesicht; es war weiß wie eine Lilie mit einem Hauch Rosa auf den Wangen. Ihr glänzendes, goldenes Haar umrahmte es wie ein Kranz. Die Stirn war breit und weiß. Sie war frisch, jung und hoffnungsfroh. Dem Mutterherz gab es einen Stich, sie zu sehen. Welche Ähnlichkeit hatte das Mädchen mit den – den – den Spencers! Diese Figur, die großen, fröhlichen blauen Augen und das schmale Kinn! Isabella Spencer kniff die Lippen zusammen und drängte ein paar unwillkommene Erinnerungen beiseite.

„Es werden ungefähr sechzig Gäste“, sagte sie, als dächte sie an nichts anderes. „Wir müssen die Möbel aus diesem Zimmer räumen und den Eßtisch hinstellen. Das Eßzimmer ist zu klein. Und wir müssen uns Gabeln und Löffel von Mrs. Bell leihen; sie hat es uns angeboten – ich hätte sie nur ungern gefragt. Die Tischdecken aus Damast mit dem Schleifenmuster müssen morgen gebleicht werden. Niemand sonst in Avonlea hat solche Tischdecken. Und wir stellen den kleinen Eßzimmertisch oben in die Halle, für die Geschenke.“

Rachel dachte nicht an Geschenke oder an andere Fragen einer Hausfrau. Ihr Atem ging schneller, und die leichte Röte auf ihren Wangen hatte sich vertieft. Sie wußte, daß ein kritischer Augenblick nahte. Mit fester Hand schrieb sie den letzten Namen auf die Liste und zog einen Strich darunter.

„So, bist du fertig?“ fragte ihre Mutter ungeduldig. „Gib her, dann sehe ich nach, ob du auch niemanden vergessen hast!“

Rachel reichte ihr wortlos den Zettel. Das Zimmer kam ihr sehr still vor. Sie hörte die Fliegen, die gegen die Fensterscheibe summten, den Wind, der leise um die Regenrinne und in den Apfelbaumzweigen rauschte, das heftige Klopfen ihres Herzens. Sie war ängstlich und nervös, aber entschlossen.

Mrs. Spencer überflog die Liste, murmelte die Namen und nickte bei jedem beifällig. Aber nicht beim letzten Namen. Sie warf Rachel einen Blick zu, und in ihren hellen Augen blitzte es auf. Ihr Gesicht verriet Zorn, Entgeisterung und Ungläubigkeit, vor allem letzteres.

Der letzte Name auf der Gästeliste war David Spencer. David Spencer lebte allein in einem kleinen Cottage unten an der Bucht und betätigte sich als Seemann und Fischer.

Er war außerdem Isabella Spencers Mann und Rachels Vater.

„Rachel Spencer, hast du den Verstand verloren? Was soll dieser Unsinn heißen?“

„Daß ich meinen Vater zu meiner Hochzeit einlade“, erwiderte Rachel ruhig.

„Nicht in mein Haus“, rief Mrs. Spencer. Ihre Lippen waren weiß geworden, als hätte ihr scharfer Ton alle Farbe verscheucht.

Rachel beugte sich vor, faltete ihre großen, tatkräftigen Hände auf dem Tisch und sah ihrer Mutter unverwandt in das verbitterte Gesicht. Ihre Aufregung hatte sich gelegt. Jetzt, da der Streit ausgebrochen war, begann er ihr Spaß zu machen. Sie wunderte sich etwas und dachte, sie sei bösartig. Sie neigte nicht zur Selbstreflektion, sonst hätte sie begriffen, daß ihre eigene Persönlichkeit sich Gehör verschaffte, die so lange unter dem Einfluß ihrer Mutter gestanden hatte, wogegen sie aber nichts gehabt hatte.

„Dann gibt es eben keine Feier, Mutter“, sagte sie. „Frank und ich gehen einfach ins Pfarrhaus, lassen uns trauen und gehen wieder nach Hause. Wenn mein Vater nicht zur Hochzeit kommen kann, soll niemand kommen!“ Sie kniff die Lippen zusammen.

Zum ersten Mal in ihrem Leben erkannte Isabella Spencer sich selbst in ihrer Tochter wieder – eine seltsame, undefinierbare Ähnlichkeit, mehr von Geist und Seele als von Fleisch und Blut. Trotz ihres Ärgers fand sie es spannend. Nie zuvor war ihr so klargewesen, daß dieses Mädchen ihr Kind und das ihres Mannes war, eine lebende Verbindung zwischen ihnen, die ihre verschiedenen Naturen in sich vereinte. Sie begriff auch, daß Rachel, die so lange sanftmütig und gehorsam gewesen war, sich diesmal durchsetzen wollte – und es auch tun würde.

„Ich muß sagen, daß ich nicht verstehe, warum du darauf bestehst, daß dein Vater zu deiner Hochzeit kommt“, sagte sie mit bitterem Hohn. „*Er* hat nie daran gedacht, daß er dein Vater ist. Er macht sich nichts aus dir – er hat sich nie etwas aus dir gemacht.“

Rachel ignorierte den Hieb. Er konnte sie nicht verletzen, denn sie hatte ein Geheimnis, von dem ihre Mutter nichts ahnte.

„Entweder lade ich meinen Vater zu meiner Hochzeitsfeier ein, oder es gibt keine Feier“, wiederholte sie unbeirrt – mit der gleichen wirkungsvollen Taktik ihrer Mutter, auf ihrem Standpunkt zu beharren, ohne sich davon abbringen zu lassen.

„Dann lade ihn eben ein“, fauchte Mrs. Spencer mit einem Zorn, der ihr nicht gut zu Gesicht stand – dem Zorn einer Frau, die immer ihren Willen bekommen hatte und nun ausnahmsweise nachgeben mußte. „Es spielt ohnehin keine Rolle – er kommt sowieso nicht.“

Rachel gab keine Antwort. Jetzt, da die Schlacht vorbei und gewonnen war, war sie plötzlich den Tränen nahe. Sie stand schnell auf und ging hinauf in ihr Zimmer. Es war ein kleiner, dämmeriger Raum im Schatten der weißen Birken, die draußen reichlich wuchsen – ein jungfräuliches Zimmer, in dem alles davon kündete, daß hier ein unverheiratetes Mädchen wohnte. Sie warf sich auf ihr Bett mit der blauweißen Patchwork-Decke und weinte leise, aber bitterlich.

In diesem schweren Augenblick sehnte sie sich nach ihrem Vater, der fast ein Fremder für sie war. Sie wußte, daß ihre Mutter wahrscheinlich recht gehabt hatte, als sie sagte, er würde nicht kommen. Rachel hatte das Gefühl, daß ihrem Eheversprechen etwas von seiner Heiligkeit fehlen würde, wenn ihr Vater es nicht hörte.

Fünfundzwanzig Jahre zuvor hatten David Spencer und Isabella Chiswick geheiratet. Böse Zungen behaupteten, es könne kein Zweifel bestehen, daß Isabella David aus Liebe geheiratet habe, da er weder Land noch Geld hatte. David sah gut aus, und in seinen Adern floß das Blut einer langen Reihe von Seeleuten. Er war Seemann wie sein Vater und Großvater vor ihm, aber als er Isabella heiratete, überredete sie ihn, die Seefahrt aufzugeben und sich mit ihr auf dem gemütlichen kleinen Hof niederzulassen, den sie von ihrem Vater geerbt hatte. Isabella liebte das Landleben, ihre fruchtbaren Äcker und blühenden Obstgärten, aber sie verabscheute die See und alles, was damit zu tun hatte, weniger aus Angst vor den Gefahren als vielmehr aus der eingetrichterten Überzeugung, daß Seeleute auf der gesellschaftlichen Leiter unten rangierten – eine Art notwendiger Vagabunden. In ihren Augen hatte dieser Beruf etwas Ehrenrühriges. David mußte in einen respektablen Bauern verwandelt werden, der seine Felder bestellte und zu Hause blieb.

Fünf Jahre ging alles gut. Wenn David auch manchmal Sehnsucht nach der See hatte, unterdrückte er sie und hörte nicht auf ihre lockende Stimme. Er und Isabella waren sehr glücklich; ihr einziger Kummer war, daß sie keine Kinder hatten.

Dann, im sechsten Jahr, kam ein Wendepunkt – und eine Veränderung. Kapitän Barrett, ein alter Freund von David, wollte ihn auf eine Fahrt mitnehmen. Bei diesem Vorschlag brach sich Davids lange unterdrückte Sehnsucht Bahn – die Sehnsucht nach den blauen Weiten des Ozeans und dem Wind mit seinem salzigen Schaum. Er mußte mit James Barrett auf diese Fahrt gehen – er *mußte!* Danach würde er wieder zufrieden sein, aber fahren mußte er. Seine Seele war in Aufruhr.

Isabella war so unklug, heftig gegen den Plan zu protestieren – mit beißendem Sarkasmus und ungerechten Vorwürfen. Davids bis dahin verborgener Eigensinn erwachte und bestärkte ihn in seiner Sehnsucht – die Isabella, deren Familie seit fünf Generationen Landwirtschaft betrieb, nicht verstehen konnte.

Er war entschlossen zu fahren und sagte es Isabella. „Ich habe es satt, zu pflügen und Kühe zu melken“, sagte er hitzig.

„Du meinst, du hast es satt, ein ehrenwertes Leben zu führen“, spöttete Isabella.

„Vielleicht“, sagte David mit einem verächtlichen Schulterzucken. „Wie auch immer – ich fahre.“

„Wenn du auf diese Reise gehst, David Spencer, brauchst du nicht mehr zurückzukommen“, sagte Isabella entschieden.

David ging – er glaubte nicht, daß sie es ernst meinte. Isabella glaubte, daß ihm egal sei, ob sie es ernst meinte oder nicht. David Spencer ließ eine Frau zurück, die nach außen hin gelassen wirkte – aber in ihr brodelte ein Vulkan aus verletztem Stolz und Zorn darüber, nicht ihren Willen bekommen zu haben.

Als David nach Hause kam, braungebrannt, vergnügt, für eine Weile von seinem Reisefieber kuriert und erfüllt von echter Vorfreude auf das Landleben, war Isabella noch in der gleichen Stimmung.

Sie empfing ihn an der Tür, ohne zu lächeln, mit eisigem Blick und verkniffenem Mund. „Was willst du hier?“ fragte sie in dem Ton, in dem sie mit Landstreichern und syrischen Hausierern sprach.

„Was ich hier will?“ David war so überrascht, daß ihm fast die Worte fehlten. „Nun, ich – ich – will zu meiner Frau. Ich bin wieder zu Hause.“

„Das hier ist nicht dein Zuhause. Ich bin nicht deine Frau. Du hast deine Wahl getroffen, als du gegangen bist“, erwiderte Isabella. Dann hatte sie ihm die Tür vor der Nase zugeschlagen.

David hatte ein paar Minuten wie gelähmt dagestanden. Dann hatte er sich umgewandt und war die Birkenallee entlanggegangen. Er sagte nichts – nicht jetzt und auch nicht später. Von diesem Tag an verlor er kein Wort mehr über seine Frau und alles, was sie betraf.

Er ging schnurstracks zum Hafen und begab sich mit Kapitän Barrett auf eine weitere Fahrt. Als er einen Monat später zurückkam, kaufte er ein kleines Haus und transportierte es bis zur „Cove“, einem kleinen Meeresarm, von dem aus keine andere menschliche Wohnstätte aus sichtbar war. Zwischen seinen Seefahrten führte er dort das Leben eines Einsiedlers und vertrieb sich die Zeit mit Fischen und Geigespielen. Er ging nirgendwo hin und lud auch nie jemanden ein.

Auch Isabella Spencer hatte Schweigen als Taktik gewählt. Die schockierten Chiswicks, allen voran Tante Jane, versuchten, mit Argumenten und Bitten zu vermitteln. Aber sie bissen auf Granit – Isabella schien nicht zu hören, was sie sagten, und antwortete nicht. Sie ignorierte sie einfach. Tante Jane sagte angewidert: „Was soll man mit einer Frau machen, die nicht einmal *reden* will?“

Fünf Monate, nachdem David Spencer von seiner Frau vor die Tür gesetzt worden war, wurde Rachel geboren. Wenn David demütig und voller Reue zu ihnen gekommen wäre, hätte er damit vielleicht den nagenden Groll aus Isabellas Herz vertrieben, das durch die ersehnte Mutterschaft weicher geworden war. Aber David war nicht gekommen und ließ auch nichts von sich hören, als das Kind da war, das er sich einst so gewünscht hatte.

Als Isabella wieder aufstehen konnte, wirkte ihr blasses Gesicht verkniffener denn je, und wenn jemand aus ihrem Umfeld genug Scharfblick gehabt hätte, würde er bemerkt haben, daß eine Veränderung mit ihr vorgegangen war. Eine gewisse nervöse Erwartung, eine aufgeregte Anspannung war vorüber. Isabella hoffte nicht mehr insgeheim darauf, daß ihr Mann noch zurückkommen würde, was sie bis vor kurzem noch getan hatte, und sie war bereit gewesen, ihm zu verzeihen, wenn sie ihn genug gedemütigt und er sich so erniedrigt hatte, wie er es ihrer Meinung nach tun sollte. Aber jetzt wußte sie, daß er nicht vorhatte, um Verzeihung zu bitten, und der Haß, in den sich ihre frühere Liebe verwandelte, wuchs schnell und unaufhörlich.

Rachel war seit ihrer frühesten Kindheit vage bewußt, daß ihr Leben anders war als das ihrer Spielkameraden. Lange verwirrte es ihren kindlichen Verstand. Schließlich fand sie heraus, worin der Unterschied bestand – die anderen hatten einen Vater und sie, Rachel Spencer, hatte keinen – nicht einmal einen auf dem Friedhof wie Carrie Bell und Lilian Boulter. Wie kam das? Rachel ging schnurstracks zu ihrer Mutter, legte ihr die kleine Hand aufs Knie, blickte mit forschenden blauen Augen zu ihr auf und fragte ernst: „Mutter, warum habe ich nicht auch einen Vater wie die anderen kleinen Mädchen?“

Isabella Spencer legte ihre Handarbeit beiseite, nahm das siebenjährige Kind auf den Schoß und erzählte ihm die ganze Geschichte unumwunden in wenigen bitteren Worten, die sich unauslöschlich in Rachels Gedächtnis einbrannten. Sie verstand überwältigend deutlich, daß sie nie einen Vater haben konnte – daß sie in dieser Hinsicht immer anders sein mußte als andere.

„Dein Vater macht sich nichts aus dir“, sagte Isabella Spencer abschließend. „Du warst ihm immer egal. Du darfst nie wieder mit irgend jemandem über ihn sprechen.“

Rachel rutschte wortlos vom Schoß ihrer Mutter und rannte hinaus in den Garten. Ihr Herz quoll über, und sie weinte bitterlich über die letzten Worte ihrer Mutter. Es war schrecklich für sie, daß ihr Vater sie nicht liebte, und grausam, daß sie nie über ihn sprechen durfte.

Seltsamerweise galt Rachels Sympathie ihrem Vater, soweit sie den alten Streit verstand. Sie dachte jedoch nicht im Traum daran, ihrer Mutter ungehorsam zu sein. Das Mädchen sprach nie wieder von seinem Vater, aber Isabella hatte ihr ja nicht verboten, an ihn zu denken, und so dachte Rachel ständig an ihn – so ununterbrochen, daß er auf sonderbare Art ein ungeahnter Teil ihres Innenlebens wurde – der unsichtbare, aber immer anwesende Gefährte all ihrer Erfahrungen.

Sie war ein phantasievolles Kind und malte sich aus, wie es wäre, ihren Vater kennenzulernen. Sie hatte ihn nie gesehen, aber er war wirklicher für sie als die meisten Leute, die sie gesehen *hatte.* Er spielte und redete mit ihr, wie ihre Mutter es nie tat, er ging mit ihr in den Obstgarten und auf die Felder, er saß in der Dämmerung auf ihrer Bettkante, ihm flüsterte sie Geheimnisse zu, die sie sonst niemandem erzählte.

Einmal fragte ihre Mutter sie ungeduldig, warum sie soviel mit sich selbst sprach.

„Ich spreche nicht mit mir selbst. Ich spreche mit einem sehr guten Freund“, erwiderte Rachel ernst.

„Albernes Ding“, lachte ihre Mutter, halb nachsichtig und halb mißbilligend.

Zwei Jahre später erlebte Rachel etwas Wunderbares. An einem Nachmittag im Sommer ging sie mit ein paar Freundinnen zum Hafen. So ein Ausflug war dem Kind nur selten vergönnt, denn Isabella Spencer erlaubte ihr nur selten, ohne sie wegzugehen. Und Isabella war keine unterhaltsame Gesellschaft. Rachel hatte nie große Freude, wenn sie mit ihrer Mutter unterwegs war.

Die Kinder legten einen langen Weg an der Küste zurück, und schließlich kamen sie zu einer Stelle, die Rachel noch nie gesehen hatte. Es war eine flache Bucht, in der das Wasser an den gelben Strand schwappte. Das Meer sang sein fröhliches Lied. Außerhalb war der Wind stürmisch, hier dagegen mild. Ein weißes Boot war an Land gezogen und am Strand stand ein seltsames kleines Haus – es sah aus wie eine große Muschel, die die Wellen angeschwemmt hatten. Rachel betrachtete alles mit heimlichem Vergnügen. Ebenso wie ihr Vater liebte sie die einsamen Stellen am Meer und an der Küste. Sie wollte hierbleiben und es noch eine Weile genießen.

„Ich bin müde, Mädchen“, verkündete sie. „Ich bleibe hier und mache eine kleine Rast. Ich möchte nicht nach Gull Point. Ihr könnt allein gehen, ich warte hier auf euch.“

„Ganz allein?“ fragte Carrie Bell verwundert.

„Ich habe nicht solche Angst, allein zu sein, wie manche anderen Leute“, sagte Rachel mit Würde.

Die anderen Mädchen gingen weiter, und Rachel blieb im Schatten des großen weißen Bootes sitzen. Sie saß dort eine Weile und träumte selig vor sich hin, den goldblonden Kopf an das Boot gelehnt und die blauen Augen auf den fernen Horizont gerichtet.

Plötzlich hörte sie Schritte hinter sich. Als sie den Kopf wandte, stand ein Mann neben ihr und schaute mit großen, fröhlichen blauen Augen auf sie hinunter. Rachel war sicher, daß sie ihn noch nie gesehen hatte; aber diese Augen kamen ihr seltsam bekannt vor. Sie mochte ihn sofort und empfand keinerlei Schüchternheit oder Befangenheit, die sie sonst vor Fremden hatte.

Es war ein großer, kräftiger Mann in derber Fischerkleidung und einem Südwester als Kopfbedeckung. Er hatte dichtes, lockiges helles Haar, rote, braungebrannte Wangen und ebenmäßige, weiße Zähne. Rachel dachte, er müsse schon recht alt sein, denn in sein helles Haar mischten sich viele graue Fäden.„Hältst du nach Meerjungfrauen Ausschauen?“ fragte er.

Rachel nickte ernst. Jedem anderen hätte sie diesen Gedanken verheimlicht. „Ja“, sagte sie, „Mutter sagt, es gebe keine Meerjungfrauen, aber ich möchte gern glauben, daß es welche gibt. Haben Sie mal eine gesehen?“

Der große Mann saß auf einem verblichenen Haufen Treibholz und lächelte sie an. „Nein, leider nicht. Aber ich habe viele andere wunderschöne Dinge gesehen. Ich kann dir davon erzählen, wenn du herkommst und dich zu mir setzt.“

Rachel ging ohne zu zögern zu ihm. Er zog sie auf den Schoß, und es gefiel ihr. „Was für ein nettes kleines Ding du bist“, sagte er. „Meinst du, du kannst mir einen Kuß geben?“

Eigentlich waren Rachel Küsse verhaßt. Sie ließ sich nur selten überreden, ihre Onkel zu küssen, und die wiederum zogen sie so sehr damit auf, daß sie sagte, sie könne Männer nicht ausstehen. Aber jetzt schlang sie unbefangen die Arme um den Hals des Fremden und gab ihm einen herzhaften Kuß. „Ich mag dich“, sagte sie unumwunden.

Plötzlich drückte er sie an sich. Seine blauen Augen, die so liebevoll blickten, wurden feucht. Und dann, ganz plötzlich, begriff Rachel, wer er war. Er war ihr Vater. Sie sagte nichts, aber sie legte ihren lockigen Kopf an seine Schulter und war selig wie jemand, der in den Himmel gekommen ist.

Falls David Spencer begriff, daß sie verstand, sagte er es nicht. Stattdessen begann er, ihr spannende Geschichten zu erzählen – von fernen Ländern, die er besucht hatte, und seltsamen Dingen, die er gesehen hatte. Rachel lauschte andächtig, als sei es ein Märchen. Ja, er war genau so, wie sie sich ihn erträumt hatte. Sie war immer sicher gewesen, daß er wunderschöne Geschichten erzählen konnte.

„Komm mit ins Haus, dann zeige ich dir ein paar schöne Sachen", sagte er schließlich.

Die nächste Stunde war wunderbar. Der niedrige kleine Raum mit dem quadratischen Fenster war vollgestopft mit Andenken an ein unstetes Leben – schöne, seltsame, unbeschreibliche Dinge. Am besten gefielen Rachel zwei große Muscheln auf dem Kaminsims – hellrosa Muscheln mit roten Sprenkeln.

„Oh, ich wußte nicht, daß es auf der Welt so schöne Dinge gibt", rief sie.

„Wenn du möchtest", fing der große Mann an, dann hielt er einen Moment inne. „Ich zeige dir etwas noch Schöneres."

Rachel hatte das unbestimmte Gefühl, daß er eigentlich etwas anderes hatte sagen wollen, aber sie vergaß es, als sie sah, was er aus einem kleinen Eckschrank holte. Es war ein glänzender, purpurfarbener Teekessel mit einem Muster aus goldenen Drachen. Der Deckel sah aus wie eine goldene Blume, und der Henkel war ein aufgerollter Drachenschwanz. Rachel war hingerissen. „Das ist das einzig Wertvolle, das mir auf der Welt geblieben ist", sagte er.

Rachel erkannte eine tiefe Traurigkeit in seinen Augen und seiner Stimme. Sie wollte ihm noch einen Kuß geben und ihn trösten, aber plötzlich fing er an zu lachen und kramte ein paar Süßigkeiten für sie hervor – die leckersten, die sie je gegessen hatte. Während sie knabberte, nahm er eine alte Geige von der Wand und spielte ihr ein Lied vor, zu dem sie gern getanzt und gesungen hätte. Rachel war vollkommen glücklich. Sie wünschte, sie könnte für immer in dem niedrigen, dämmerigen Zimmer mit all seinen Schätzen bleiben.

„Ich sehe deine kleinen Freundinnen kommen", sagte er schließlich. „Du mußt wohl gehen. Steck die restlichen Süßigkeiten in deine Tasche." Er hob sie hoch und drückte sie einen Moment lang fest an sich. Sie merkte, daß er ihr einen Kuß aufs Haar gab. „Und nun lauf, kleines Mädchen", sagte er sanft.

„Warum sagst du nicht, daß ich wiederkommen soll?" rief Rachel, den Tränen nahe. „Ich komme trotzdem!"

„Wenn du kommen kannst, tu es", sagte er. „Wenn nicht, weiß ich, daß es nicht geht – und das bedeutet mir viel. Ich bin sehr, sehr, *sehr* froh, kleines Mädchen, daß du gekommen bist."

Rachel saß bescheiden neben dem Boot, als ihre Freundinnen zurückkamen. Sie hatten sie nicht aus dem Haus kommen sehen, und sie verriet ihnen kein Wort von dem Besuch bei ihrem Vater. Sie lächelte nur geheimnisvoll, als sie fragten, ob sie sich einsam gefühlt habe.

An diesem Abend schloß sie zum ersten Mal ihren Vater in ihr Abendgebet ein. Fortan vergaß sie es nie mehr. Sie sagte immer „Segne Mutter – und Vater" mit einer instinktiven Pause zwischen beiden Worten – einer Pause, an der man erkannte, daß sie die Tragödie begriff, die ihre Eltern entzweit hatte. Und „Vater" klang aus ihrem Mund liebevoller als „Mutter".

Rachel besuchte die Bucht nie wieder. Isabella Spencer fand heraus, daß die Kinder dort gewesen waren, und obwohl sie nichts von Rachels Treffen mit ihrem Vater wußte, sagte sie ihr, daß sie nie wieder dorthin gehen dürfe.

Rachel vergoß insgeheim viele bittere Tränen über diesen Befehl, aber sie gehorchte. Danach hatte sie keinen Kontakt mehr mit ihrem Vater, bis auf die wortlosen Nachrichten von Seele zu Seele, die jede Entfernung überwinden.

Die Einladung an David Spencer zur Hochzeit seiner Tochter wurde mit den anderen verschickt, und die letzten Tage von Rachels Mädchenzeit verflogen in einem Wirbel aus Vorbereitung und Erwartung, den ihre Mutter in vollen Zügen genoß, der Rachel aber zuwider war.

Endlich war der Hochzeitstag da, ein herrlicher Septembertag, so mild und schön, als sei Juni.

Die Zeremonie sollte um acht Uhr abends stattfinden. Um sieben stand Rachel in ihrem Zimmer, fertig angezogen und allein. Sie hatte keine Brautjungfer und hatte ihre Cousinen gebeten, sie in dieser letzten feierlichen Stunde ihrer Mädchenzeit alleinzulassen. Sie sah sehr hübsch aus im Licht der Abendsonne, das durch die Birken schien. Ihr Hochzeitskleid war aus feinem Organdy und sehr einfach geschnitten. In ihren welligen Haaren trug sie die Blumen ihres Bräutigams – weiße Rosen. Sie war sehr glücklich, aber in das Glück mischte sich ein wenig von dem Kummer, den alle Veränderungen mit sich bringen.

Ihre Mutter kam herein – mit einem kleinen Korb. „Hier ist etwas für dich, Rachel. Einer der Jungen vom Hafen hat es gebracht. Er hatte die Anweisung, es dir persönlich auszuhändigen. Ich habe es ihm abgenommen und ihn weggeschickt – und gesagt, daß ich es dir sofort geben würde und nichts weiter nötig sei." Ihre Stimme klang kalt. Sie wußte nur zu gut, wer den Korb geschickt hatte, und ärgerte sich darüber, aber der Ärger war nicht so groß wie ihre Neugier. Sie stand schweigend dabei, als Rachel den Korb auspackte.

Rachels Hände zitterten, als sie die Decke wegnahm. Zwei große rosa Muscheln lagen obenauf. Wie gut sie sich an die beiden erinnerte! Darunter – sorgsam in fremdländisch aussehende, seltsam duftende Seide gehüllt – befand sich der Teekessel mit den Drachen. Sie hielt ihn in Händen und betrachtete ihn mit Tränen in den Augen.

„Den hat dein Vater geschickt“, sagte Isabella Spencer, und ihre Stimme klang sonderbar. „Ich erinnere mich gut. Es war eine von den Sachen, die ich eingepackt und ihm nachgeschickt habe. Sein Vater hat den Kessel vor fünfzig Jahren aus China mitgebracht, und es war sein kostbarster Besitz. Es hieß, er sei viel Geld wert.“

„Mutter, laß mich bitte einen Augenblick allein“, sagte Rachel. Sie hatte einen kleinen Brief auf dem Boden des Korbes entdeckt und hatte das Gefühl, daß sie ihn nicht in Anwesenheit ihrer Mutter lesen konnte.

Mrs. Spencer ging ungewohnt nachgiebig hinaus. Rachel eilte zum Fenster und las den Brief im ersterbenden Zwielicht. Er war sehr kurz und die Schrift die eines Mannes, der nur selten einen Füllhalter hält.

Mein liebes kleines Mädchen,

es tut mir leid, daß ich nicht zu Deiner Hochzeit kommen kann. Es sieht Dir ähnlich, daß Du mich eingeladen hast – denn ich weiß, daß es Deine Idee war. Ich wünschte, ich könnte dabeisein, aber ich kann nicht das Haus betreten, aus dem ich ausgesperrt wurde. Ich hoffe, daß Du glücklich wirst. Ich schicke Dir die Muscheln und den Teekessel, die Dir so gefallen haben. Erinnerst Du Dich an den schönen Tag, den wir zusammen verbracht haben? Ich hätte Dich gern noch einmal gesehen, bevor Du heiratest, aber es ist unmöglich.

Dein liebender Vater
David Spencer

Rachel blinzelte entschlossen die Tränen weg, die ihr in die Augen stiegen. Eine heftige Sehnsucht nach ihrem Vater erwachte in ihrem Herzen – ein Hunger, der sich nicht unterdrücken ließ. Sie *mußte* ihren Vater sehen, sie *brauchte* seinen Segen für ihr neues Leben. Plötzlich wurde ein Entschluß in ihr geboren – die Entscheidung, sich über alle Konventionen und Hindernisse hinwegzusetzen, als gäbe es sie nicht.

Es war jetzt beinahe dunkel. Die Gäste würden erst in einer halben Stunde kommen. Zu Fuß brauchte man nur fünfzehn Minuten zur Bucht. Rachel schlüpfte hastig in ihren neuen Regenmantel und setzte eine dunkle Haube auf. Sie öffnete die Tür und schlich lautlos nach unten. Mrs. Spencer und ihre Helferinnen waren alle im hinteren Teil des Hauses beschäftigt. Einen Augenblick später war Rachel draußen im taufeuchten Garten. Sie ging geradewegs über die Felder, und niemand sah sie.

Es war völlig dunkel, als sie die Bucht erreichte. An dem kristallklaren Himmel blinkten die Sterne. Schaumflocken huschten über den Sand wie kleine Elfen. Ein leichter Wind rüttelte sachte an den Traufen des kleinen grauen Hauses, in dem David Spencer allein im Zwielicht saß, die Geige auf dem Schoß. Er hatte versucht zu spielen, es aber nicht fertiggebracht. Er sehnte sich nach seiner Tochter – ja, und auch nach der lange entschwundenen Braut seiner Jugend. Seine Liebe zur See hatte ihren Frieden gefunden, aber die Liebe zu Frau und Kind forderte bei allem alten Ärger und aller Sturheit immer noch ihr Recht.

Plötzlich ging die Tür auf, und Rachel, von der er gerade noch geträumt hatte, kam herein. Sie schleuderte ihren Umhang von sich und stand in ihrem Brautkleid jung und schön vor ihm, ein hinreißendes Geschöpf, dessen Strahlen beinahe den düsteren Raum erhellte.

„Vater“, rief sie mit gebrochener Stimme, und er schloß sie in die Arme.

In dem Haus, das sie verlassen hatte, fanden sich nach und nach die Gäste ein. Sie machten Scherze, lachten und begrüßten einander freundlich. Auch der Bräutigam erschien, ein schlanker junger Mann mit dunklen Augen, der zaghaft die Treppe hinaufstieg. Mrs. Spencer kam ihm entgegen.

„Ich möchte Rachel sehen, bevor wir nach unten gehen“, sagte er errötend.

Mrs. Spencer legte ein Hochzeitsgeschenk aus Leinen auf den Tisch, der schon vor Geschenken überquoll, öffnete die Tür zu Rachels Zimmer und rief nach ihr. Es kam keine Antwort, das Zimmer war dunkel und still. In plötzlicher Panik griff Isabella nach der Lampe, die auf dem Tisch in der Diele stand, und hielt sie hoch. Der kleine weiße Raum war leer. Keine errötende Braut in Weiß war zu sehen. Aber David Spencers Brief lag auf dem Fensterbrett. Isabella las ihn.

„Rachel ist verschwunden“, keuchte sie. Eine jähe Eingebung sagte ihr, wohin und warum das Mädchen gegangen war.

„Verschwunden!“ echote Frank und wurde blaß.

Sein Entsetzen brachte Mrs. Spencer wieder zur Besinnung. Sie gab ein bitteres, häßliches Lachen von sich. „Oh, mach nicht so ein Gesicht, Frank. Sie hat dich nicht verlassen. Pst – komm herein – und mach die Tür zu. Niemand darf das erfahren. Es würde eine schöne Tratscherei eben! Die dumme kleine Gans ist zur Bucht gegangen, um ihren – ihren Vater zu sehen. Ich bin sicher – das sieht ihr ähnlich. Er hat ihr diese Geschenke geschickt – sieh nur – und diesen Brief. Lies ihn. Sie will ihn überreden, zur Hochzeit zu kommen. Sie war völlig versessen darauf. Und nun ist der Pfarrer da, und es ist halb acht! Sie wird sich draußen in dem Tau das Kleid und die Schuhe ruinieren. Und wenn jemand sie gesehen hat! Was für ein kleiner Dummkopf!“

Frank hatte seine Geistesgegenwart wiedergefunden. Er wußte alles über Rachel und ihren Vater; sie hatte es ihm erzählt. „Ich gehe zu ihr“, sagte er gelassen. „Geben Sie mir meinen Hut und meinen Mantel. Ich gehe über die Hintertreppe nach draußen und zur Bucht.“

„Du mußt durch das Speisekammerfenster steigen“, sagte Mrs. Spencer entschieden. Sie brachte Komik und Tragik zusammen, was typisch für sie war. „Die Küche ist voller Frauen. Ich will nicht, daß sich die Geschichte herumspricht!“

Der Bräutigam war sehr reif für sein Alter und wußte, daß man Frauen in kleinen Dingen nachgeben sollte, kroch gehorsam durch das Fenster der Speisekammer und eilte durch den Birkenwald. Mrs. Spencer hielt zitternd Wache, bis er verschwunden war.

Also war Rachel zu ihrem Vater gegangen! Sie hatte jahrelange Fesseln zerrissen und war geflüchtet.

Es bringt wohl nichts, gegen die Natur anzukämpfen, dachte sie grimmig. Ich bin geschlagen! Offenbar hat er doch an sie gedacht, als er ihr die Teekanne und den Brief geschickt hat. Und was meint er mit dem ‚schönen Tag, den sie zusammen verbracht haben‘? Nun, es heißt einfach, daß sie früher schon einmal bei ihm war und es mir verheimlicht hat! Mrs. Spencer schloß das Speisekammerfenster mit einem wütenden Knall. „Wenn sie nur ohne Aufsehen mit Frank zurückkommt und es keinen Klatsch gibt, verzeihe ich ihr“, sagte sie, als sie in die Küche ging.

Rachel saß auf dem Schoß ihres Vaters, die Arme um seinen Hals geschlungen, als Frank hereinkam. Sie sprang auf, mit gerötetem Gesicht und bittender Miene, die Augen voller Tränen. Frank dachte, er habe sie noch nie so schön gesehen.

„Oh, Frank, ist es sehr spät? Oh, bist du böse?“ rief sie erschrocken.

„Nein, nein, Liebes. Natürlich nicht. Aber meinst du nicht, daß du jetzt besser nach Hause kommst? Es ist fast acht und alle warten."

„Ich versuche, Vater zu überreden, zur Hochzeit zu kommen", sagte Rachel. „Hilf mir, Frank!"

„Sie kommen besser mit, Sir", sagte Frank herzlich. „Ich würde mich ebenso sehr darüber freuen wie Rachel."

David Spencer schüttelte eigensinnig den Kopf. „Nein, ich kann das Haus nicht betreten. Man hat mich daraus ausgesperrt. Kümmert euch nicht um mich – die halbe Stunde Glück mit meinem kleinen Mädchen ist genug für mich. Ich würde sie gern heiraten sehen, aber es soll nicht sein."

„Doch, das soll es", sagte Rachel entschlossen. „Du kommst zu meiner Hochzeit. Frank, wir heiraten hier, im Haus meines Vaters! Dort sollte ein Mädchen heiraten! Geh die Gäste holen!"

Frank sah recht bekümmert aus.

David Spencer sagte ablehnend: „Kleines Mädchen, meinst du nicht, daß –"

„Diesmal setze ich meinen Kopf durch", sagte Rachel liebevoll und entschieden zugleich. „Geh, Frank. Ich werde dir für den Rest meines Lebens gehorchen, aber du mußt diese eine Sache für mich tun. Versuche es zu verstehen", fügte sie bittend hinzu.

„Oh, ich verstehe es ja", versicherte Frank. „Außerdem denke ich, daß du recht hast. Aber ich dachte an deine Mutter. Sie wird nicht kommen."

„Sag ihr, daß ich dann überhaupt nicht heirate", sagte Rachel. Bei ihr zeigte sich eine ungeahnte Fähigkeit, Leute herumzukommandieren. Sie wußte, daß dieses Ultimatum Frank dazu bringen werde, sein Bestes zu geben.

Sehr zu Mrs. Spencers Mißfallen marschierte Frank kühn durch die Eingangstür, als er zurückkam. Sie stürzte auf ihn zu und schleifte ihn ins Eßzimmer, um ihn außer Sichtweite zu bringen.

„Wo ist Rachel? Warum bist du durch die Vordertür gekommen? Alle haben dich gesehen!"

„Das spielt keine Rolle. Sie müssen es sowieso alle erfahren. Rachel sagt, daß sie im Haus ihres Vaters heiraten wird – oder gar nicht. Ich bin gekommen, um es dir zu sagen."

Isabella wurde feuerrot. „Rachel ist verrückt geworden. Ich wasche meine Hände in Unschuld! Mach, was du willst. Nimm die Gäste mit – und das Essen, falls du es tragen kannst."

„Zum Essen kommen wir alle wieder hierher", sagte Frank und ignorierte den Sarkasmus. „Kommen Sie, Mrs. Spencer, machen wir das Beste daraus."

„Glaubst du, daß ich einen Fuß ins David Spencers Haus setze?" sagte Isabella Spencer heftig.

„Oh, Sie *müssen* kommen, Mrs. Spencer", rief der arme Frank verzweifelt. Er bekam Angst, daß er seine Braut wegen all dieser dreifachen Sturheit für immer verlieren würde. „Rachel sagt, daß Sie nur heiratet, wenn Sie auch kommen. Denken Sie nur, was für ein Gerede das geben wird. Sie wissen, daß sie ihre Drohung wahrmachen wird."

Isabella Spencer wußte es. Trotz allen Aufruhrs in ihrer Seele wünschte sie sich sehr, daß es keinen größeren Skandal geben werde als unbedingt nötig. Dieser Wunsch war geeigneter, sie zu bändigen, als jedes Argument. „Ich komme, da es sein muß", sagte sie eisig. „Es ist nicht zu ändern. Geh und sag es ihnen."

Fünf Minuten später stapften die sechzig Hochzeitsgäste in einer Prozession über die Felder zur Bucht, der Pfarrer und der Bräutigam vorneweg. Sie waren zu entgeistert, um über den seltsamen Vorfall zu reden. Isabella Spencer ging als letzte, grimmig und allein.

Alle drängten sich in das kleine Haus an der Bucht, und eine feierliche Stille trat ein, unterbrochen nur von dem Brausen des Seewindes und der Wellen.

David Spencer übergab seine Tochter dem Bräutigam, aber als die Zeremonie zu Ende war, war Isabella die erste, die das Mädchen umarmte. Sie küßte sie, und Tränen liefen über ihr blasses Gesicht. Sie strömte über vor Mutterliebe. „Rachel! Rachel! Mein Kind, ich hoffe und bete, daß du glücklich wirst", sagte sie mit erstickter Stimme.

Im Durcheinander der fröhlichen Menge aus Gratulanten, die das Brautpaar umgab, wurde Isabella in eine schattige Ecke gedrängt und fand sich hinter einem Haufen aus Segeln und Tauen wieder. Als sie aufsah, stieß sie mit David Spencer zusammen. Zum ersten Mal in zwanzig Jahren trafen sich die Blicke von Mann und Frau. Ein seltsamer Schauer erfaßte Isabellas Herz und ließ sie erbeben.

„Isabella." Davids Stimme klang an ihr Ohr – liebevoll und bittend – die Stimme des jungen Mannes, der um sie geworben hatte. „Ist es zu spät, dich um Verzeihung zu bitten? Ich war ein sturer Dummkopf – aber in all diesen Jahren ist keine Stunde vergangen, in der ich nicht an dich und unser Kind gedacht und mich nach euch gesehnt habe."

Isabella Spencer hatte diesen Mann gehaßt, aber ihr Haß war nur ein parasitärer Auswuchs auf einem edleren Stamm gewesen, der keine eigenen Wurzeln hatte. Er verdorrte bei Davids Worten, und siehe da, die alte Liebe war wieder da. „Oh – David – es – war – alles – meine – Schuld", murmelte sie.

Weitere Worte waren nicht nötig, er schloß ihr den Mund mit einem Kuß.

Als alles Händeschütteln und Gratulieren abgeebbt war, löste sich Isabella Spencer aus der Gruppe. Mit ihren geröteten Wangen und den glänzenden Augen sah sie selbst mädchenhaft und wie eine Braut aus. „Laßt uns nun nach Hause gehen und essen und vernünftig sein“, sagte sie energisch. „Rachel, dein Vater kommt mit. Er kommt mit und bleibt“, fügte sie hinzu und sah sich herausfordernd um. „Kommt alle!“

Sie gingen zurück, unter Lachen und Scherzen, über die stillen herbstlichen Felder, die jetzt im Mondlicht silbern schimmerten. Die junge Brautpaar kam als letztes, sie waren sehr glücklich, aber nicht so glücklich wie das alte Brautpaar, das schnellen Schrittes voranging. Isabella hielt die Hand ihres Mannes und konnte die mondbeschienenen Hügel kaum sehen, weil ihre Augen von Freudentränen verschleiert waren.

„David“, flüsterte sie, als er ihr über das Gatter half, „wie kannst du mir je verzeihen?“

„Es gibt nichts zu verzeihen“, sagte er. „Wir sind einfach frisch verheiratet. Wer hätte je einen Bräutigam von Verzeihung reden hören? Für uns fängt alles ganz neu an, mein Mädchen.“

4. Janes Baby

Miss Rosetta Ellis stand mit Lockenwicklern in ihrem windigen Garten unter den Fichten und schüttelte ihre Wohnzimmerteppiche aus, als Mr. Nathan Pattersson auf den Hof fuhr. Miss Rosetta hatte ihn den langen roten Hügel herunterkommen sehen, aber nicht erwartet, daß er sie morgens um diese Zeit besuchen würde. Also war sie nicht weggelaufen. Miss Rosetta rannte immer davon, wenn jemand zu Besuch kam und sie Lockenwickler trug. Selbst wenn es um Leben und Tod gegangen wäre, hätte der Besucher oder die Besucherin warten müssen, bis Miss Rosetta ihre Haare in Ordnung gebracht hatte. Ganz Avonlea wußte das, weil in Avonlea jeder alles über jeden wußte.

Aber Mr. Patterson tauchte so schnell und unerwartet auf, daß Miss Rosetta keine Zeit zum Weglaufen blieb. Also nahm sie ihre Schürze ab und bewahrte Haltung, so gut es ging.

„Guten Morgen, Miss Ellis“, sagte Mr. Pattersson so ernst, daß Miss Rosetta sofort das Gefühl hatte, er bringe schlechte Nachrichten. Für gewöhnlich strahlte sein rundes Gesicht wie der Vollmond, aber jetzt blickte er bekümmert drein und sprach buchstäblich mit Grabesstimme.

„Guten Morgen“, erwiderte Miss Rosetta fröhlich. Sie würde erst Trübsal blasen, wenn sie den Grund dafür wußte. „Es ist ein schöner Tag!“

„Ein sehr schöner Tag", stimmte Mr. Pattersson feierlich zu. „Ich komme gerade von den Wheelers, Miss Ellis, und muß Ihnen leider mitteilen –"

„Charlotte ist krank!" rief Miss Rosetta sofort. „Charlotte hat es wieder am Herzen! Ich wußte es! Ich hatte damit gerechnet! Eine Frau, die soviel durch die Gegend fährt wie sie, kann jeden Moment einen Herzanfall bekommen. Immer, wenn ich durch meine Pforte gehe, sehe ich sie vorbeifahren. Der Himmel weiß, wer sich um ihren Hof kümmert. Ich würde keinem Gehilfen so vertrauen, wie sie es tut. Nun, es ist sehr gütig von Ihnen, Mr. Patterson, daß Sie sich die Mühe machen, zu mir zu kommen und mir zu sagen, daß Charlotte krank ist, aber ich weiß eigentlich nicht, warum Sie das auf sich nehmen – wirklich nicht. Es kümmert mich nicht, ob Charlotte krank ist oder nicht. Das wissen *Sie* doch besser als jeder andere, Mr. Patterson. Als Charlotte damals heimlich diesen Taugenichts Jacob Wheeler geheiratet hat –"

„Mrs. Wheeler geht es ausgezeichnet", unterbrach Mr. Pattersson verzweifelt. „Ganz ausgezeichnet. Ihr fehlt gar nichts. Ich wollte nur –"

„Warum kommen Sie dann her und erzählen mir, sie sei krank? Sie haben mich fast zu Tode erschreckt!" rief Miss Rosetta empört. „Ich habe selbst ein schwaches Herz – das liegt in der Familie – und mein Arzt hat mich vor jeder Aufregung gewarnt. Ich werde mich nicht aufregen, Mr. Patterson, nicht einmal, wenn Charlotte noch einen zweiten Herzanfall erleiden sollte. Es hat keinen Sinn, daß Sie versuchen, mich aufzuregen, Mr. Patterson."

„Himmel, ich habe nicht vor, irgendwen aufzuregen!" erklärte Mr. Patterson aufgebracht. „Ich bin nur gekommen, um Ihnen mitzuteilen –"

„Um mir *was* mitzuteilen?" sagte Miss Rosetta. „Wie lange wollen Sie mich noch auf die Folter spannen, Mr. Patterson? Sie haben zweifellos reichlich freie Zeit, aber – ich – nicht!“

„– daß Ihre Schwester, Mrs. Wheeler, einen Brief von einer Cousine bekommen hat und nach Charlottetown gefahren ist. Ich glaube, die Cousine heißt Mrs. Roberts –“

„Jane Roberts“, fiel Miss Rosetta ein. „Jane Ellis hieß sie vor ihrer Heirat. Was hat sie an Charlotte geschrieben? Nicht, daß mich Charlottes Korrespondenz interessiert, weiß Gott. Aber wenn Jane etwas mitzuteilen hatte, hätte sie *mir* schreiben sollen. Ich bin die Älteste! Charlotte hatte kein Recht, einen Brief von Jane Roberts zu bekommen, ohne mich zu fragen. Hinterhältig nenne ich das – es sieht ihr ähnlich. Genauso hat sie auch geheiratet, ohne mir ein Wort zu sagen – sie ist einfach durchgebrannt, mit diesem prinzipienlosen Jacob Wheeler –“

„Mrs. Roberts ist sehr krank, soviel ich weiß“, sagte Mr. Patterson, um sie auf das Thema zurückzubringen und seinen Auftrag auszuführen. „Sie liegt sogar im Sterben und –“

„Jane ist krank! Jane liegt im Sterben!“ rief Miss Rosetta. „Dabei war sie das gesündeste Mädchen, das ich je kannte! Aber ich habe sie ja auch nicht mehr gesehen oder von ihr gehört, seit sie vor fünfzehn Jahren geheiratet hat. Ihr Mann war ein Grobian und vernachlässigte sie, und sie ist wohl langsam verwelkt. Ich glaube nicht an Ehemänner. Sehen Sie sich Charlotte an! Jeder weiß, wie Jacob Wheeler sie behandelt hat. Sie hatte es natürlich verdient, aber –“

„Mrs. Roberts’ Mann ist tot“, sagte Mr. Patterson. „Er ist vor etwa zwei Monaten gestorben, soviel ich weiß. Sie hat ein sechs Monate altes Baby und dachte vielleicht, daß Mrs. Wheeler sich um der alten Zeiten willen darum kümmern würde –“

„Hat Charlotte Sie gebeten, zu mir zu kommen und es mir zu erzählen?“ fragte Miss Rosetta eifrig.

„Nein, sie hat mir nur gesagt, was in dem Brief stand. Sie hat Sie nicht erwähnt, aber ich dachte, daß Sie es vielleicht erfahren sollten –“

„Ich wußte es“, sagte Miss Rosetta mit bitterer Gewißheit. „Ich hätte es Ihnen gleich sagen können. Charlotte wollte mich nicht einmal wissen lassen, daß Jane krank war. Charlotte hat wohl Angst, ich könnte das Baby für mich beanspruchen – Jane und ich waren ja vor langer Zeit gute Freundinnen. Und wer hat ein Recht auf das Kind, wenn nicht ich? Bin ich nicht die Älteste? Und habe ich keine Erfahrung darin, Kinder großzuziehen? Charlotte braucht nicht zu glauben, sie würde unsere Familienangelegenheiten regeln, nur weil sie zufällig verheiratet war. Jacob Wheeler –“

„Ich muß wieder los“, sagte Mr. Patterson und griff erleichtert nach den Zügeln.

„Ich bin Ihnen zu großem Dank verpflichtet, weil Sie gekommen sind und mir von Jane erzählt haben“, sagte Miss Rosetta, „auch wenn Sie viel kostbare Zeit verschwendet haben, bevor Sie mit der Sprache herausgerückt sind. Ohne Sie hätte ich es wohl gar nicht erfahren. Wie auch immer – ich fahre in die Stadt, so schnell ich kann.“

„Sie müssen sich beeilen, wenn Sie vor Mrs. Wheeler ankommen wollen“, sagte Mr. Patterson. „Sie packt gerade ihre Sachen und will den Zug nehmen, der heute morgen fährt.“

„Ich packe auch eine Tasche und nehme den Nachmittagszug“, erwiderte Miss Rosetta triumphierend. „Ich werde Charlotte zeigen, daß nicht sie die Angelegenheiten der Familie Ellis zu regeln hat. Sie hat bei uns aus- und bei den Wheelers eingeheiratet. Sie soll sich um die Angelegenheiten der Wheelers kümmern! Jacob Wheeler war der schlimmste –“

Aber Mr. Patterson war schon weg. Er fand, daß er angesichts furchtbarer Widerstände seine Pflicht getan hatte, und wollte nichts mehr über Jacob Wheeler hören.

Rosetta Ellis und Charlotte Wheeler hatten seit zehn Jahren kein Wort miteinander gesprochen. Davor hatten sie ein inniges Verhältnis gehabt und seit dem Tod ihrer Eltern zusammen in dem kleinen Haus der Familie Ellis an der Straße nach White Sands gewohnt. Der Ärger fing an, als Jacob Wheeler begonnen hatte, Charlotte den Hof zu machen, der jüngeren und hübscheren der zwei Frauen, die beide nicht mehr besonders jung oder hübsch waren. Rosetta war von Anfang an entschieden gegen die Ehe gewesen. Sie beteuerte, sie könne Jacob Wheeler nicht leiden. Es gab genug boshafte Leute, die andeuteten, das liege daran, daß besagter Jacob Wheeler sich die falsche Schwester ausgesucht hatte. Wie auch immer – Miss Rosetta sorgte zweifellos dafür, daß Jacob Wheelers Brautwerbung stürmisch verlief. Es endete damit, daß Charlotte eines Morgens einfach gegangen war und Jacob Wheeler geheiratet hatte, ohne Miss Rosetta etwas davon zu sagen. Miss Rosetta hatte ihr das nie verziehen, und Charlotte wiederum hatte Rosetta nie verziehen, was sie gesagt hatte, als sie mit Jacob zurückgekommen war. Seitdem waren die beiden Schwestern erbitterte und offene Feindinnen, mit dem einzigen Unterschied, daß Miss Rosetta ihrem Groll öffentlich und bei jeder passenden und unpassenden Gelegenheiten Luft machte, während Charlotte nie auch nur Rosettas Namen erwähnte. Nicht einmal Jacob Wheelers Tod fünf Jahre nach der Heirat konnte die Wunde heilen.

Miss Rosetta nahm ihre Lockenwickler aus dem Haar, packte ihre Tasche und fuhr wie angedroht mit dem Nachmittagszug nach Charlottetown. Die ganze Fahrt über saß sie kerzengerade auf ihrem Platz und führte in ihrer Phantasie Gespräche mit Charlotte. Die lauteten ungefähr so:

„Nein, Charlotte Wheeler, du wirst Janes Baby nicht bekommen – wenn du das glaubst, hast du dich geschnitten! Oh, schon gut – wir werden sehen! Du hast keine Ahnung von Kindern, auch wenn du verheiratet warst. Ich schon! Habe ich mich nicht um William Ellis' Baby gekümmert, nachdem seine Frau gestorben war? Sag mir das, Charlotte Wheeler! Und ging es dem kleinen Ding nicht gut bei mir, ist es nicht groß und stark geworden? Jawohl, das mußt sogar du zugeben, Charlotte Wheeler. Und trotzdem maßt du dir an, Janes Baby für dich haben zu wollen! Jawohl, es ist eine Anmaßung, Charlotte Wheeler. Und als William Ellis wieder heiratete und das Kind wieder zu sich nahm, hat es sich da nicht an mich geklammert und geweint, als sei ich seine richtige Mutter? Du weißt, daß es so war, Charlotte Wheeler. *Ich* bekomme Janes Baby und behalte es, Charlotte Wheeler, und ich möchte sehen, ob du mich daran hindern kannst – du, die du hinter dem Rücken deiner Schwester geheiratet hast! Wenn ich auf solche Art geheiratet hätte, Charlotte Wheeler, würde ich für den Rest meines Lebens niemandem mehr ins Gesicht sehen können!"

Miss Rosetta war so damit beschäftigt, Charlotte Predigten zu halten und die Zukunft von Janes Baby zu planen, daß ihr die Fahrt nach Charlottetown gar nicht so lang vorkam, obwohl sie es so eilig hatte. Sie fand schnell das Haus, in dem ihre Cousine wohnte. Dort erfuhr sie zu ihrem ehrlichen Kummer, daß Mrs. Roberts um vier Uhr nachmittags gestorben war.

„Sie hat sich ans Leben geklammert, bis sich ihre Verwandten in Avonlea gemeldet haben", sagte die Frau, die es Miss Rosetta erzählte. „Sie hatte ihnen wegen ihrer kleinen Tochter geschrieben. Sie war meine Schwägerin und hat seit dem Tod ihres Mannes bei mir gewohnt. Ich habe für sie getan, was ich konnte, aber ich habe selbst eine große Familie und kann das Kind nicht bei mir behalten. Die arme Jane hat so gewartet, daß jemand aus Avonlea kommt, aber sie hat nicht bis zuletzt durchgehalten. Sie war ein geduldiges, leidendes Wesen."

„Ich bin ihre Cousine", sagte Miss Rosetta und wischte sich die Augen, „und komme wegen des Babys. Ich nehme es nach der Beerdigung mit nach Hause, und wenn es Ihnen nichts ausmacht, Mrs. Gordon, lassen Sie mich die Kleine möglichst sofort sehen, damit sie sich an mich gewöhnt. Die arme Jane! Ich wünschte, ich wäre rechtzeitig gekommen, um sie noch einmal zu sehen. Wir waren früher so gute Freundinnen. Zu mir hatte sie ein viel engeres Verhältnis als zu Charlotte, und Charlotte weiß das auch!"

Die Giftigkeit, mit der Miss Rosetta diese letzten Worte fauchte, verwirrte Mrs. Gordon, denn sie verstand es natürlich nicht. Aber sie ging mit Miss Rosetta nach oben, wo das Baby schlief.

„Oh, was für ein kleiner Schatz", rief Miss Rosetta. Ihre Altjüngferlichkeit und Verschrobenheit fielen von ihr ab wie ein Schleier, und all ihr Mutterinstinkt brach sich Bahn. „Oh, was für ein süßes kleines Ding!"

Die Kleine war sehr niedlich – sechs Monate alt, mit einem Kopf voller goldblonder Löckchen.

Als Miss Rosetta sich über sie beugte, öffnete sie die Augen, streckte ihre winzigen Händchen aus und gluckste vertrauensselig.

„Oh, du kleiner Schatz!" sagte Miss Rosetta hingerissen und nahm das Baby auf den Arm. „Du gehörst mir, Liebling – nie der hinterhältigen Charlotte! Wie heißt sie, Mrs. Gordon?"

„Sie hat noch keinen Namen", sagte Mrs. Gordon. „Ich nehme an, Sie müssen ihr selbst einen geben, Miss Ellis."

„Camilla Jane“, sagte Miss Rosetta, ohne einen Augenblick zu zögern. „Jane nach ihrer Mutter, und Camilla ist für mich der schönste Name der Welt. Charlotte würde ihr sicher irgendeinen Heidennamen geben! Ich traue ihr zu, daß sie das arme unschuldige Geschöpf Mehitable nennt.“

Miss Rosetta beschloß, in Charlottetown zu bleiben, bis die Beerdigung vorbei war. Sie blieb die ganze Nacht wach, hielt das Baby auf dem Arm und lauschte glücklich auf seine leisen Atemzüge. Sie wollte gar nicht schlafen. Ihre Phantasien waren schöner als jeder Traum und wurden noch besser dadurch, daß sie dann und wann Charlotte ein paar Gemeinheiten an den Kopf warf.

Miss Rosetta rechnete damit, daß Charlotte am nächsten Morgen kommen würde und machte sich darauf gefaßt, aber Charlotte erschien nicht. Es wurde Nacht – keine Charlotte. Der Morgen kam – immer noch keine Charlotte. Miss Rosetta war hoffnungslos verwirrt. Was war geschehen? Himmel – hatte Charlotte einen Herzanfall erlitten, als sie gehört hatte, daß sie, Rosetta, ihr zuvorgekommen war? Das war gut möglich. Man wußte nie, was von einer Frau zu erwarten war, die Jacob Wheeler geheiratet hatte!

In Wirklichkeit hatte sich an dem Abend, als Miss Rosetta Avonlea verlassen hatte, Mrs. Jacob Wheelers Gehilfe das Bein gebrochen. Man hatte ihn nach Hause bringen müssen – auf einer Matratze in einem Schnellzug. Mrs. Wheeler konnte erst von zu Hause weg, als sie einen anderen Gehilfen gefunden hatte, und so kam sie am Abend nach der Beerdigung die Treppe zum Haus der Gordons hinauf. Sie begegnete Miss Rosetta, die mit einem großen weißen Bündel aus der Tür kam. Die beiden Frauen sahen sich feindselig an, und aus Miss Rosettas Miene sprach Triumph, der allerdings durch die Erinnerung an das Begräbnis am Nachmittag gedämpft wurde. Mrs. Wheelers Gesicht war – bis auf die Augen – so ausdruckslos wie immer. Im Gegensatz zu der großen, blonden, dicken Miss Rosetta war Mrs. Wheeler klein, dunkelhaarig und dünn und hatte ein schmales, ausgemergelt Gesicht.

„Wie geht es Jane?" fragte sie unvermittelt und brach damit ein zehnjähriges Schweigen.

„Jane ist tot und begraben, die Ärmste", sagte Miss Rosetta ruhig. „Und ihr Baby, die kleine Camilla Jane, nehme ich mit nach Hause."

„Das Baby gehört mir", rief Mrs. Wheeler heftig. „Jane hat mir deswegen geschrieben. Sie wollte, daß ich die Kleine zu mir nehme. Darum bin ich gekommen."

„Dann fährst du eben ohne sie zurück", sagte Miss Rosetta gelassen, da sie das Baby bereits im Arm hielt. „Das Kind gehört mir, und dabei bleibt es, merk dir das, Charlotte Wheeler. Einer Frau, die mit einem Mann durchgebrannt ist, kann man sowieso kein Kind anvertrauen. Jacob Wheeler –"

Aber Mrs. Wheeler war schon an ihr vorbei ins Haus gestürzt.

Miss Rosetta stieg gemessen in die Kutsche und fuhr zum Bahnhof. Sie bebte buchstäblich vor Triumph, und in dieses Gefühl mischte sich seltsamerweise auch etwas Zufriedenheit darüber, daß Charlotte mit ihr gesprochen hatte. Miss Rosetta wollte es sich nicht eingestehen, aber es war so.

Miss Rosetta kam heil mit Camilla Jane in Avonlea an. Zehn Stunden später kannte das ganze Dorf die Geschichte, und alle Frauen, die aufrecht stehen konnten, eilten zu ihr, um das Baby zu sehen.

Mrs. Wheeler kam vierundzwanzig Stunden später und begab sich ohne Aufhebens nach Hause. Als ihre Nachbarn sie wegen ihrer Enttäuschung bedauerten, sagte sie nichts, aber aus ihrem Gesicht sprach finstere Entschlossenheit.

Eine Woche später erzählte Mr. William J. Blair, der Ladeninhaber von Carmody, eine seltsame Geschichte. Mrs. Wheeler war bei ihm gewesen und hatte Flanell, Musselin und Spitze gekauft. Was in aller Welt wollte Mrs. Wheeler mit solchem Zeug? Mr. William J. Blair wurde nicht klug daraus und machte sich Sorgen. Er war so gewohnt, zu wissen, wofür die Leute ihre Einkäufe brauchten, daß so ein Geheimnis ihn aus der Fassung brachte.

Miss Rosetta hatte die kleine Camilla Jane einen Monat lang bei sich und war so glücklich, daß sie kaum noch Groll gegen Charlotte hegte. Wenn man mit ihr redete, kam sie nicht ständig auf Jacob Wheeler zu sprechen, sondern auf Camilla Jane. Die Leute sahen darin eine Verbesserung.

Eines Nachmittags, als Camilla Jane friedlich in ihrer Wiege in der Küche schlief, pflückte Miss Rosetta am anderen Ende des Gartens Johannisbeeren. Sie sah das Haus nicht, weil ihr die Kirschbäume die Sicht versperrten, aber sie hatte das Küchenfenster offengelassen, damit sie das Baby hören konnte, falls es aufwachte und schrie. Miss Rosetta sang fröhlich vor sich hin, als sie ihre Beeren pflückte. Zum ersten Mal, seit Charlotte Jacob Wheeler geheiratet hatte, war Miss Rosetta glücklich – so glücklich, daß in ihrem Herzen kein Platz für Bitterkeit war. In ihrer Phantasie malte sie sich die Zukunft aus und sah Camilla Jane heranwachsen.

„Sie wird eine Schönheit“, sinnierte Miss Rosetta. „Jane war ein hübsches Mädchen. Sie wird immer so gut angezogen sein, wie ich es fertigbringe, und sie bekommt eine Orgel und Zeichen- und Musikunterricht. Und Feste! Wenn sie achtzehn wird, gebe ich einen richtigen Ball – und sie wird das schönste Kleid tragen, das aufzutreiben ist. Himmel, ich kann es kaum erwarten, obwohl sie so niedlich ist, daß man wünschen könnte, sie würde für immer ein Baby bleiben."

Als Miss Rosetta wieder in die Küche kam, fiel ihr Blick auf eine leere Wiege. Camilla Jane war weg!

Miss Rosetta schrie auf. Sie wußte sofort, was passiert war. Sechs Monate alte Babys verschwinden nicht von allein aus ihrer Wiege und kommen auch nicht ohne Hilfe durch geschlossene Türen.

„Charlotte war hier", keuchte Miss Rosetta. „Charlotte hat Camilla Jane gestohlen! Ich hätte es wissen müssen – als ich die Geschichte mit dem Musselin und Flanell gehört habe. Es sieht Charlotte ähnlich, mir so einen hinterhältigen Streich zu spielen. Aber damit kommt sie nicht durch! Sie wird schon merken, daß sie es mit Rosetta Ellis zu tun hat und mit keinem Wheeler!"

Völlig außer sich und ohne einen Gedanken daran, daß sie Lockenwickler trug, rannte Miss Rosetta den Hügel hinauf und die Küstenstraße hinunter – zum Bauernhof der Wheelers, den sie noch nie im Leben besucht hatte.

Der Wind wehte nur schwach und kräuselte das Wasser in der Bucht ein wenig. Schatten huschten über die Landschaft wie durchsichtige Flügel.

Das kleine graue Haus, das den Wellen so nahe war, daß sie bei Sturm bis zur Türschwelle schwappten, wirkte verlassen. Miss Rosetta hämmerte wütend an die Vordertür. Als nichts geschah, ging sie um das Haus herum und klopfte an die Hintertür. Nichts. Miss Rosetta rüttelte am Türgriff. Sie war abgeschlossen.

„Schlechtes Gewissen", schniefte Miss Rosetta. „Nun, ich bleibe hier, bis diese hinterlistige Charlotte auftaucht, und wenn ich im Garten übernachten muß!"

Miss Rosetta wäre dazu sehr wohl imstande gewesen, aber es wurde ihr erspart. Sie marschierte kühn auf das Küchenfenster zu, schaute hindurch und sah zornentbrannt, daß Charlotte seelenruhig am Tisch saß und Camilla Jane auf dem Schoß hatte. Neben ihr stand eine Wiege, bezogen mit Musselin und mit Rüschen verziert, und auf einem Stuhl lagen die Sachen, die Miss Rosetta dem Baby angezogen hatte. Die Kleine trug nun ganz neue Sachen und schien sich bei ihrer neuen Besitzerin wie zu Hause zu fühlen. Sie lachte und gluckste und streckte die kleinen Hände mit den Grübchen aus.

„Charlotte Wheeler", rief Miss Rosetta und klopfte heftig an die Fensterscheibe. „Ich komme, um das Kind zu holen! Bring sie mir sofort – sofort, sage ich! Wie kannst du es wagen, in mein Haus einzudringen und ein Baby zu stehlen? Du bist eine Einbrecherin! Gib mir Camilla Jane, sage ich!"

Charlotte kam zum Fenster – mit dem Baby auf dem Arm und Triumph im Blick „Hier ist kein Kind, das Camilla Jane heißt", sagte sie. „Das ist Barbara Jane. Sie gehört mir." Und Mrs. Wheeler zog die Gardinen zu.

Miss Rosetta mußte nach Hause gehen. Ihr blieb nichts anderes übrig. Auf dem Weg begegnete sie Mr. Patterson und erzählte ihm ausführlich, welches Unrecht ihr widerfahren war. Am Abend kannte ganz Avonlea die Geschichte, die für Aufsehen sorgte. So einen köstlichen Tratsch hatte Avonlea lange nicht mehr genossen.

Mrs. Wheeler erfreute sich sechs Wochen daran, Barbara Jane für sich zu haben – sechs Wochen, in denen Miss Rosetta an gebrochenem Herzen und Sehnsucht litt und über nutzlosen Plänen brütete, die das Baby zurückbringen sollten. Es war sinnlos, sie zurückstehlen zu wollen, sonst hätte sie es versucht. Der neue Gehilfe auf dem Wheeler-Hof erzählte, daß Mrs. Wheeler das Kind keinen Moment aus den Augen ließ. Sie nahm es sogar zum Kühemelken mit.

„Aber meine Zeit kommt noch“, sagte Miss Rosetta grimmig. „Camilla Jane gehört mir, und dabei bleibt es, und wenn sie ein Jahrhundert lang Barbara genannt wird! Barbara, also wirklich! Warum hat sie sie nicht einfach Methusalem genannt?“

Eines Nachmittags im Oktober, als Miss Rosetta Äpfel pflückte und trostlos an die verlorene Camilla Jane dachte, kam eine Frau atemlos den Hügel hinuntergerannt und stürmte auf den Hof. Miss Rosetta stieß einen Schrei aus und ließ den Korb mit den Äpfeln fallen. Unglaublich, aber wahr – es war Charlotte – Charlotte, die seit ihrer Hochzeit vor zehn Jahren keinen Fuß mehr auf den Boden des Ellis-Anwesens gesetzt hatte – Charlotte, ohne Hut, mit wildem Blick. Sie schluchzte und rang die Hände.

Miss Rosetta eilte ihr entgegen. „Du hast Camilla Jane verbrüht, und sie ist tot!“ rief sie. „Ich wußte immer, daß das passieren würde – ich habe schon damit gerechnet!“

„Oh, um Himmels willen, komm schnell, Rosetta!“ keuchte Charlotte. „Barbara Jane hat Krämpfe, und ich weiß nicht, was ich tun soll. Mein Gehilfe ist den Arzt holen gegangen. Du bist meine nächste Nachbarin, deshalb komme ich zu dir. Jenny White war bei mir, als es anfing, also habe ich Barbara Jane bei ihr gelassen und bin losgelaufen. Oh, Rosetta, komm mit, wenn du einen Funken Menschlichkeit in dir hast! Du weißt, was man bei Krämpfen tun muß – du hast das Ellis-Baby gerettet, als es welche hatte. Oh, komm und rette Barbara Jane!“

„Du meinst Camilla Jane, nehme ich an?“ sagte Miss Rosetta trotz ihrer Aufregung entschieden.

Charlotte Wheeler zögerte eine Sekunde. Dann sagte sie heftig: „Ja, ja, Camilla Jane – welchen Namen du willst! Wenn du nur kommst!“

Miss Rosetta ging mit und kam gerade noch rechtzeitig. Der Arzt wohnte acht Meilen entfernt, und dem Baby ging es sehr schlecht. Die beiden Schwestern und Jenny White mühten sich stundenlang mit der Kleinen ab. Erst als es dunkel geworden war, das Baby fest schlief und der Arzt gegangen war – nachdem er gesagt hatte, daß Miss Rosetta dem Kind das Leben gerettet habe –, wurde den beiden Schwestern die Situation bewußt.

„Nun“, sagte Miss Rosetta und sank mit einem tiefen Seufzer in einen Sessel, „ich denke, jetzt wirst du einsehen, Charlotte Wheeler, daß du nicht geeignet bist, dich um ein Baby zu kümmern, auch wenn du es mir unbedingt stehlen mußtest. Ich finde, du müßtest ein schlechtes Gewissen haben – das heißt, wenn eine Frau, die Jacob Wheeler so hinterrücks geheiratet hat, überhaupt ein Gewissen –“

„Ich – ich wollte das Kind“, schluchzte Charlotte. „Ich war so einsam hier. Ich habe nichts dabei gefunden, sie mitzunehmen, weil Jane geschrieben hatte, daß sie zu mir kommen soll. Aber du hast ihr das Leben gerettet, Rosetta, und du – du kannst sie wiederhaben, auch wenn es mir das Herz bricht, sie herzugeben. Aber, oh, Rosetta, darf ich sie nicht ab und zu besuchen? Ich liebe sie so sehr und bringe es nicht fertig, sie ganz aufzugeben.“

„Charlotte“, sagte Miss Rosetta entschieden, „am vernünftigsten wäre es, wenn du einfach mit dem Baby zu mir nach Hause kommst. Du schuftest dich zu Tode auf diesem Hof mit all den Schulden, die Jacob Wheeler hinterlassen hat. Verkaufe ihn und komm mit mir nach Hause. Und dann haben wir beide das Baby.“

„Oh, Rosetta, das wäre wunderbar“, stammelte Charlotte. „Ich – ich wollte mich immer mit dir versöhnen. Aber ich dachte, du seist so hartherzig und verbittert und würdest es nicht wollen.“

„Vielleicht habe ich zuviel geredet“, räumte Miss Rosetta ein, „aber du solltest mich gut genug kennen, daß ich es nicht so gemeint habe. Ich war nur böse, weil du nie etwas gesagt hast – egal, was *ich* gesagt habe. Laß die Vergangenheit ruhen und komm nach Hause, Charlotte.“

„Das tue ich“, sagte Charlotte und wischte sich die Tränen weg. „Ich habe es satt, hier zu hausen und mich mit Gehilfen herumzuschlagen. Ich würde wirklich gern nach Hause kommen, Rosetta, das ist die Wahrheit. Ich hatte so eine schwere Zeit. Du wirst sagen, daß ich es verdient habe, aber ich habe Jacob geliebt, und –“

„Natürlich, natürlich. Warum hättest du es nicht tun sollen?“ sagte Miss Rosetta. „Ich bin sicher, daß Jacob Wheeler kein schlechter Mensch war, wenn auch etwas charakterschwach. Keiner soll in meiner Gegenwart etwas gegen ihn sagen! Sieh dir nur das Kind an, Charlotte. Ist sie nicht süß? Ich bin so froh, daß du nach Hause kommst, Charlotte. Ich habe keine anständigen Mustard Pickles mehr gemacht,, seit du gegangen bist, und du warst immer so gut darin! Wir werden es wieder richtig gemütlich haben – du und ich und die kleine Camilla Barbara Jane.“

5. Das Traumkind

Einem Mann – ja, und auch einer Frau – sollte im Frühling leicht ums Herz sein. Es herrscht der Geist der Auferstehung und weckt alles Leben aus dem Winterschlaf. Er regt sich in menschlichen Herzen und bringt ihnen die alte Freude zurück, die sie als Kinder erlebt haben. Er tut der Seele gut und bringt sie, wenn sie will, Gott so nahe, daß man ihm die Hand schütteln könnte. Er ist eine Zeit der Wunder und des Lebens. Jedenfalls sollte es so sein, und so war es für mich auch immer gewesen – bis zu dem Frühling, in dem das Traumkind in unser Leben trat.

In diesem Jahr haßte ich den Frühling, den ich bis dahin immer so geliebt hatte. Als Junge hatte ich ihn geliebt und als Mann ebenfalls. Alles Glück, das ich je besessen hatte – und es war viel –, war im Frühling aufgeblüht. Im Frühling hatten Josephine und ich uns ineinander verliebt – oder jedenfalls war uns bewußt geworden, daß wir uns liebten. Ich denke, daß wir einander schon immer geliebt hatten, aber erst in diesem herrlichen Frühling sprachen wir es auch aus.

Wie schön es war! Und wie schön sie war! Ich glaube, das denkt jeder Mann von seiner Geliebten, sonst ist er ein jämmerlicher Liebender. Aber es war nicht nur der Blick eines Verliebten, der Josephine schön machte. Sie war schlank wie eine junge Birke, ihr Haar war eine weiche Wolke und die Augen blau wie der Hafen von Avonlea im Zwielicht. Sie hatte dunkle Wimpern und einen kleinen roten Mund, der zitterte, wenn sie sehr traurig oder sehr froh war, oder wenn sie sehr verliebt war – wie eine kleine Rose, die vom Wind gezaust wird. Was sollte ein Mann dann tun. Außer ihn zu küssen?

Im nächsten Frühling heirateten wir, und ich führte sie heim – in mein graues, altes Haus am grauen, alten Strand. Es sei ein einsamer Ort für eine junge Braut, sagten die Leute in Avonlea, aber das stimmte nicht. Sie war glücklich dort, auch wenn ich nicht da war. Sie liebte den großen Hafen und die endlose, neblige See, sie liebte die Gezeiten, die nie ihr uraltes Stelldichein mit der Küste vergaßen, die Möwen, das Rauschen der Wellen und den Ruf des Windes in den Fichtenwäldern, sie liebte den Mondaufgang, den Sonnenuntergang und die klaren ruhigen Nächte, in denen es aussah, als seien die Sterne ins Wasser gefallen und als sei ihnen ein wenig schwindelig von dem Sturz. Sie liebte diese Dinge ebenso wie ich. Nein, sie war dort niemals einsam.

Der dritte Frühling kam, und unser Sohn wurde geboren. Wir dachten, wir wären vorher schon glücklich gewesen, aber jetzt begriffen wir, daß das nur ein schöner Traum des Glücks gewesen war, und erwachten in einer herrlichen Wirklichkeit. Wir dachten, daß wir uns schon vorher geliebt hätten, aber als ich jetzt meiner Frau ins Gesicht sah, das bei der Taufe des Schmerzes bleich geworden war, und dem euphorischen Blick ihrer blauen Augen begegnete, in dem die heilige Leidenschaft der Mutterschaft leuchtete, wußte ich, daß wir keine Ahnung gehabt hatten, was Liebe ist. Die Phantasie war schön gewesen, wie der Gedanke an die Rose schön ist, bevor die Knospe aufbricht, aber sie verblaßte vor der Wirklichkeit.

„Alle meine Gedanken sind Poesie, seit das Baby da ist“, sagte meine Frau einmal hingerissen.

Unser Sohn wurde zwanzig Monate alt. Er war ein robuster kleiner Racker, voller Leben und Lachen und Schabernack. Als er starb, nachdem er nur eine Stunde krank gewesen war, erschien es völlig absurd, daß er tot sein sollte, so absurd, daß ich darüber hätte lachen können, bis sich die Erkenntnis in meine Seele brannte.

Ich denke, daß ich so aufrichtig um meinen kleinen Sohn trauerte, wie es noch kein Mann getan hat oder tun könnte. Aber das Herz eines Vaters ist nicht das einer Mutter. Die Zeit heilte Josephines Wunden nicht, sie grämte sich und verwelkte, ihre Wangen waren eingefallen, und ihr roter Mund wurde blaß und verkniffen.

Ich hoffte, daß der Frühling ein Wunder bewirken würde. Als die Knospen aufbrachen, die alte Erde im Sonnenschein grünte und die Möwen wieder über dem grauen Hafen kreisten, dessen Grau einem goldenen Glanz wich, dachte ich, ich würde sie wieder lächeln sehen. Aber als der Frühling kam, kam auch das Traumkind und mit ihm die Angst, die meine ständige Begleiterin wurde – im Bett, am Tisch, von Sonnenaufgang bis Sonnenuntergang.

Eines Nachts wachte ich auf und begriff sofort, daß ich allein war. Ich horchte, ob meine Frau im Haus herumlief. Ich hörte nichts – bis auf das leise Rauschen der Wellen unten an der Küste und das Ächzen des fernen Ozeans.

Ich stand auf und ging sie suchen. Sie war nicht im Haus. Ich wußte nicht, wo sie sein mochte, aber ich fing am Strand an.

Ein blasser Mond schien am Himmel. Der Hafen sah unwirklich aus, und die Nacht war still, kalt und reglos wie das Gesicht eines Toten. Schließlich sah ich meine Frau – sie kam mir am Strand entgegen. Als ich sie erblickte, wurde mir klar, was ich befürchtet hatte – und wie sehr.

Ich sah, daß sie geweint hatte; ihr Gesicht war tränenüberströmt, und ihr dunkles Haar fiel ihr wirr über die Schultern wie einem Kind. Sie schien sehr müde zu sein und rang die kleinen Hände.

Sie wirkte nicht überrascht, als sie mir begegnete, sondern streckte nur die Hände nach mir aus, als sei sie froh, mich zu sehen.

„Ich bin ihm nachgelaufen – aber ich konnte ihn nicht einholen", sagte sie mit einem Schluchzen. „Ich habe mein Bestes getan – ich habe mich so beeilt – aber er war mir immer ein kleines Stück voraus. Und dann habe ich ihn aus den Augen verloren – also bin ich zurückgekommen. Aber ich habe mein Bestes getan – wirklich! Und oh, ich bin so müde!"

„Josie, Liebling, wovon redest du? Und wo warst du?" fragte ich und zog sie an mich. „Warum bist du hinausgegangen – allein in der Nacht?"

Sie sah mich entgeistert an. „Was hätte ich tun sollen, David? Er hat nach mir gerufen. Ich mußte gehen."

„*Wer* hat dich gerufen?"

„Das Kind", antwortete sie flüsternd. „Unser Kind, David – unser wunderschöner Sohn. Ich bin im Dunkeln aufgewacht und habe gehört, wie er nach mir gerufen hat – unten an der Küste. Es klang so jämmerlich, David, als sei er einsam und verfroren und brauche seine Mutter. Ich bin nach draußen geeilt, aber ich konnte ihn nicht finden. Ich habe nur seinen Ruf gehört und bin ihm gefolgt, bis nach unten an den Strand. Oh, ich habe so sehr versucht, ihn einzuholen, aber es ging nicht. Einmal sah ich eine kleine weiße Hand, die mir im Mondlicht zuwinkte, aber sie war so weit weg. Ich war immer noch nicht schnell genug. Und dann verstummte der Ruf, und ich war ganz allein an diesem schrecklichen, kalten, grauen Strand. Ich war so müde und bin nach Hause gegangen. Aber ich wünschte, ich hätte ihn gefunden. Vielleicht weiß er nicht, daß ich es versucht habe. Vielleicht glaubt er, daß seine Mutter nicht auf seinen Ruf geachtet hat. Oh, ich will nicht, daß er das denkt!“

„Du hast schlecht geträumt, Liebling“, sagte ich. Ich versuchte, unbefangen zu klingen, aber das ist schwierig, wenn kalte Furcht einen überkommt.

„Es war kein Traum“, erwiderte sie vorwurfsvoll. „Ich sage dir, ich habe ihn nach mir rufen hören – nach mir, seiner Mutter. Was hätte ich sonst tun sollen? Du verstehst es nicht – du bist nur sein Vater. Du hast ihn nicht unter Schmerzen zur Welt gebracht. Er hat nicht nach dir gerufen – sondern nach seiner Mutter.“

Ich brachte sie ins Haus und ins Bett zurück. Sie leistete keinen Widerstand und fiel bald in den tiefen Schlaf der Erschöpfung. Aber ich fand in dieser Nacht keinen Schlaf mehr. Die Angst hielt mich gnadenlos wach.

Als Josephine und ich geheiratet hatten, erzählte mir einer von diesen redseligen Verwandten, die immer auf Hochzeiten herumschwirren, daß ihre Großmutter im mittleren Alter verrückt geworden und es für den Rest ihres Lebens geblieben war. Sie hatte den Tod ihres Lieblingskindes betrauert, bis sie den Verstand verloren hatte. Begonnen hatte der Wahnsinn damit, daß sie nachts ein weißes Traumkind suchte, das ständig nach ihr rief und sie mit einer kleinen, weißen, winkenden Hand in die Irre führte.

Ich hatte damals über die Geschichte gelächelt. Was hatte dieses alte Schauermärchen mit Frühling und Liebe und Josephine zu tun? Aber jetzt fiel es mir wieder ein – die Angst brachte die Erinnerung zurück. Würde dieses Schicksal meine geliebte Frau ereilen? Es war zu schrecklich, um es zu glauben. Sie war so jung, so schön, so liebenswert, meine mädchenhafte Frau. Sie hatte nur schlecht geträumt und war nach dem Aufwachen verwirrt gewesen. So versuchte ich mich zu beruhigen.

Am nächsten Morgen sprach sie nicht davon, was geschehen war, und ich wagte nicht, das Thema anzuschneiden. Sie schien besser gelaunt zu sein und widmete sich eifrig dem Haushalt. Meine Furcht legte sich. Ich war jetzt sicher, daß sie nur geträumt hatte, und fühlte mich bestätigt, als zwei Nächte ereignislos vergangen waren.

Aber in der dritten Nacht rief das Traumkind wieder nach ihr. Ich erwachte aus einem unruhigen Halbschlaf und sah, daß sie sich in fieberhafter Eile anzog.

„Er ruft nach mir“, rief sie. „Oh, hörst du ihn nicht? Hörst du ihn nicht? Hör nur – hör nur – dieser kleine einsame Ruf! Ja, ja, mein Liebling, Mutter kommt. Warte auf mich. Mutter kommt zu ihrem schönen Jungen!“

Ich nahm ihre Hand und ließ mich von ihr führen, wohin sie wollte. Hand in Hand folgten wir dem Traumkind bis zum Hafen im gespenstischen wolkigen Mondlicht. Die ganze Zeit über hörte sie den jämmerlichen Ruf. Sie bat das Traumkind, auf sie zu warten, sie weinte und bettelte und sprach liebevoll wie eine Mutter. Aber irgendwann hörte sie den Ruf nicht mehr und ließ sich weinend und ausgelaugt von mir nach Hause führen.

Was für ein Schrecken hing wie ein Damoklesschwert über diesem Frühling – diesem wunderschönen Frühling! Es war eine Zeit der Wunder und der Pracht, des silbernen Regens über grünenden Feldern, der unglaublichen Zartheit jungen Laubes und der Blüte. Über der ganzen Welt lag jungfräuliche Lieblichkeit, erfüllt von dem vergänglichen Charme des Frühjahrs, der Mädchenzeit und des jungen Morgens. Und in fast jeder Nacht rief das Traumkind nach seiner Mutter, und wir streiften den grauen Strand entlang und suchten nach ihm.

Tagsüber war sie ganz sie selbst, aber wenn der Abend kam, wurde sie unruhig und nervös, bis sie den Ruf hörte. Dann folgte sie ihm, auch bei Sturm und Dunkelheit, denn dann hörte sie den Ruf am deutlichsten, als habe ihr kleiner Junge Angst vor dem Unwetter. Was für wilde, schreckliche Suchen das waren – sie strebte vorwärts, um das Traumkind einzuholen. Ich folgte ihr mit gebrochenem Herzen und wachte über ihre Schritte, so gut ich konnte. Danach führte ich sie behutsam nach Hause, und mir brach das Herz, weil sie das Kind nicht finden konnte.

Ich behielt meine Sorgen für mich und wollte unbedingt verhindern, daß der Zustand meiner Frau zum Dorfklatsch wurde, solange es sich verheimlichen ließ. Wir hatten keine nahen Verwandten – niemanden, mit dem wir unsere Sorgen teilen konnten – und wer liebt, muß auch den Schmerz ertragen, den Liebe mit sich bringt.

Ich dachte jedoch, daß ich ärztlichen Rat brauchte, und zog unseren alten Doktor ins Vertrauen. Er sah ernst aus, als er meine Geschichte hörte. Mir gefiel seine Miene nicht, ebensowenig wie seine wenigen vorsichtigen Bemerkungen. Er sagte, daß menschliche Hilfe nicht viel bringen würde; vielleicht würde sie mit der Zeit von allein gesund werden – geben Sie ihr nach, soweit es geht, passen Sie auf sie auf, beschützen sie sie. *Das* hätte er mir nicht sagen müssen.

Der Frühling verging, und es wurde Sommer – und es wurde immer schlimmer. Ich wußte, daß über uns getuschelt wurde – man hatte uns bei unseren nächtlichen Ausflügen gesehen. Die Leute schauten uns mitleidig an.

Dann rief das Traumkind an einem tristen Nachmittag, und ich begriff, daß das Ende nahte. So war es auch bei der alten Großmutter sechzig Jahre zuvor gewesen, als das Traumkind tagsüber gerufen hatte. Der Arzt sah besorgter denn je aus, als ich es ihm erzählte, und sagte, es sei Zeit, daß ich Hilfe bekäme. Ich könne es nicht Tag und Nacht mitansehen. Ohne Unterstützung würde ich zusammenbrechen.

Das glaubte ich nicht. Liebe ist stärker. Und eins stand für mich fest – man würde mir nie meine Frau wegnehmen. Niemand anders als ein liebender Ehemann sollte sich jemals um meinen armen Liebling kümmern.

Ich sprach mit ihr nie über das Traumkind, der Arzt riet mir davon ab. Es würde sie nur in ihren Einbildungen bestärken. Als er etwas von einer Anstalt andeutete, warf ich ihm einen Blick zu, der ihn zum Schweigen brachte.

Eines Abends im August waren die Farben des Sonnenuntergangs stumpf und matt. Es war ein lähmend heißer Tag gewesen, an dem sich kein Lüftchen gerührt hatte. Das Meer war nicht so blau, wie ein Meer sein sollte, sondern rosa – ganz rosa – ein grelles, scheußliches, abschreckendes Rosa. Ich blieb draußen, bis es dunkel wurde. In der Ferne läuteten die Abendglocken einer Kirche leise und traurig. In der Küche hörte ich meine Frau singen. Manchmal war sie guter Laune, und dann sang sie die alten Lieder aus ihrer Kindheit. Aber selbst ihr Gesang klang seltsam und klagend. Nichts an ihr war trauriger als dieser sonderbare Gesang.

Als ich wieder ins Haus ging, fing es an zu regnen, aber immer noch herrschte diese schreckliche Stille, als warte die Welt atemlos auf ein großes Unglück.

Josie stand am Fenster, schaute hinaus und lauschte. Ich wollte sie überreden, ins Bett zu gehen, aber sie schüttelte nur den Kopf.

„Ich würde vielleicht einschlafen und ihn nicht hören, wenn er ruft“, sagte sie. „Ich wage nicht mehr zu schlafen – ich fürchte, daß er ruft und seine Mutter ihn nicht hört."

Ich wußte, daß Bitten keinen Sinn hatten, und so setzte ich mich an den Tisch und versuchte zu lesen.

Drei Stunden vergingen.

Als die Uhr Mitternacht schlug, sprang sie auf, und ihre trüben Augen funkelten. „Er ruft nach mir", schrie sie, „er ruft da draußen im Sturm. Ja, ja, mein Schatz, ich komme!" Sie öffnete die Tür und rannte den Pfad hinunter, der an die Küste führte.

Ich griff nach einer Laterne, die an der Wand hing, und folgte ihr. Es war die dunkelste Nacht, in der ich je unterwegs gewesen war – es war die Dunkelheit des Todes. Es regnete in Strömen. Ich holte Josie ein, nahm ihre Hand und stolperte neben ihr her, denn sie stürzte völlig kopflos vorwärts. Der kleine Lichtkegel der Laterne tanzte um uns herum. Ringsum herrschte eine schreckliche, lautlose Finsternis, die nur von dem freundlichen Licht gemildert wurde.

„Wenn ich ihn nur einmal einholen könnte", stöhnte Josie. „Wenn ich ihm nur einmal einen Kuß geben und ihn an mich drücken könnte! Dieser Schmerz läßt mir keine Ruhe! Oh, mein schöner Junge, warte auf deine Mutter! Ich komme! Hör nur, David, er weint – er weint so jämmerlich! Hörst du es nicht?"

Ich hörte es wirklich! Klar und deutlich – aus der totenstillen Düsternis, die uns umgab, kam ein matter, jammernder Ruf. Was war das? Wurde auch ich verrückt – oder war da draußen wirklich etwas – etwas, das klagte und weinte – das sich nach menschlicher Liebe sehnte, aber vor menschlichen Schritten flüchtete? Ich bin nicht abergläubisch, aber meine Nerven lagen nach all den Strapazen blank, und ich war schwächer, als ich dachte. Eine namenlose Panik überkam mich. Ich zitterte am ganzen Körper, Schweiß perlte auf meiner Stirn, und ich war drauf und dran, Hals über Kopf Reißaus zu nehmen – nur weg von diesem unirdischen Weinen. Aber Josephines kalte Hand umklammerte meine und zog mich weiter. Dieses seltsame Weinen hallte noch in meinen Ohren wider, aber es wurde nicht leiser, sondern lauter und deutlicher – es war ganz in der Nähe.

Dann fanden wir es. Ein kleines Boot war auf den Steinen gestrandet, und die Flut hatte es nicht zurückgeholt. Ein Kind saß darin – ein Junge, vielleicht zwei Jahre alt. Er kauerte bis zur Taille im Wasser, die großen blauen Augen waren aufgerissen und das Gesicht weiß und tränenüberströmt. Er jammerte wieder, als er uns sah, und streckte seinen kleinen Hände nach uns aus.

Mein Entsetzen fiel von mir ab wie ein Kleidungsstück. *Dieses* Kind lebte. Wie es dort hingekommen war, woher und warum, wußte ich nicht, und ich war auch nicht der Verfassung, danach zu fragen. Ich hatte keine Stimmen gehört, die es nicht gab – das reichte mir.

„Oh, das arme Ding!“ rief meine Frau. Sie beugte sich über das Boot und nahm das Kind auf den Arm. Seine langen blonden Locken fielen ihr über die Schulter, sie legte ihre Wange an seine und hüllte ihn in ihren Umhang.

„Gib ihn mir, Liebling“, sagte ich. „Er ist völlig durchnäßt und zu schwer für dich.“

„Nein, nein, ich muß ihn tragen. Meine Arme waren so leer – jetzt sind sie gefüllt. Oh, David, der Schmerz ist weg! Dieser Junge ist zu mir gekommen, um den Platz meines Sohnes einzunehmen. Gott hat ihn mir aus dem Meer geschickt. Er ist durchnäßt und unterkühlt und müde. Still, mein Schatz, wir gehen nach Hause!“

Ich folgte ihr schweigend nach Hause. Ein Sturm kam auf und kündigte sich in plötzlichen, zornigen Böen an, aber wir brachten uns in Sicherheit, bevor er ausbrach. Kaum hatte ich die Tür hinter uns geschlossen, wackelten die Wände. Ich dankte Gott, daß wir nicht draußen unterwegs waren und das Traumkind suchten.

„Du bist ganz naß, Josie“, sagte ich. „Zieh dir sofort trockene Sachen an.“

„Erst muß ich mich um das Kind kümmern“, sagte sie entschieden. „Sieh nur, wie unterkühlt und müde er ist, der arme Kleine! Mach schnell Feuer, David, und ich hole trockene Sachen für ihn.“

Ich ließ sie gewähren. Sie brachte die Sachen, die unser eigenes Kind getragen hatte, und zog sie dem Findelkind an. Sie rieb seine unterkühlten Arme und Beine, kämmte die nassen Haare, lachte mit ihm und bemutterte ihn. Sie war wieder sie selbst.

Ich war völlig durcheinander. All die Fragen, die ich mir zuvor nicht gestellt hatte, stürmten jetzt auf mich ein. Wessen Kind war das? Woher war es gekommen? Was hatte all das zu bedeuten?

Es war ein hübsches Kind, blond, mollig und rosig. Als er gegessen hatte, schlief er auf Josies Arm ein. Sie war hingerissen von ihm. Nur mit Mühe konnte ich sie überreden, ihn lange genug aus den Augen zu lassen, um sich selbst trockene Kleider anzuziehen. Sie fragte nie, wessen Kind er war oder woher er stammte. Das Meer hatte ihn ihr geschickt, das Traumkind hatte sie zu ihm geführt – das glaubte sie, und ich wagte nicht, Zweifel anzumelden. Sie schlief in dieser Nacht mit dem Kind auf dem Arm, und ihr Gesicht war das eines jungen Mädchens, dem Kummer und Sorgen noch fremd waren.

Ich rechnete damit, daß am nächsten Morgen jemand kommen würde, der nach dem Kind suchte. Ich war zu dem Schluß gekommen, daß er von der „Cove“ auf der anderen Seite des Hafens kam – aus dem Fischerdorf. Während Josie mit ihm lachte und spielte, wartete ich den ganzen Tag und lauschte auf die Schritte desjenigen, der kommen würde, um ihn zu suchen. Aber es kam niemand. Tage vergingen, und es kam immer noch niemand.

Ich war verwirrt. Was sollte ich tun? Ich schauderte bei dem Gedanken, daß man uns den Jungen wegnehmen würde. Seit wir ihn gefunden hatten, hatte das Traumkind nie mehr gerufen. Meine Frau schien aus dem dunklen Zwischenreich, in das sie sich verirrt hatte, zurückgekehrt zu sein, und ging wieder mit mir auf unseren eigenen häuslichen Wegen. Tag und Nacht war sie wieder ganz die Alte, heiter und glücklich in der neuen Mutterschaft, die ihr beschert worden war. Seltsam war nur, daß sie das Geschehen so gelassen hinnahm. Sie fragte nie, wer das Kind war oder wessen Kind es war – sie schien nie zu fürchten, daß man es ihr nehmen würde, und sie gab ihm den Namen unseres Traumkindes.

Als eine Woche um war, wandte ich mich wieder an unseren alten Arzt.

„Höchst merkwürdig“, sagte er nachdenklich. „Das Kind muß aus Spruce Cove stammen. Aber es ist unglaublich, daß niemand nach ihm gesucht hat. Aber wahrscheinlich gibt es eine ganz einfache Erklärung. Ich rate Ihnen, nach Spruce Cove zu gehen und nachzufragen. Wenn Sie die Eltern oder den Vormund des Kindes finden, bitten Sie sie, es eine Weile behalten zu dürfen. Es könnte die Rettung für Ihre Frau sein. Ich habe solche Fälle erlebt. Offenbar war in jener Nacht die Krise ihrer Geisteskrankheit gekommen. Eine Kleinigkeit war genug, um die Wende zu bringen – entweder zurück zu Vernunft und Gesundheit oder in noch tiefere Finsternis. Ich glaube, daß ersteres passiert ist und daß sie sich, wenn sie das Kind eine Weile behalten darf, wieder völlig erholen wird.“

Ich fuhr am nächsten Tag nach Spruce Cove, und mir war so leicht ums Herz, wie ich nicht mehr zu hoffen gewagt hatte. In Spruce Cove traf ich als erstes auf den alten Abel Blair. Ich fragte ihn, ob ein Kind aus dem Dorf oder der Umgebung verschwunden sei. Er sah mich überrascht an, schüttelte den Kopf und sagte, er habe nichts dergleichen gehört. Ich erzählte ihm soviel wie unbedingt nötig – daß meine Frau und ich das Boot und den kleinen Passagier auf einem Spaziergang am Strand gefunden hatten.

„Ein grünes Boot!“ rief er. „Ben Forbes’ altes grünes Boot ist seit einer Woche verschwunden, aber es war so verfault und voller Lecks, daß er sich nicht die Mühe gemacht hat, danach zu suchen. Aber dieses Kind, Sir – das finde ich unglaublich. Wie sieht es aus?“

Ich beschrieb das Kind so genau wie möglich.

„Das paßt haargenau auf den kleinen Harry Martin“, sagte der alte Abel entgeistert. „Aber Sir, das kann nicht sein. Oder wenn doch, ist irgend etwas faul. James Martins Frau ist letzten Winter gestorben, Sir, und er einen Monat später. Sie hinterließen ein kleines Kind und nicht viel mehr. Es war niemand da, der sich um das Kind kümmern konnte – außer Jims Halbschwester, Maggie Fleming. Sie lebte hier an der Bucht und hatte, ich sage es ungern, Sir, nicht den besten Ruf. Sie hatte keine Lust, sich um das Kind zu kümmern, und die Leute sagen, sie habe es schändlich vernachlässigt. Nun, im letzten Frühjahr sprach sie davon, daß sie in die Staaten gehen würde. Sie sagte, eine Freundin habe ihr eine gute Stelle besorgt, und sie würde den kleinen Harry mitnehmen. Wir dachten, alles sei in Ordnung. Letzten Samstag ist sie abgereist, Sir. Sie wollte zu Fuß zum Bahnhof gehen, und als sie zuletzt gesehen wurde, ging sie die Straße entlang und hatte das Kind auf dem Arm. Keiner hat sich mehr Gedanken darüber gemacht. Aber Sir, glauben Sie, daß sie das unschuldige Kind in das lecke alte Boot gesetzt hat, um es in den Tod zu schicken? Ich wußte, daß Maggie nicht der beste

Mensch war, aber ich kann mir nicht vorstellen, daß sie so schlimm war.“

„Sie müssen mitkommen und sehen, ob Sie das Kind erkennen“, sagte ich. „Wenn es Harry Martin ist, behalten wir ihn. Meine Frau war sehr einsam, seit unser Kind gestorben ist, und sie hat diesen kleinen Kerl liebgewonnen.“

Als wir zu mir nach Hause kamen, erkannte der alte Abel das Kind – es war Harry Martin.

Er ist immer noch bei uns. Seine Kinderhändchen haben meine liebe Frau zu Glück und Gesundheit zurückgeführt. Wir haben noch mehr Kinder bekommen, sie liebt sie alle sehr, aber den Jungen, der den Namen ihres verstorbenen Sohnes trägt, liebt sie – ja, und ich – so sehr, als hätte sie ihn geboren. Er ist aus dem Meer gekommen, und als er erschien, verschwand das gespenstische Traumkind und lockte meine Frau nie mehr mit seinem verstörenden Ruf auf Irrwege. Darum betrachte und liebe ich ihn als meinen Erstgeborenen.

6. Der Bruder, der scheiterte

Familie Monroe kam zu Weihnachten in ihrem alten Haus in White Sands auf Prince Edward Island zusammen. Es war das erstemal seit dem Tod ihrer Mutter vor dreißig Jahren, daß sie alle unter einem Dach versammelt waren. Die Idee eines weihnachtlichen Familientreffens war Edith Monroe im letzten Frühjahr gekommen, als sie eine langwierige Lungenentzündung auskuriert hatte – unter Fremden in einer amerikanischen Stadt. Sie hatte dort nicht alle ihre Konzerte geben können und reichlich Zeit gehabt, an alte Bindungen zu denken und das Heimweh nach ihren eigenen Leuten zu spüren, das sie schon seit Jahren gehabt hatte. Als es ihr besserging, schrieb sie an ihren zweiten Bruder, James Monroe, der in dem alten Haus wohnte, und so versammelten sich die Monroes unter seinem Dach.

Ralph Monroe vergaß für kurze Zeit seine Eisenbahn und die trügerische Sicherheit seiner Millionen in Toronto und machte die lange geplante Reise in die Heimat. Malcolm Monroe kam von der fernen Universität im Westen, an der er Präsident war. Edith erschien, selig nach dem Triumph ihrer letzten, sehr erfolgreichen Konzerttournee. Mrs. Woodburn, die einst Margaret Monroe gewesen war, kam aus der Stadt in Nova Scotia. Dort führte sie ein glückliches, ausgefülltes Leben als Frau eines erfolgreichen jungen Anwalts.

James empfing sie herzlich auf seinem Hof, dessen fruchtbare Felder dank seiner Fähigkeiten so prächtig gediehen.

Sie waren eine fröhliche Runde, vergaßen ihre Sorgen und Jahre und fühlten sich wieder in ihre glückliche Kindheit zurückversetzt. James hatte eine Schar rosiger Söhne und Töchter, Margaret brachte ihre beiden kleinen blauäugigen Töchter mit, Ralph seinen dunkelhaarigen, intelligent aussehenden Sohn und Malcolm den seinen, einen jungen Mann mit entschlossener Miene, der weniger jungenhaft wirkte als sein Vater – sein Blick war der eines harten Geschäftsmannes. Die beiden Cousins waren auf den Tag genau gleich alt, und in der Familie wurden viele Witze darüber gemacht, daß der Storch die beiden Babys vertauscht haben mußte, denn Ralphs Sohn war Malcolm wie aus dem Gesicht geschnitten, und Malcolms Junge war eine zweite Ausgabe seines Onkels Ralph.

Als Krönung erschien auch Tante Isabel – eine redselige, pfiffige alte Dame, die mit fünfundachtzig noch genauso auf der Höhe war wie mit dreißig. Sie hielt die Monroes für die beste Sippe der Welt und strahlte vor Stolz auf ihre Neffen und Nichten, die von diesem bescheidenen kleinen Bauernhof in die weite Welt gezogen waren und dort zu Ruhm und Ehre gekommen waren.

Ich habe Robert vergessen. Robert Monroe vergißt man leicht. Obwohl er der älteste der Familie war, nannten die Leute in White Sands ihn immer als letzten, wenn sie die Monroes aufzählten – „und Robert“, fügten sie dann hinzu und klangen überrascht, wenn ihnen sein Vorhandensein einfiel.

Er wohnte auf einem armseligen kleinen Hof auf sandigem Boden unten an der Küste, war aber an dem Abend bei James, als die Gäste eintrafen. Alle begrüßten ihn freundlich und dachten dann nicht mehr an ihn, als sie miteinander redeten und lachten. Robert saß in einer Ecke und hörte lächelnd zu, sagte aber nie etwas. Hinterher war er lautlos aus dem Haus geschlüpft und nach Hause gegangen, ohne daß es jemand gemerkt hatte. Sie schwelgten alle in Erinnerungen an die guten alten Zeiten und erzählten von den neuen.

Edith sprach von ihren erfolgreichen Konzerttourneen, Malcolm schilderte stolz seine Pläne, sein geliebtes College zu erweitern, Ralph beschrieb die Landschaft, durch die seine neue Eisenbahnlinie führte, und die Hindernisse, die er dabei hatte überwinden müssen. James sprach mit Margaret über seinen Obstgarten und seine Ernten – sie war noch nicht lange genug weg, um das Interesse an dem Bauernhof zu verlieren. Tante Isabel strickte, lächelte zufrieden und unterhielt sich manchmal mit dem einen und dann wieder mit einem anderen. Insgeheim war sie sehr stolz darauf, daß sie, eine alte Frau von fünfundachtzig, die in ihrem Leben nur selten aus White Sands herausgekommen war, mit Ralph über Finanzen diskutieren konnte, mit Malcolm über höhere Bildung und mit James über Entwässerung.

Die Lehrerin an der Schule von White Sands, ein Mädchen mit großen Augen und rotem Mund – eine Bell aus Avonlea –, die bei Familie James Monroe zur Miete wohnte, amüsierte sich mit den Jungen. Alle unterhielten sich prächtig, es ist also kein Wunder, daß sie Robert nicht vermißten. Er war früh nach Hause gegangen, weil seine alte Haushälterin abends ungern allein war.

Er kam am nächsten Nachmittag wieder. Von James, der gerade aus der Scheune kam, erfuhr er, daß Malcolm und Ralph zum Hafen gefahren waren, daß Margaret und Mrs. James Freunde in Avonlea besuchten und daß Edith einen Waldspaziergang machte. Niemand war im Haus, außer Tante Isabel und der Lehrerin.

„Warte am besten bis heute abend“, sagte James ohne großes Interesse. „Sie werden bald alle wieder da sein.“

Robert ging über den Hof und setzte sich auf die schlichte Bank, die im Hof stand. Es war ein schöner Dezemberabend, mild wie im Herbst, es war noch kein Schnee gefallen, und die endlosen Felder, die steil abfielen, waren braun und lieblich. Ein seltsames, verträumtes Schweigen hatte sich auf die purpurfarbene Welt gesenkt, auf die windstillen Wälder, den Regen in den Tälern, die verdorrten Wiesen. Es war, als habe sich die Natur zufrieden zur Ruhe begeben und die Hände in den Schoß gelegt, in dem Wissen, daß ihr langer Winterschlaf bevorstand. Draußen auf dem Meer verblich ein matter roter Sonnenuntergang inmitten düsterer Wolken, und das ewige Rauschen der Wellen erklang an der Küste.

Robert stützte das Kinn in die Hand und schaute über die Täler und Hügel, wo sich das Grau kahler Bäume mit dem ewigen Grün der Nadelwälder vermischte. Er war ein großer, aber gebeugter Mann mit dünnem grauen Haar, faltigem Gesicht und tiefliegenden, sanften braunen Augen – den Augen eines Mannes, der durch den Schmerz hindurchschaut und die Freuden dahinter sieht.

Er fühlte sich sehr glücklich. Er liebte seine Verwandten mit echtem Familiensinn und freute sich, daß sie alle wieder in der Nähe waren. Er war stolz auf ihren Erfolg und Ruhm. Er war froh, daß James in den letzten Jahren soviel erreicht hatte. Kein Neid oder Unzufriedenheit nagten an seiner Seele.

Geistesabwesend hörte er Stimmen durch das offene Fenster – Tante Isabel und Kathleen Bell sprachen in der Halle miteinander. Tante Isabel näherte sich dem Fenster, und Robert verstand ihre Worte überraschend deutlich.

„Ja, ich kann Ihnen versichern, Miss Bell, daß ich wirklich stolz auf meine Neffen und Nichten bin. Sie sind eine begabte Familie und haben fast alle etwas aus ihrem Leben gemacht, obwohl anfangs keiner von ihnen viel hatte. Ralph hatte sogar absolut gar nichts und ist heute Millionär! Ihr Vater hatte wegen seiner schlechten Gesundheit und der Bank solche Verluste, daß er nichts für sie tun konnte. Aber sie haben alle Erfolg gehabt, bis auf den armen Robert – und ich muß gestehen, daß er ein völliger Versager ist."

„Oh, nein, nein", sagte die kleine Lehrerin bittend.

„Ein völliger Versager!" Tante Isabel wiederholte ihre Worte mit Nachdruck. Sie duldete keinen Widerspruch, schon gar nicht von einer Bell aus Avonlea. „Und das schon seit seiner Geburt – und der erste Monroe, der unserer Familie Schande macht. Ich bin sicher, daß seine Geschwister sich furchtbar für ihn schämen. Er ist sechzig und hat noch nichts Sinnvolles getan. Nicht einmal sein Hof wirft etwas ab. Wenn er Schulden vermieden hat, ist das das einzige, was er erreicht hat."

„Manche Männer schaffen nicht einmal das", murmelte die kleine Lehrerin. Sie hatte solche Ehrfurcht vor dieser majestätischen, schlauen alten Tante Isabel, daß dieser schwache Protest eine echte Heldentat war.

„Von einem Monroe wird mehr erwartet", sagte Tante Isabel erhaben. „Robert Monroe ist ein Versager, anders kann man ihn nicht nennen."

Robert Monroe stand unter dem Fenster und fühlte sich leicht schwindlig. Tante Isabel hatte von ihm gesprochen! Er, Robert, war ein Versager, eine Schande für seine Familie, für den sich seine Lieben schämten! Ja, es stimmte. Es war ihm nie zuvor klargeworden, er hatte immer gewußt, daß er nie Macht erwerben oder Reichtümer anhäufen würde, aber er hatte nicht geglaubt, daß es viel ausmachte. Jetzt sah er sich mit

Tante Isabels verächtlichem Blick – so, wie die Welt ihn sah – wie seine Geschwister ihn sehen mußten. *Das* tat so weh. Was die Welt von ihm dachte, spielte keine Rolle, aber daß die Seinen ihn für einen Versager hielten, war eine Qual. Er stöhnte, als er über den Hof ging. Kein Mensch durfte sehen, wie elend er sich fühlte. Sein Blick war der eines sanftmütigen Tieres, das von einem brutalen und plötzlichen Hieb verwundet worden war.

Edith Monroe hatte auf der anderen Seite der Einfahrt gestanden, ohne Roberts Anwesenheit zu bemerken. Sie sah ihn, als er an ihr vorbeieilte und sie gar nicht wahrnahm. Hatten ihre dunklen Augen eben noch vor Zorn über Tante Isabels Worte gefunkelt, flossen sie jetzt plötzlich über.

Sie war im Begriff, Robert nachzueilen, hielt aber inne. Der tödliche Hieb konnte nicht jetzt – und nicht von ihr allein – geheilt werden. Robert durfte nie erfahren, daß sie von der Sache wußte. Sie stand da und sah ihm unter Tränen nach, als er über die Felder an der Küste entlangging, um unter seinem eigenen bescheidenen Dach mit seinem gebrochenen Herzen allein zu sein, Sie wäre ihm gern nachgelaufen, um ihn zu trösten, aber sie wußte, daß Trost jetzt nicht das Richtige für Robert war. Nur Gerechtigkeit konnte die Wunde heilen, die sonst tödlich sein würde.

Ralph und Malcolm fuhren in den Hof.

Edith ging zu ihnen. „Jungs“, sagte sie resolut, „ich will mit euch reden.“

Das Weihnachtsessen im alten Haus verlief fröhlich. Mrs. James tischte ein Festmahl auf, das eines Lucullus würdig gewesen wäre. Lachen und Scherze flogen hin und her. Niemandem schien aufzufallen, daß Robert wenig aß, nichts sagte und in seinem schäbigen „besten“ Anzug zusammengekauert dasaß, den Kopf noch tiefer gesenkt als sonst, als würde er sich am liebsten unsichtbar machen. Wenn die anderen etwas zu ihm sagten, antwortete er abweisend und sank noch tiefer in sich zusammen.

Schließlich hatten alle soviel gegessen, wie sie konnten, und die Reste des Plumpuddings wurden hinausgetragen. Robert seufzte erleichtert auf. Es war beinahe vorbei. Bald konnte er entfliehen und sich mit seiner Schande verstecken vor den fröhlichen Blicken dieser Männer und Frauen, die das Recht erworben hatten, über die Welt zu lachen, in der sie mit ihrem Erfolg Macht und Einfluß hatten. Er – nur er – war ein Versager.

Er fragte sich ungeduldig, warum Mrs. James nicht endlich aufstand. Sie lehnte sich gemütlich in ihrem Stuhl zurück, mit der selbstgerechten Miene einer Frau, die ihre Pflicht erfüllt hat – in ihrem Fall gegenüber den Gaumen ihrer Mitmenschen – und sah Malcolm an.

Malcolm erhob sich. Die Tischgesellschaft verstummte, alle sahen plötzlich wachsam und erwartungsvoll aus, bis auf Robert. Der saß mit gesenktem Kopf da, überwältigt von Bitterkeit.

„Mir wurde gesagt, daß ich sprechen muß", sagte Malcolm, „weil ich angeblich die Gabe der Beredsamkeit habe. Aber die werde ich heute nicht für rhetorische Effekte nutzen. Schlichte, aufrichtige Worte drücken die tiefsten Gefühle des Herzens am besten aus. Brüder und Schwestern, wir sind heute unter unserem eigenen Dach zusammengekommen, umgeben von den Segnungen der vergangenen Jahre. Vielleicht sind unsichtbare Gäste anwesend – die Geister derer, die dieses Heim errichtet haben und deren Arbeit auf Erden schon lange beendet ist. Es ist nicht unangebracht, zu hoffen, daß dies der Fall ist und unser Familienkreis vollzählig versammelt ist. Jedem von uns sichtbar und physisch Anwesenden ist ein gewisser Erfolg zuteilgeworden, aber nur ein einziger hatte überragenden Erfolg in den Dingen, die wirklich zählen – die Dinge, die jetzt und für immer wichtig sind – Mitgefühl, Selbstlosigkeit und Aufopferung. Ich erzähle euch meine eigene Geschichte, zum Nutzen derer, die sie noch nicht gehört haben. Als ich ein Junge von sechzehn Jahren war, fing ich an zu arbeiten, um meine Ausbildung zu finanzieren. Einige von euch werden sich daran erinnern, daß der alte Mr. Blair aus Avonlea mir für den Sommer eine Stelle in seinem Laden anbot – und einen Lohn, von dem ich viel für den nächsten Winter an der Akademie zurücklegen konnte. Ich begann zu arbeiten, eifrig und hoffnungsvoll. Den ganzen Sommer über tat ich mein Bestes für meinen Chef. Im September platzte die Bombe – aus Mr. Blairs Kasse fehlte Geld! Ich wurde verdächtigt und unehrenhaft entlassen. Alle meine Nachbarn hielten mich für schuldig, sogar einige Familienmitglieder begegneten mir mit Mißtrauen – und ich konnte ihnen auch keinen Vorwurf machen, denn alles sprach gegen mich."

Ralph und James sahen beschämt aus; Edith und Margaret, die zu dem Zeitpunkt noch nicht auf der Welt gewesen waren, machten unschuldige Gesichter. Robert rührte sich nicht und blickte auch nicht auf. Er schien kaum zuzuhören.

„Ich war am Boden zerstört", fuhr Malcolm fort. „Ich dachte, meine Karriere sei zu Ende, bevor sie angefangen hatte. Ich wollte all meine ehrgeizigen Pläne aufgeben und in den Westen gehen – an irgendeinen Ort, wo mich niemand kannte oder von meiner Schande wußte. Aber es gab einen, der an meine Unschuld glaubte und zu mir sagte: ‚Gib nicht auf – verhalte dich nicht wie ein Schuldiger. Du bist unschuldig, und es wird sich herausstellen. Benimm dich wie ein Mann. Du hast fast genug, um den nächsten Winter an der Akademie zu bezahlen, und ich habe ein wenig, um dir auszuhelfen. Gib nicht auf – gib niemals auf, wenn du nichts Unrechtes getan hast.‘ Ich befolgte seinen Rat. Ich ging auf die Akademie. Meine Geschichte sprach sich dort schnell herum, und ich wurde verspottet und gemieden. Oft war ich nahe daran, zu verzweifeln und aufzugeben, wenn mein Ratgeber mich nicht immer wieder ermutigt hätte. Er stärkte mir den Rücken. Ich wollte beweisen, daß sein Vertrauen zu mir gerechtfertigt war. Ich lernte fleißig und wurde Klassenbester. Es schien keine Aussicht zu bestehen, im gleichen Sommer noch Geld zu verdienen, aber ein Bauer in Newbridge, dem es egal war, wer für ihn arbeitete, stellte mich ein. Es war schrecklich, aber der Mann, der an mich glaubte, drängte mich, die Stelle anzunehmen. Ich tat es und hielt durch. Dann verbrachte ich noch einen Winter mit harter Arbeit an der Akademie. Ich gewann das Farrell-Stipendium – es wurde in jenem Jahr zum letztenmal ausgeschrieben – und konnte Kunst am Redmond College studieren. Meine Geschichte war dort nicht bekannt, aber irgendwie sickerte doch einiges durch – genug, um mir das Leben auch dort mit Verdächtigungen sauer zu machen. Aber in dem Jahr, in dem ich meinen Abschluß machte, gestand Mr. Blairs Neffe, daß er der wahre Schuldige war. Ich war rehabilitiert. Seitdem habe ich eine glänzende Karriere gemacht. Aber“, Malcolm wandte sich an Robert und legte ihm die Hand auf die schmale Schulter, „ich verdanke all meinen Erfolg meinem Bruder Robert. Es ist sein Erfolg, nicht meiner. Und da wir vereinbart haben, hier und heute das zu sagen, was nur allzu oft erst an einem Grab gesagt wird, danke ich ihm für alles, was er für mich getan hat, und sage ihm, daß ich auf nichts stolzer und für nichts dankbarer bin als für einen solchen Bruder.“

Robert blickte endlich auf – entgeistert, verwirrt, ungläubig. Er wurde dunkelrot, als Malcolm sich wieder hinsetzte.

Aber nun stand Ralph auf. „Ich bin kein Redner, wie es Malcolm ist[1]“, zitierte er fröhlich, „aber auch ich habe eine Geschichte zu erzählen, die nur einer von euch kennt. Vor vierzig Jahren, als ich meine Laufbahn als Geschäftsmann begann, hatte ich noch nicht soviel Geld wie heute. Und ich brauchte es dringend. Dann bot sich die Gelegenheit, einen ganzen Haufen zu verdienen. Es war keine saubere Chance, sondern eine schmutzige. Auf den ersten Blick sah sie ganz harmlos aus, aber bei genauer Betrachtung bedeutete sie Trickserei. Ich war jedoch nicht wachsam genug, um das zu erkennen, sondern dumm genug, zu glauben, alles habe seine Richtigkeit. Ich erzählte Robert, was ich vorhatte. Und er durchschaute den schönen Schein und sah die schreckliche Wahrheit dahinter. Er führte mir vor Augen, was es bedeutete, und hielt mir eine Predigt über die Traditionen der Monroes – Wahrheit und Ehre! Ich begriff, was ich beinahe angerichtet hätte. Und ich schwor mir im gleichen Moment, mich nie auf etwas einzulassen, das nicht durch und durch anständig war. Diesen Schwur habe ich gehalten. Ich bin ein reicher Mann, und kein einziger meiner Dollars ist schmutziges Geld. Aber ich habe es nicht selbst verdient. Robert hat jeden Cent meines Vermögens verdient. Ohne ihn wäre ich heute arm oder säße hinter Schloß und Riegel, so wie die anderen Männer, die sich an diesem Geschäft beteiligt haben, als ich einen Rückzieher machte. Ich habe einen Sohn und hoffe, daß er so klug wird wie sein Onkel Malcolm, aber noch mehr hoffe ich, daß er so gut und ehrenwert wird wie sein Onkel Robert.“

Mittlerweile hatte Robert den Kopf wieder gesenkt und die Hände vors Gesicht geschlagen.

1 William Shakespeare, *Julius Cäsar,* 2. Szene: „Ich bin kein Redner, wie Brutus es ist.“

„Nun bin ich an der Reihe“, sagte James. „Ich habe nicht viel zu sagen – nur eine Sache. Als meine Mutter gestorben war, erkrankte ich an Typhus. Ich hatte niemanden, der sich um mich kümmerte. Robert kam, um mich zu pflegen. Er war der zuverlässigste, fürsorglichste Pfleger, den je ein Mann hatte. Der Arzt sagte, Robert habe mir das Leben gerettet. Ich glaube, niemand anders hier kann von sich behaupten, daß er jemandem das Leben gerettet hat.“

Edith wischte sich die Tränen weg und sprang auf. „Vor vielen Jahren“, sagte sie, „gab es ein armes, ehrgeiziges Mädchen, das eine Stimme hatte. Sie wollte Musik studieren, und der einzige Weg dorthin bestand darin, Lehrerin zu werden und genug Geld zu verdienen, um ihre Stimme auszubilden zu lassen. Sie lernte fleißig, aber ihr Kopf war – jedenfalls in Mathematik – nicht so gut wie ihre Stimme, und sie hatte nur wenig Zeit. Sie fiel durch. Sie war enttäuscht und verzweifelt, denn es war das letzte Jahr, in dem man das Lehrerexamen machen konnte, ohne die Queen’s Academy zu besuchen, und das konnte sie sich nicht leisten. Dann kam ihr ältester Bruder zu ihr und sagte ihr, er habe genug Geld, um sie für ein Jahr auf das Konservatorium in Halifax zu schicken. Er überredete sie, es anzunehmen. Sie erfuhr erst viel später, daß er dafür das wunderschöne Pferd verkauft hatte, das er liebte wie einen Familienangehörigen. Sie ging nach Halifax auf das Konservatorium und gewann ein Stipendium. Sie hatte ein glückliches Leben und eine große Karriere und verdankt alles ihrem Bruder Robert – “ Aber Edith kam nicht weiter. Ihre Stimme versagte, und sie setzte sich unter Tränen.

Margaret versuchte gar nicht erst, aufzustehen. „Ich war erst fünf, als meine Mutter starb“, schluchzte sie. „Robert war für mich Vater und Mutter zugleich. Kein Kind hatte je einen so weisen und liebevollen Vormund wie ich. Ich habe seine Lehren nie vergessen. Alles Gute in meinem Leben oder Charakter verdanke ich ihm. Ich war oft eigensinnig und dickköpfig, aber er hat nie die Geduld mit mir verloren. Ich verdanke Robert alles.“

Plötzlich erhob sich die kleine Lehrerin mit feuchten Augen und roten Wangen. „Ich habe auch etwas zu erzählen“, sagte sie energisch. „Ihr habt für euch selbst gesprochen. Ich spreche für die Leute von White Sands. Es gibt hier jemanden, den alle lieben. Ich werde euch einige von den Dingen erzählen, die er getan hat. Letzten Herbst – in einem Oktobersturm – wehte am Leuchtturm eine Flagge als Notsignal. Nur ein Mann hatte den Mut, sich der Gefahr zu stellen und zum Leuchtturm zu segeln, um nachzusehen, was los war. Das war Robert Monroe. Er fand den Leuchtturmwärter allein mit einem gebrochenen Bein vor, segelte zurück und zwang – ja, *zwang* den widerwilligen verängstigten Doktor, mit ihm zum Leuchtturm zu kommen. Ich war dabei, als er dem Arzt sagte, daß er mitkommen müsse, und ich sage euch, in diesem Moment hätte sich kein Mensch Robert Monroe widersetzt.

Vor vier Jahren sollte die alte Sarah Cooper ins Armenhaus kommen. Es brach ihr das Herz. Ein Mann nahm das arme, bettlägerige, launische alte Geschöpf zu sich nach Hause, zahlte ihre Arztrechnungen und kümmerte sich selbst um sie, wenn seine Haushälterin ihre Wutanfälle nicht ertragen konnte. Sarah Cooper starb zwei Jahre später, und ihre letzten Worte galten Robert Monroe – dem besten Mann, den Gott je schuf.

Vor acht Jahren suchte Jack Blewitt Arbeit. Niemand wollte ihn einstellen, denn sein Vater saß im Gefängnis, und einige fanden, daß er auch dorthin gehörte. Robert Monroe stellte ihn ein – und half ihm und sorgte dafür, daß er nicht vom rechten Weg abkam – und heute ist Jack Blewitt ein fleißiger, angesehener junger Mann mit besten Aussichten für die Zukunft. Es gibt kaum Männer, Frauen oder Kinder in White Sands, die Robert Monroe nichts zu verdanken haben!“

Als Kathleen sich setzte, sprang Malcolm auf und streckte die Hände aus. „Laßt uns alle aufstehen und *Auld Lang Syne* singen“, rief er.

Alle standen auf und faßten sich bei den Händen, aber einer sang nicht mit. Robert Monroe stand aufrecht da, und sein Gesicht und seine Augen strahlten. Die Anklage gegen ihn war fallengelassen worden, seine Familie verehrte ihn wie einen König.

Als das Lied verklungen war, griff Malcolms Sohn mit dem ernsten Gesicht nach Roberts Hand.„Onkel Rob“, sagte er inbrünstig, „ich hoffe, daß ich mit sechzig auch so ein erfolgreicher Mann sein werde wie du.“

„Ich glaube“, sagte Tante Isabel zu der kleinen Lehrerin und wischte sich die Tränen aus den Augen, „daß es eine Art des Scheiterns gibt, die der größte Erfolg ist.“

7. Hesters Rückkehr

Ich war in der Abenddämmerung nach oben gegangen und hatte mein Musselinkleid angezogen. Ich hatte den ganzen Tag damit zu tun gehabt, Erdbeeren einzukochen – denn Mary Sloane konnte man nicht damit betrauen –, war etwas müde und dachte, es lohne sich eigentlich nicht, mich umzuziehen, denn seit Hesters Tod gab es niemanden mehr, der es gesehen hätte oder den es interessiert hätte. Mary Sloane zählte nicht.

Aber ich tat es, weil es Hester interessiert hätte, wenn sie dagewesen wäre. Sie hatte es immer gern gesehen, wenn ich mich zurechtmachte. Und so zog ich mein hellblaues Musselinkleid und frisierte mich sorgfältig, obwohl ich vor Kummer ganz krank war.

Zunächst machte ich mir eine Frisur, die mir gefiel, die ich aber selten getragen hatte, weil Hester sie nicht gemocht hatte. Es stand mir gut, aber plötzlich kam ich mir illoyal vor, also löste ich die Rollen auf und machte mir die schlichte, altmodische Frisur, die ihr gefallen hatte. Mein braunes Haar war, obwohl es reichlich graue Fäden aufwies, immer noch lang und dicht, aber das spielte keine Rolle – nichts spielte mehr eine Rolle, seit Hester tot war und ich Hugh Blair zum zweiten Mal abgewiesen hatte.

In Newbridge wunderten sich alle, daß ich keine Trauer trug. Ich sagte niemandem, daß Hester mich gebeten hatte, es nicht zu tun. Hester hatte immer etwas gegen Trauerkleidung gehabt; sie sagte, wenn das Herz nicht trauere, nütze ein Trauerflor auch nichts, und wenn man trauere, brauche man keinen Aufputz. An dem Abend vor ihrem Tod sagte sie mir seelenruhig, ich solle weiterhin meine schönen Kleider tragen und mein Leben nach außen hin nicht ändern, weil sie nicht mehr da war.

„Ich weiß ja, daß sich dein inneres Leben ändern wird“, sagte sie wehmütig.

Und oh, das tat es! Aber manchmal fragte ich mich unbehaglich und beinahe mit schlechtem Gewissen, ob es nur daran lag, daß Hester mich verlassen hatte – oder nicht zum Teil auch daran, daß ich zum zweiten Mal der Liebe den Rücken gekehrt hatte.

Als ich mich umgezogen hatte, ging ich nach unten und setzte mich vor die Tür auf die Sandsteinstufen unter den wuchernden Efeu. Ich war allein, denn Mary Sloane war nach Avonlea gegangen.

Es war eine herrliche Nacht, der Vollmond ging gerade über den waldigen Hügeln auf, und sein Licht fiel durch die Pappeln in den Garten vor mir. Ich sah den silberblauen Himmel im Widerschein der untergegangenen Sonne. Der Garten war wunderschön, denn es war die Zeit der Rosen, und unsere blühten alle – so viele von ihnen – große rosa, rote, weiße und gelbe Rosen.

Hester hatte Rosen geliebt und nie genug von ihnen bekommen. Ihr Lieblingsstrauch wuchs neben der Treppe und war übersät von Blüten – weiß, mit hellrosa Blättern in der Mitte. Ich pflückte ein paar und heftete sie mir an die Brust. Aber meine Augen füllten sich mit Tränen, als ich es tat – ich fühlte mich so sehr, sehr einsam.

Ich war ganz allein, und es war bitter. Sosehr ich die Rosen auch liebte, sie reichten mir nicht als Gesellschaft. Ich wollte die Hand eines Menschen halten und die Liebe im Blick eines Menschen sehen. Und dann mußte ich an Hugh denken, auch wenn ich versuchte, es zu vermeiden.

Ich hatte immer allein mit Hester gelebt. Ich erinnerte mich nicht an unsere Eltern, die gestorben waren, als ich noch sehr klein war. Hester war fünfzehn Jahre älter als ich und mir immer mehr eine Mutter als eine Schwester gewesen. Sie war sehr gut zu mir gewesen und hatte mir nie etwas abgeschlagen, das ich wollte – bis auf die eine Sache, die wichtig war.

Ich war schon fünfundzwanzig, als ich meinen ersten Verehrer hatte. Ich glaube, es lag nicht daran, daß ich weniger attraktiv gewesen wäre als andere Frauen. Die Merediths waren immer die „große" Familie von Newbridge gewesen. Die anderen Leute schauten zu uns auf, weil wir die Enkelinnen des alten Squire Meredith waren. Die jungen Männer in Newbridge dachten wahrscheinlich, es wäre sowieso aussichtslos, um eine Meredith zu werben.

Ich war nicht übermäßig stolz auf meine Familie, wie ich zu meiner Schande gestehen muß. Ich fand, daß unsere Sonderstellung uns einsam machte und wünschte mir die einfachen Freuden der Freundschaft und Kameradschaft, die die anderen Mädchen hatten. Aber Hester war dafür um so stolzer auf unsere Familie, sie erlaubte mir nie, mit den jungen Leuten von Newbridge als meinesgleichen umzugehen. Wir mußten sehr nett und liebenswürdig zu ihnen sein – *noblesse oblige* –, durften aber nie vergessen, daß wir Merediths waren.

Als ich fünfundzwanzig war, kam Hugh Blair nach Newbridge. Er hatte einen Bauernhof in der Nähe des Dorfes gekauft. Er war ein Fremder aus Lower Carmody und wußte nicht, daß die Merediths etwas Besseres waren. In seinen Augen war ich ein Mädchen wie jedes andere – ein Mädchen, um das man werben konnte und das einen ehrenwerten Mann heiraten würde. Ich lernte ihn auf einem Sonntagsschulpicknick in Avonlea kennen, zu dem ich mit meiner Klasse ging. Ich fand ihn sehr attraktiv. Er erzählte mir viel, und zuletzt fuhr er mich nach Hause. Am nächsten Sonntagabend begleitete er mich nach dem Gottesdienst ein Stück.

Hester war nicht da, sonst wäre es natürlich nie passiert. Sie war für einen Monat bei Freunden zu Besuch, die weit weg lebten.

Dieser Monat war der schönste meines Lebens. Hugh Blair machte mir den Hof, wie es die Verehrer der anderen Mädchen in Newbridge taten. Wir fuhren spazieren, abends kam er zu Besuch, und wir saßen dann meistens im Garten. Ich mochte die düstere Pracht und steife Förmlichkeit unseres alten Salons nicht, und auch Hugh schien sich darin nicht wohlzufühlen. Seine breiten Schultern und sein herzhaftes Lachen paßten nicht zu unseren verblichenen, altjüngferlichen Möbeln.

Mary Sloane freute sich sehr über Hughs Besuche. Es war ihr immer ein Dorn im Auge gewesen, daß ich nie einen „Verehrer“ gehabt hatte. Sie schien zu finden, daß es eine Kränkung für mich sei, und tat alles, um ihn zu ermuntern.

Aber als Hester zurückkam und von Hugh erfuhr, war sie sehr böse – und traurig, was für mich viel schlimmer war. Sie sagte mir, daß ich mich vergessen hätte und mit Hughs Besuchen Schluß sein müsse.

Ich hatte bis dahin nie Angst vor Hester gehabt, aber jetzt bekam ich sie. Ich gab nach. Vielleicht war es schwach von mir, aber ich war eben immer schwach gewesen. Ich denke, daß ich mich deshalb zu Hughs Stärke hingezogen fühlte. Ich brauchte Liebe und Schutz. Hester war stark und unabhängig und brauchte nichts dergleichen. Sie verstand mich nicht. Oh, wie herablassend sie war!

Ich teilte Hugh zaghaft mit, daß Hester nicht mit unserer Freundschaft einverstanden sei und daß es ein Ende haben müsse. Er nahm es gelassen hin und ging. Ich dachte, daß es ihm nicht viel ausmachte, und der Gedanke machte meinen Kummer egoistischerweise schlimmer. Ich war lange sehr unglücklich, versuchte aber, es mir vor Hester nicht anmerken zu lassen, und ich glaube nicht, daß sie etwas mitbekam. Sie war in manchen Dingen nicht sehr feinfühlig.

Nach einiger Zeit kam ich darüber hinweg, das heißt, es tat nicht mehr ununterbrochen weh. Aber es wurde nie mehr ganz wie früher. Das Leben erschien mir öde und leer, auch wenn ich Hester, meine Rosen und meine Sonntagsschule hatte.

Ich rechnete damit, daß Hugh eine andere Frau finden würde, aber dazu kam es nicht. Die Jahre vergingen, und wir trafen uns nie wieder, obwohl ich ihn oft in der Kirche sah. Bei diesen Anlässen beobachtete Hester mich immer ganz genau, aber das war nicht nötig. Hugh machte keinen Versuch, mir zu begegnen oder mit mir zu sprechen, und wenn er es getan hätte, wäre ich ihm ausgewichen. Aber ich sehnte mich immer nach ihm. Ich war so selbstsüchtig, froh zu sein, daß er nicht geheiratet hatte, denn dann hätte ich nicht an ihn denken und von ihm träumen können – es wäre falsch gewesen. Vielleicht war es albern, aber ich fand, daß ich irgend etwas brauchte, um mein Leben auszufüllen – auch wenn es nur törichte Träume waren.

Anfangs tat der Gedanke an ihn nur weh, aber nach und nach stellte sich eine leise Zufriedenheit ein – wie eine Fata Morgana eines verlorenen Paradieses.

So vergingen zehn Jahre – und dann starb Hester. Ihre Krankheit kam plötzlich und dauerte nicht lange, aber bevor sie starb, mußte ich ihr versprechen, daß ich niemals Hugh Blair heiraten würde.

Sie hatte seinen Namen seit Jahren nicht mehr erwähnt. Ich hatte gedacht, daß sie ihn völlig vergessen hätte.

„Oh, liebe Schwester, ist so ein Versprechen nötig?" fragte ich weinend. „Hugh Blair will mich gar nicht mehr heiraten!"

„Er hat nie geheiratet – er hat dich nicht vergessen", sagte sie heftig. „Ich würde keine Ruhe im Grab finden, wenn du unserer Familie Schande machen und unstandesgemäß heiraten würdest! Versprich es mir, Margaret!"

Ich versprach es. Ich hätte alles versprochen, damit sie in Frieden sterben konnte. Was spielte es auch für eine Rolle? Ich war sicher, daß Hugh nie mehr einen Gedanken an mich verschwenden würde.

Sie lächelte bei meinen Worten und drückte mir die Hand. „Gute kleine Schwester – so ist es richtig. Du warst immer ein liebes Mädchen, Margaret – brav und gehorsam, wenn auch manchmal etwas sentimental und albern. Du bist wie unsere Mutter – sie war immer schwach und liebevoll. Ich bin wie die Merediths."

Das war sie wirklich. Selbst im Sarg behielt ihr schönes Gesicht seine stolze, entschlossene Miene. Aus irgendeinem Grund blieb mir ihr totes Gesicht in Erinnerung und löschte die echte Zuneigung aus, die ich auf ihrem lebenden Gesicht immer gesehen hatte. Das machte mir Kummer, aber ich konnte es nicht ändern. Ich wollte sie als gütig und liebevoll im Gedächtnis behalten, aber es blieb nur der Gedanke an den Hochmut und die Kälte, mit der sie mein neugeborenes Glück zertreten hatte. Aber ich nahm ihr nicht übel, was sie getan hatte. Ich wußte, daß sie es gut gemeint hatte – mit mir. Sie hatte sich nur geirrt.

Und dann, einen Monat nach ihrem Tod, kam Hugh Blair zu mir und machte mir einen Heiratsantrag. Er sagte, er habe mich immer geliebt und könne nie eine andere Frau lieben.

All meine alte Liebe zu ihm erwachte wieder. Ich wollte ja sagen – von seinen starken Armen gehalten werden und mich geborgen fühlen. In meiner Schwäche sehnte ich mich nach seiner Stärke.

Aber da war ja mein Versprechen an Hester – das ich ihr an ihrem Sterbebett gegeben hatte. Ich konnte es nicht brechen, und das sagte ich ihm. Es war das Schwerste, was ich je getan hatte.

Diesmal ließ er sich nicht so leicht abweisen. Er bat und argumentierte und klagte an. Jedes Wort traf mich wie ein Messerstich. Aber ich konnte kein Versprechen brechen, das ich einer Sterbenden gegeben hatte. Wenn Hester noch am Leben gewesen wäre, hätte ich ihren Zorn und den Bruch mit ihr hingenommen und wäre mit ihm auf und davon gegangen. Aber sie war tot, und ich brachte es nicht fertig.

Schließlich ging er – wütend und unglücklich. Das war nun drei Wochen her – und jetzt saß ich allein im mondhellen Rosengarten und weinte ihm nach. Aber nach einer Weile versiegten meine Tränen, und ein ganz seltsames Gefühl überkam mich. Ich war ruhig und glücklich, als sei eine wunderbare Liebe ganz in der Nähe.

Und jetzt kommt der seltsame Teil meiner Geschichte, den man mir wahrscheinlich nicht glauben wird. Wenn nicht eine Sache gewesen wäre, hätte ich es wohl selbst nicht geglaubt, sondern es für einen Traum gehalten. Aber wegen dieser einen Sache weiß ich, daß es Wirklichkeit war. Die Nacht war sehr still. Kein Lüftchen rührte sich. Noch nie hatte ich den Mond so hell scheinen sehen. Mitten im Garten, ohne die Schatten der Pappeln, war es beinahe taghell – man hätte ein Buch lesen können. Im Westen leuchtete noch ein mattes Rosa, und über den feinen Ästen der hohen Pappeln prangten ein oder zwei große Sterne. Die Luft duftete süß nach Träumen, und die Welt war so schön, daß ich den Atem anhielt.

Dann sah ich plötzlich am anderen Ende des Gartens eine Frau. Ich dachte zuerst, es müsse Mary Sloane sein, aber als sie einen mondbeschienenen Pfad überquerte, sah ich, daß es nicht die stämmige, gebückte Gestalt unserer alten Dienerin war. Diese Frau war groß und ging aufrecht.

Auch wenn mir die Wahrheit noch nicht dämmerte, erinnerte sie mich an Hester. Genauso war Hester im Zwielicht durch den Garten gegangen. Ich hatte es tausend Mal gesehen.

Ich fragte mich, wer die Frau sein mochte. Natürlich irgendeine Nachbarin. Aber es war seltsam. Sie schritt langsam im Schatten der Pappeln durch den Garten. Dann und wann bückte sie sich, um an einer Blume zu schnuppern, aber sie pflückte keine. Auf halbem Weg trat sie ins Mondlicht und ging über den Rasen mitten in den Garten. Mein Herz machte einen gewaltigen Satz, und ich stand auf. Sie war mir jetzt ganz nah – und ich sah, daß es Hester war.

Ich kann kaum sagen, was mir in diesem Augenblick durch den Kopf schoß. Ich weiß, daß ich nicht überrascht war. Ich hatte einerseits Angst und andererseits nicht. Etwas in mir schreckte in Panik zurück, aber mein wirkliches Ich fürchtete sich nicht. Ich wußte, daß dies meine Schwester war und es keinen Grund gab, vor ihr Angst zu haben, denn sie liebte mich noch ebenso sehr wie eh und je. Weiter dachte ich nicht.

Ein paar Schritte vor mir blieb Hester stehen. Im Mondlicht sah ich deutlich ihr Gesicht. Es zeigte eine Miene, die ich noch nie bei ihr gesehen hatte – demütig, melancholisch, sanftmütig. Hester hatte mich auch zu Lebzeiten oft liebevoll, ja sogar zärtlich angeschaut, aber immer durch eine Maske aus Stolz und Strenge.

Die war nun verschwunden, und ich fühlte mich ihr näher als je zuvor. Ich wußte plötzlich, daß sie mich verstand. Und dann legte sich die nur halb bewußte Angst, und es zählte nur noch, daß Hester da war und keine schreckliche Kluft der Veränderung zwischen uns lag.

Hester winkte mir zu und sagte: „Komm!“

Ich stand auf und folgte ihr aus dem Garten hinaus. Wir gingen nebeneinander den Weg hinunter, unter den Weiden entlang und auf die Straße hinaus, die sich lang und still im hellen, stillen Mondschein erstreckte. Ich fühlte mich wie im Traum, als gehorchte ich einem Willen, der nicht mein eigener war und gegen den ich mich nicht aufgelehnt hätte, selbst wenn ich gewollt hätte. Aber ich wollte gar nicht – ich verspürte nur eine seltsame, grenzenlose Zufriedenheit.

Wir gingen durch die Fichtenallee. Ich roch den balsamischen Duft der Bäume und sah, wie klar sich ihre Spitzen vor dem Himmel abzeichneten. Ich hörte meine eigenen Schritte auf den kleinen Zweigen und Pflänzchen und mein Kleid, das über das Gras schleifte, aber Hester bewegte sich lautlos.

Dann gingen wir durch die „Avenue“ – das kleine Stück Straße unter den Apfelbäumen, das Anne Shirley aus Avonlea die „Weiße-Blütentraum-Allee“ nennt. Es war dort beinahe dunkel, und trotzdem konnte ich Hesters Gesicht so deutlich sehen, als würde es vom Mond beschienen, und immer, wenn ich sie anschaute, lächelte sie das sonderbare milde Lächeln.

Als wir gerade aus der Avenue kamen, überholte uns James Trent mit seiner Kutsche. Mir scheint, daß unsere Gefühle in bestimmten Augenblicken nicht die sind, die man erwarten sollte. Ich war einfach nur ärgerlich, daß ausgerechnet James Trent, das schlimmste Klatschmaul in Newbridge, mich mit Hester sah. Mir war sofort klar, daß er die Geschichte überall herumerzählen würde.

Aber James Trent nickte nur und rief: „Howdy, Miss Margaret! Machen Sie einen Spaziergang im Mondschein? Eine herrliche Nacht, nicht wahr?“

In diesem Augenblick scheute sein Pferd und ging durch. Im nächsten Moment wirbelten sie um die Kurve und waren verschwunden. Ich war erleichtert, aber verwirrt. *James Trent hatte Hester nicht gesehen.*

Schließlich näherten wir uns Hugh Blairs Haus, und Hester ging durch die Pforte. Erst da begriff ich, warum sie zurückgekommen war, und die Freude durchfuhr mich wie ein Blitz. Ich blieb stehen und sah sie an. Sie schaute mir tief in die Augen, sagte aber nichts.

Wir gingen weiter. Hughs Haus stand im Mondlicht vor uns, überwuchert von wildem Wein. Sein Garten lag zu unserer Rechten, ein hübsches Fleckchen Erde, voll altmodischer Blumen, die in einem charmanten Durcheinander wuchsen. Ich trat auf eine Minze, und ihr würziger Duft stieg mir in die Nase wie der Weihrauch in einer heiligen Zeremonie. Ich war selig.

Als wir vor der Tür standen, sagte Hester: „Klopf an, Margaret.“

Ich klopfte leise, und Hugh öffnete sofort. Dann geschah das, woran ich erkannte, daß diese seltsame Erscheinung kein Traum oder Halluzination von mir war. Hugh sah mich nicht an, sondern an mir vorbei.

„Hester!“ stieß er entsetzt hervor. Er lehnte sich an den Türrahmen, der große, kräftige Mann zitterte am ganzen Körper.

„Ich habe gelernt“, sagte Hester, „daß das einzig Wichtige in Gottes Universum die Liebe ist. Dort, wo ich war, gibt es keinen Stolz und keine falschen Ideale.“

Hugh und ich sahen uns in die Augen, wunderten uns und wußten dann, daß wir allein waren.

8. Miss Emilys kleines braunes Buch

Im ersten Sommer, den Mr. Irving und Miss Lavendar – Diana und ich konnten sie nicht anders nennen, auch nicht, nachdem sie geheiratet hatte – nach ihrer Hochzeit in Echo Lodge verbrachten, waren Diana und ich oft bei ihnen. Wir lernten viele Leute aus Grafton kennen, darunter auch die Familie von Mr. Mack Leith. Wir gingen oft abends zu den Leiths, um Croquet zu spielen. Millie und Margaret Leith waren sehr nette Mädchen, und die Jungen waren auch nett. Wir mochten die ganze Familie, nur die arme alte Miss Emily Leith nicht. Wir versuchten wirklich, sie zu mögen, weil sie uns sehr zu mögen schien. Sie wollte immer mit uns zusammensitzen und reden, wenn wir lieber woanders gewesen wären. Wir waren dann oft reichlich ungeduldig, aber heute bin ich froh, daß wir es uns nicht anmerken ließen.

In gewisser Weise hatten wir Mitleid mit Miss Emily. Sie war Mr. Leiths altjüngferliche Schwester und spielte in seinem Haus keine große Rolle. Aber obwohl sie uns leidtat, konnten wir sie nicht mögen. Sie war anstrengend, mischte sich in alles ein und hatte kein bißchen Taktgefühl. Außerdem hatte sie eine scharfe Zunge und schien neidisch auf all die jungen Leute mit ihren Liebesgeschichten zu sein. Diana und ich dachten, es liege daran, daß sie selbst nie einen Verehrer gehabt hatte.

Es war unmöglich, im Zusammenhang mit Miss Emily an Verehrer zu denken. Sie war klein, stämmig und pummelig und ihr Gesicht so rund, rot und aufgedunsen, daß es beinahe formlos war, ihr schütteres Haar war grau. Sie hatte einen watschelnden Gang, genau wie Mrs. Rachel Lynde, und war immer außer Atem. Es war schwer zu glauben, daß Miss Emily jemals jung gewesen war, aber der alte Mr. Murray, der Nachbar der Leiths, verlangte nicht nur, daß wir es glaubten, sondern versicherte auch, sie sei sehr hübsch gewesen.

„Zumindest *das* ist unmöglich“, sagte Diana zu mir.

Und dann, eines Tages, starb Miss Emily. Ich fürchte, niemand war besonders traurig. Für mich ist es ein schrecklicher Gedanke, daß jemand die Welt verläßt und absolut niemand traurig darüber ist. Miss Emily war tot und begraben, bevor Diana und ich überhaupt davon hörten. Ich erfuhr es erst, als ich eines Tages von Orchard Slope nach Hause kam. In meinem Zimmer auf Green Gables stand ein seltsamer, schäbiger, kleiner schwarzer Roßhaarkoffer, verziert mit Nieten aus Messing. Marilla sagte mir, Jack Leith habe ihn gebracht und gesagt, daß er Miss Emily gehört habe und sie gewollt habe, daß ich ihn nach ihrem Tod bekommen sollte.

„Aber was ist drin? Und was habe ich damit zu tun?“ fragte ich entgeistert.

„Davon hat keiner etwas gesagt. Jack meinte, daß sie nicht wüßten, was drin sei und auch nicht nachgesehen hätten, da er dir gehöre. Es ist merkwürdig, aber dir passieren ja immer merkwürdige Dinge, Anne. Und was in dem Koffer ist, findest du am einfachsten heraus, wenn du ihn aufmachst und nachsiehst. Der Schlüssel ist daran festgebunden. Laut Jack hat Miss Emily gesagt, daß du ihn bekommen solltest, weil sie dich liebte und ihre verlorene Jugend in dir sah. Ich nehme an, daß sie am Ende ein wenig phantasiert hat und nicht mehr ganz bei sich war. Sie sagte, sie wolle, daß du sie verstehst."

Ich rannte nach Orchard Slope hinüber und bat Diana, mitzukommen, um den Koffer zu untersuchen. Ich wußte immer noch nichts über den Inhalt und war sicher, daß Miss Emily nichts dagegen haben würde, wenn Diana sah, was in dem Koffer war.

Es war ein kühler, grauer Nachmittag, und wir erreichten Green Gables kurz bevor der Regen anfing. Als wir in mein Zimmer gingen, rauschte der Wind in den Zweigen der großen alten „Schneekönigin" vor meinem Fenster. Diana war aufgeregt und hatte, das glaube ich wirklich, ein bißchen Angst.

Wir öffneten den alten Koffer. Er war sehr klein und enthielt nur eine große Pappschachtel; sie war zugebunden und der Knoten mit Wachs versiegelt. Wir holten sie heraus und schnürten sie auf. Dabei berührten sich unsere Finger, und wir riefen wie aus einem Mund: „Was hast du für kalte Hände!"

In der Schachtel lag ein hübsches, altmodisches Kleid aus hellblauem Musselin, kein bißchen verblichen, geschmückt mit einer kleinen dunkelblauen Blume. Darunter fanden wir eine Schärpe, einen vergilbten Fächer und einen Umschlag mit verwelkten Blumen. Ganz unten lag ein kleines braunes Buch.

Es war schmal und dünn, wie das Schulheft eines Mädchens, verziert mit Blättern, die einmal blau und rosa gewesen waren, jetzt aber völlig verblaßt und an einigen Stellen fleckig waren. Auf dem Deckblatt stand in sehr schöner Schrift „Emily Margaret Leith", und die ersten Seiten des Buches waren mit der gleichen Schrift bedeckt. Wir saßen auf dem Boden, Diana und ich, und lasen das kleine Buch gemeinsam, während der Regen an die Fensterscheiben trommelte.

*19. Juni 18***

Ich bin heute hergekommen, um einige Zeit bei Tante Margaret in Charlottetown zu verbringen. Es ist so schön hier, wo sie wohnt – und viel schöner als auf dem Bauernhof zu Hause. Hier muß ich keine Kühe melken und keine Schweine füttern. Tante Margaret hat mir so ein schönes blaues Musselinkleid geschenkt, und ich habe mich jetzt so weit herausgemacht, um es auf einer Gartenparty nächste Woche in Brighton tragen zu können. Ich hatte noch nie ein Musselinkleid – immer nur häßliche aus bedrucktem Stoff und dunkle Wollkleider. Ich wünschte, wir wären reich wie Tante Margaret. Tante Margaret hat gelacht, als ich das gesagt habe, und erklärt, daß sie all ihren Reichtum für meine Jugend und Schönheit und Leichtherzigkeit hingeben würde. Ich bin erst achtzehn und weiß, daß ich sehr fröhlich bin, aber ich frage mich, ob ich wirklich hübsch bin. Es kommt mir so vor, wenn ich mich in Tante Margarets herrlichen Spiegeln anschaue. Darin sehe ich ganz anders aus als in dem alten zersplitterten in meinem Zimmer zu Hause, der mein Gesicht verzerrt und mich grün aussehen läßt. Aber Tante Margaret hat das Kompliment verdorben, weil sie gesagt hat, daß ich genauso aussehe wie sie in meinem Alter. Wenn ich mir vorstelle, daß ich jemals aussehe wie Tante Margaret jetzt, weiß ich nicht, was ich tue. Sie ist so dick und rot.

29. Juni

Letzte Woche war ich auf der Gartenparty und habe einen jungen Mann kennengelernt, der Paul Osborne heißt. Er ist ein junger Künstler aus Montreal und wohnt drüben in Heppoch. Er ist der schönste Mann, den ich je gesehen habe – sehr groß und schlank, mit verträumten dunklen Augen und einem blassen, klugen Gesicht. Seitdem muß ich immer an ihn denken, und heute kam er zu uns und fragte, ob er mich malen dürfe. Ich fühlte mich sehr geschmeichelt und freute mich so, als Tante Margaret es erlaubte. Er sagte, dass er mich als Frühling *malen wolle. Ich soll unter den Pappeln stehen, wenn die Sonne hindurchscheint. Ich werde mein blaues Musselinkleid tragen – und einen Blumenkranz im Haar. Er sagt, ich hätte so schöne Haare. Er habe noch nie so ein blasses Gold gesehen. Mir kommt es sogar noch schöner vor, seit er es so gelobt hat.*

Heute habe ich einen Brief von zu Hause bekommen. Ma sagt, die blaue Henne habe ihr Nest versteckt und sei jetzt mit vierzehn Küken hervorgekommen,, und sie habe das kleine gefleckte Kalb verkauft. Irgendwie interessieren mich diese Sachen nicht mehr so sehr wie früher.

9. Juli

Mit dem Bild gehe es gut voran, sagt Mr. Osborne. Ich weiß, er wird dafür sorgen, daß ich darauf viel zu hübsch aussehe, auch wenn er immer sagt, er könne mir nicht gerecht werden. Er wird es zu einer großen Ausstellung schicken, wenn es fertig ist, aber er hat versprochen, für mich eine kleine Kopie – ein Aquarell – anzufertigen.

Er kommt jeden Tag zum Malen, wir reden viel, und er liest mir aus seinen herrlichen Büchern vor. Ich verstehe nicht alles, versuche es aber, und er kann so gut erklären und hat solche Geduld mit meiner Dummheit. Und er sagt, jemand mit meinen Augen und Haaren und Farben müsse nicht klug sein. Er sagt, ich hätte das fröhlichste Lachen der Welt. Aber ich schreibe nicht alle Komplimente auf, die er mir gemacht hat. Ich denke, er meint sie nicht alle ernst.

Abends streifen wir durch die Fichtenwälder oder sitzen auf der Bank unter der Akazie. Manchmal reden wir auch gar nicht, aber ich finde es nie langweilig. Die Zeit vergeht sogar wie im Flug – und dann geht der Mond auf, rund und rot, über dem Hafen, und Mr. Osborne seufzt und sagt, es sei wohl Zeit für ihn zu gehen.

24. Juli

Ich bin so glücklich, daß ich beinahe Angst bekomme. Oh, ich habe nicht geahnt, daß das Leben so schön sein kann!

Paul liebt mich! Er hat es mir heute abend gesagt, als wir am Hafen spazierengegangen sind und den Sonnenuntergang gesehen haben, und er hat mir einen Heiratsantrag gemacht. Ich habe mich auf den ersten Blick in ihn verliebt, aber ich fürchte, daß ich nicht klug und gebildet genug bin, um Pauls Frau zu sein. Denn natürlich bin ich nur ein unwissendes kleines Mädchen vom Land und habe mein ganzes Leben auf einer Farm verbracht. Meine Hände sind immer noch ganz rauh von der Arbeit. Aber Paul hat nur gelacht, als ich das gesagt habe, und hat meine Hände genommen und sie geküßt. Dann hat er mir in die Augen gesehen und wieder gelacht, weil ich nicht verbergen konnte, wie sehr ich ihn liebe.

Wir werden im nächsten Frühjahr heiraten, und Paul will mit mir nach Europa fahren. Das wird sehr schön, aber wichtig ist nur, daß ich bei ihm bin.

Pauls Familie ist sehr reich, und seine Mutter und seine Schwestern sind sehr elegant. Ich habe Angst vor ihnen, aber ich habe Paul nichts davon gesagt, weil ich glaube, daß es ihn kränken würde, und oh, das will ich auf keinen Fall.

Ich würde alles auf mich nehmen, wenn es gut für ihn wäre. So ein Gefühl kannte ich bisher nicht. Ich dachte immer, wenn ich jemanden lieben würde, würde ich verlangen, daß er alles für mich tut und mich behandelt wie eine Prinzessin. Aber so ist es ganz und gar nicht. Liebe macht einen demütig, und man will selbst alles für denjenigen tun, den man liebt.

10. August

Paul ist heute nach Hause gefahren. Oh, es ist so schrecklich! Ich weiß nicht, wie ich ohne ihn leben soll, auch wenn es nur für kurze Zeit ist. Aber das ist albern von mir, denn ich weiß ja, daß er nach Hause muß. Er wird mir oft schreiben und mich besuchen. Aber es ist so einsam. Ich habe nicht geweint, als er gegangen ist, denn ich wollte, daß er mich lächelnd in Erinnerung behält – so, wie ich ihm am besten gefalle. Aber danach habe ich die ganze Zeit geweint und kann immer noch nicht aufhören, so sehr ich es auch versuche. Wir hatten zwei so schöne Wochen. Ein Tag war herrlicher als der andere, und nun ist es vorbei, und ich habe das Gefühl, daß es nie wieder so wird. Oh, ich bin zu albern – aber ich liebe ihn so sehr, und wenn ich seine Liebe verliere, muß ich sterben.

17. August

Ich glaube, mein Herz ist tot. Aber nein, das kann nicht sein, denn es tut zu weh.

Pauls Mutter hat mich heute besucht. Sie war nicht böse oder unfreundlich – wenn sie das gewesen wäre, hätte ich nicht solche Angst vor ihr gehabt. Aber so habe ich kaum ein Wort herausgebracht. Sie ist sehr schön und majestätisch und hat eine leise, kühle Stimme und stolze dunkle Augen. Ihr Gesicht sieht aus wie das von Paul, aber ohne dessen Liebenswürdigkeit.

Sie hat mir eine lange Predigt gehalten und schreckliche Sachen gesagt – schrecklich deshalb, weil ich wußte, daß alles stimmte. Mir war, als sähe ich alles mit ihren Augen. Sie sagte, Paul sei begeistert von meiner Jugend und Schönheit, aber es würde nicht von Dauer sein, und was hätte ich ihm sonst noch zu bieten? Sie sagte, Paul müsse eine Frau aus seinem eigenen Stand heiraten, die seinem Ruhm und seiner Position Ehre machen würde. Sie sagte, er sei sehr begabt und habe eine große Laufbahn vor sich, aber wenn er mich heiratete, wäre sein Leben ruiniert.

Ich sah alles ein, als sie es erklärte, und sagte zuletzt, daß ich Paul nicht heiraten würde und sie es ihm sagen solle. Aber sie lächelte und meinte, ich müsse es ihm selbst sagen, denn er würde niemand anderem glauben. Ich hätte sie bitten können, mir das zu ersparen, aber ich wußte, daß es keinen Sinn gehabt hätte. Ich glaube nicht, daß sie Mitleid oder Erbarmen mit irgendwem hat. Außerdem stimmte alles, was sie sagte.

Als sie mir dafür dankte, daß ich so vernünftig sei, sagte ich, daß ich es nicht täte, um es ihr rechtzumachen, sondern um Pauls willen, um ihm nicht sein Leben zu verderben, und daß ich sie für immer hassen würde. Sie lächelte wieder und ging.

Oh, wie kann ich es ertragen? Ich wußte nicht, daß man so leiden kann!

18. August

Ich habe es getan. Ich habe heute an Paul geschrieben. Ich wußte, daß ich es ihm schriftlich mitteilen mußte, denn von Angesicht zu Angesicht würde er mir niemals glauben. Ich fürchtete, daß ich es nicht einmal brieflich tun könnte. Einer klugen Frau wäre es wohl leichtgefallen, aber ich bin ja so dumm. Ich habe einen Haufen Briefe geschrieben und sie immer wieder zerrissen, weil ich sicher war, daß sie Paul nicht überzeugen würden. Zuletzt hatte ich einen fertig, der vielleicht überzeugend klingt. Ich wußte, daß es sich anhören mußte, als sei ich frivol und herzlos, sonst hätte er es nie geglaubt. Ich habe absichtlich ein paar Wörter falsch geschrieben und ein paar Grammatikfehler eingebaut. Ich sagte, ich hätte nur mit ihm geflirtet, und nun hätte ich einen anderen Burschen getroffen, der mir besser gefiel. Ich schrieb Bursche, *weil ich wußte, daß er das widerlich finden würde. Ich sagte, ich hätte nur seines Geldes wegen mit dem Gedanken gespielt, ihn zu heiraten.*

Ich dachte, daß mir das Herz brechen würde, während ich diese schrecklichen Lügen schrieb. Aber es war um seinetwillen, weil ich ihm nicht sein Leben ruinieren darf. Seine Mutter hat gesagt, daß ich ein Mühlstein um seinen Hals sein würde. Ich liebe Paul so sehr, daß ich alles lieber wäre als das. Es wäre leicht, für ihn zu sterben, aber ich weiß nicht, wie ich weiterleben soll. Ich denke, mein Brief wird Paul überzeugen.

Ich nehme an, daß es so war, denn das kleine braune Buch enthielt keine weiteren Einträge. Als wir fertig waren, liefen uns beiden Tränen über die Wangen.

„Oh, arme, liebe Miss Emily“, schluchzte Diana. „Es tut mir so leid, daß ich sie komisch und aufdringlich fand.“

„Sie war gut und stark und tapfer“, sagte ich. „Ich hätte nie so selbstlos sein können wie sie.“

Ich dachte an Whittiers Zeilen:

The outward, wayward life we see
The hidden springs we may not know.[2]

Am Ende des kleinen braunen Buches fanden wir ein verblichenes kleines Aquarell, das ein junges Mädchen zeigte – ein schlankes, hübsches kleines Ding mit großen blauen Augen und herrlich langen, welligen goldenen Haaren. Paul Osbornes Name stand in blasser Tinte in der Ecke.

Wir legten alles wieder in die Schachtel. Dann saßen wir lange schweigend am Fenster und dachten an viele Dinge, bis die verregnete Dämmerung anbrach und die Welt verschwimmen ließ.

2 John Greenleaf Whittier (1807 – 1892): *Snow-Bound. A Winter Idyl.*

9. So ist Sara

Die warme Junisonne fiel durch die Baumkronen, die von weißen Apfelblüten übersät waren, und durch die Fensterscheiben. Ihre Strahlen warfen ein zitterndes Mosaik auf Mrs. Eben Andrews' makellos sauberen Küchenfußboden. Durch die offene Tür wehte die Luft herein, die nach Obstgärten und Kleefeldern duftete, und durch das Fenster sahen Mrs. Eben und ihr Gast ein langes, dunstiges Tal, das zum funkelnden Meer führte.

Mrs. Jonas Andrews war bei ihrer Schwägerin zu Besuch. Sie war eine große, stattliche Frau mit runden roten Wangen und großen, verträumten braunen Augen. Als sie ein schlankes, rosiges Mädchen gewesen war, hatten diese Augen romantisch gewirkt. Jetzt paßten sie überhaupt nicht mehr zu ihrer restlichen Erscheinung, es war geradezu lächerlich.

Mrs. Eben, die am anderen Ende des kleinen Teetisches saß, war eine kleine dünne Frau mit spitzer Nase und wäßrig blauen Augen. Sie sah aus wie eine Frau mit sehr festen Überzeugungen, die aber nie lange galten.

„Wie gefällt Sara die Arbeit als Lehrerin in Newbridge?" fragte Mrs. Jonas und nahm sich ein zweites Stück von Mrs. Ebens unübertroffenem schwarzen Obstkuchen. Es war ein subtiles Kompliment, das Mrs. Eben zu schätzen wußte.

„Nun, ich nehme an, es gefällt ihr gut – besser als unten in White Sands jedenfalls“, antwortete Mrs. Eben. „Natürlich ist es ein weiter Weg, hin und zurück. Ich denke, es wäre klüger gewesen, wenn sie bei den Morrisons geblieben wäre, bei denen sie den ganzen Winter gewohnt hat, aber Sara möchte so oft wie möglich zu Hause sein. Und ich muß sagen, der Spaziergang tut ihr gut.“

„Ich habe gestern abend Jonas’ Tante in Newbridge besucht“, sagte Mrs. Jonas, „und sie sagte, sie habe gehört, daß Sara sich endlich entschieden habe, Lige Baxter zu nehmen und sie im Herbst heiraten würden. Sie fragte mich, ob es wahr sei. Ich sagte, ich wisse es nicht, hoffe es aber. Stimmt es, Louisa?“

„Kein Wort davon stimmt“, sagte Mrs. Eben bekümmert. „Sara hat sich nie für Lige interessiert und tut es auch jetzt nicht. Ich bin sicher, daß es nicht *meine* Schuld ist. Ich habe mir den Mund fusselig geredet, bis ich nicht mehr konnte. Ich sage dir, Amelia, ich bin furchtbar enttäuscht. Ich hatte mir so gewünscht, daß Sara Lige heiratet – und nun tut sie es nicht!“

„Was für ein dummes Mädchen!“ sagte Mrs. Jonas streng. „Wenn Lige Baxter ihr nicht gut genug ist, wer dann?“

„Und dabei ist er so wohlhabend“, sagte Mrs. Eben, „und so erfolgreich in seinem Geschäft, und alle sagen nur Gutes über ihn. Und sein schönes neues Haus in Newbridge mit Erkerfenstern und Hartholzfußboden! Ich habe ewig davon geträumt, Sara als Hausherrin zu sehen!“

„Vielleicht kommt es doch noch dazu“, sagte Mrs. Jonas, die immer optimistisch war, sogar angesichts Saras Widerspenstigkeit. Aber auch sie fühlte sich entmutigt. Nun, sie hatte ihr Bestes getan.

Zuviele Köche hatten Lige Baxter den Brei verdorben. Jeder Andrews in Avonlea hatte zwei Jahre lang versucht, ihn mit Sara zu verkuppeln, und Mrs. Jonas hatte ihre Rolle tapfer gespielt.

Mrs. Eben wollte gerade betrübt antworten, verstummte aber, als Sara selbst erschien. Das Mädchen stand für einen Moment im Türrahmen und schaute ihre Tanten mit leichter Belustigung an. Sie wußte genau, daß sie über sie gesprochen hatten, denn Mrs. Jonas blickte schuldbewußt drein, und Mrs. Eben hatte ihre traurige Miene nicht rechtzeitig ablegen können.

Sara legte ihre Bücher beiseite, küßte Mrs. Jonas auf die rosige Wange und setzte sich an den Tisch. Mrs. Eben brachte Tee, warme Brötchen und ein kleines Glas eingeweckter Aprikosen, die Sara mochte, und schnitt einige weitere Scheiben vom Obstkuchen ab. Saras „Widerspenstigkeit" strapazierte ihre Geduld, aber sie verwöhnte sie trotzdem nach Strich und Faden, denn das Mädchen war der Augapfel der kinderlosen Frau.

Sara Andrews war nicht im eigentlichen Sinne hübsch, aber sie hatte etwas an sich, das die Leute zweimal hinsehen ließ. Sie hatte dichtes, dunkles Haar, samtbraune Augen, rote Wangen und rote Lippen.

Sie aß ihre Brötchen und die Aprikosen mit dem gesundem Appetit, der ihr auf dem langen Fußweg von Newbridge gekommen war, und erzählte lustige kleine Geschichten von ihrer Arbeit. Die beiden älteren Frauen schüttelten sich vor Lachen und warfen sich verstohlen stolze Blicke zu.

Als die Teezeit vorüber war, goß Sara den Rest der Sahne in eine Untertasse. „Ich muß meine Katze füttern", sagte sie und verließ das Zimmer.

„Das Mädchen ist mir ein Rätsel", sagte Mrs. Eben mit einem verständnislosen Seufzer. „Du kennst ja den schwarzen Kater, den wir seit zwei Jahren haben? Eben und ich haben ihn immer sehr verwöhnt, aber Sara schien etwas gegen ihn zu haben. Er durfte nicht einmal am Ofen schlafen, wenn Sara zu Hause war! Aber vor einiger Zeit hat er sich ein Bein gebrochen, und wir dachten, wir müßten ihn töten lassen. Aber Sara wollte nichts davon hören. Sie besorgte Speichen, richtete sein Bein und bandagierte es, und seither pflegt sie ihn wie ein krankes Kind. Jetzt geht es ihm wieder gut, und er lebt wie in Abrahams Schoß! So ist sie einfach. Die kranken Hühner pflegt sie seit einer Woche und gibt ihnen Pillen und alles mögliche! Und sie kümmert sich mehr um dieses elend aussehende Kalb, das sich mit Pariser Grün vergiftet hat, als um alles andere Vieh."

Als der Sommer verging, versuchte Mrs. Eben sich damit abzufinden, daß ihre Luftschlösser eingestürzt waren. Aber sie nahm Sara gehörig ins Gebet.

„Sara, warum magst du Lige nicht? Ich bin sicher, daß er ein vorbildlicher junger Mann ist."

„Ich mag keine vorbildlichen jungen Männer", erwiderte Sara ungeduldig. „Und ich glaube, Lige Baxter hasse ich sogar! Er wurde mir immer als leuchtendes Beispiel vorgehalten. Ich mag nicht mehr hören, wie vollkommen er ist, ich kann die Leier auswendig! Er trinkt nicht, er raucht nicht, er stiehlt nicht, er lügt nicht, er verliert nie die Beherrschung, er flucht nicht und geht regelmäßig zur Kirche. So ein untadeliger Mann würde mir auf die Nerven gehen. Nein, nein, du mußt eine andere Herrin für dein neues Haus an der Brücke suchen, Tante Louisa."

Als die Apfelbäume, die im Juni rosa und weiß gewesen waren, sich im Oktober rotbraun färbten, fand bei Mrs. Eben ein Patchwork-Zirkel statt. Das Muster war der „The Rising Star"[3], das in Avonlea als besonders schön galt. Mrs. Eben hatte es als Teil von Saras Aussteuer vorgesehen und sich beim Zusammennähen der rotweißen Sternzacken ausgemalt, wie ihr Werk als Tagesdecke auf dem Gästezimmerbett in Newbridge

3 The Rising Star: der aufgehende Stern.

aussehen würde. Sie hatte sogar schon vor Augen gehabt, wie sie ihren Hut und Schal darauf ablegen würde, wenn sie Sara besuchte. Diese schönen Bilder waren gemeinsam mit den Apfelblüten verblaßt, und Mrs. Eben brachte es kaum übers Herz, die Patchworkdecke überhaupt fertigzumachen.

Die Damen trafen sich am Samstagnachmittag, wenn Sara nicht unterrichten mußte. Alle Freundinnen von Mrs. Eben saßen um die Decke herum, die Finger waren fleißig und die Zungen nicht minder. Sara lief hin und her und half ihrer Tante bei den Vorbereitungen. Sie war gerade dabei, die Custard-Schüsseln aus dem Schrank zu holen, als Mrs. George Pye erschien.

Mrs. George schaffte es immer, sich zu verspäten. Diesmal kam sie noch später als sonst, und sie sah aufgeregt aus. Alle Frauen rund um den „Rising Star“ hatten gleich das Gefühl, daß Mrs. George interessante Neuigkeiten mitbrachte, und es herrschte erwartungsvolle Stille, als sie ihren Stuhl zurechtrückte und Platz nahm.

Sie war eine große, dünne Frau mit einem schmalen, blassen Gesicht und schimmernden grünen Augen. Als sie sich umschaute, sah sie aus wie eine Katze, die sich nach dem Verzehr eines Leckerbissens den Bart leckt.

„Ich glaube“, sagte sie, „ihr habt es schon gehört?“

Sie wußte genau, daß sie es noch nicht gehört hatten. Alle Frauen unterbrachen ihre Arbeit. Mrs. Eben erschien mit einem Teller dampfender Soda-Biscuits im Türrahmen. Sara hörte auf, die Custard-Schüsseln zu zählen, und schaute über die Schulter. Sogar der schwarze Kater zu ihren Füßen hielt inne. Mrs. George hatte das Gefühl, daß ihr die ungeteilte Aufmerksamkeit aller Anwesenden galt.

„Baxter Brothers ist pleite“, sagte sie, und ihre grünen Augen funkelten. „Bankrottgegangen, und zwar *jämmerlich*!“ Sie hielt einen Moment inne, aber da ihre

Zuhörerinnen immer noch sprachlos vor Überraschung waren, fuhr sie fort. „George kam aus Newbridge und hat es mir erzählt, als ich gerade gehen wollte. Ich wäre beinahe umgefallen. Ich dachte, die Firma sei so unerschütterlich wie der Felsen von Gibraltar! Aber sie sind ruiniert – komplett! Liebste Louisa, kannst du mir eine gute Nadel heraussuchen?"

Die „liebste Louisa" hatte ihren Teller jäh hingestellt, ohne sich um die Folgen zu kümmern. Ein scharfes Klirren ertönte, als Sara mit dem Teller gegen ein Regal stieß. Das Geräusch schien die gelähmten Zungen zu lösen, und alle begannen gleichzeitig zu sprechen. Mrs. George Pyes schrille Stimme übertönte das Durcheinander.

„Ja, das kann man wohl sagen. Es *ist* eine Schande. Und sich vorzustellen, daß alle ihnen vertraut haben! George wird viel Geld verlieren, ebenso wie viele andere. Sie werden alles verkaufen müssen – Peter Baxters Hof und Liges prächtiges neues Haus. Mrs. Peter wird die Nase jetzt nicht mehr so hoch tragen, da bin ich sicher. George hat Lige an der Brücke gesehen und sagte, er habe niedergeschmettert und beschämt ausgesehen."

„Wer oder was ist schuld an der Pleite?" fragte Mrs. Rachel Lynde scharf. Sie mochte Mrs. George Pye nicht.

„Es sind ein Dutzend Geschichten im Umlauf", war die Antwort. „Soweit George es verstanden hat, hat Peter Baxter mit dem Geld anderer Leute spekuliert, und das ist dabei herausgekommen. Es hatten immer alle den Verdacht, daß Peter nicht ehrlich ist, aber man hätte annehmen können, daß Lige ihn im Auge behalten würde. *Er* hatte ja immer den Ruf eines Heiligen."

„Ich glaube nicht, daß Lige etwas darüber wußte", sagte Mrs. Rachel empört.

„Er hätte es wissen müssen! Wenn er kein Lump ist, ist er ein Dummkopf", sagte Mrs. Harmon Andrews, die früher eine seiner glühendsten Anhängerinnen gewesen war. „Er hätte Peter auf die Finger sehen müssen! Nun, Sara, du warst die vernünftigste von uns allen – das gebe ich jetzt zu. Es wäre ein schöner Schlamassel gewesen, wenn du mit Lige verlobt oder gar verheiratet wärst und er keinen Cent mehr hätte – selbst wenn er seinen Leumund retten kann!"

„Es wird jetzt viel über Peter geredet – über Betrug – und einen Prozeß", sagte Mrs. George Pye und arbeitete eifrig weiter. „Die meisten Leute in Newbridge meinen, daß alles Peters Schuld sei und Lige nichts dafür könne. Aber man weiß nie. Ich denke, Lige ist genauso in die Sache verstrickt wie Peter. Für meinen Geschmack war er immer ein wenig zu gut. Das war nicht mehr normal."

Die Gläser klirrten auf dem Schrank, als Sara das Tablett hinstellte. Sie trat hinter Mrs. Rachel Lyndes Stuhl und legte ihre schönen Hände auf die breiten Schultern der Dame. Ihr Gesicht war sehr blaß, aber ihre Augen funkelten Mrs. George Pye an. Ihre Stimme bebte vor leidenschaftlicher Verachtung.

„Jetzt, da Lige Baxter am Boden liegt, trampeln Sie alle auf ihm herum. Vor kurzem haben Sie ihn noch in den Himmel gehoben. Ich höre nicht ruhig zu, wenn man Lige Baxter einen Betrüger nennt! Sie wissen alle ganz genau, daß Lige grundehrlich ist, auch wenn er das Pech haben sollte, daß sein Bruder es nicht ist. Und Sie, Mrs. Pye, wissen es besser als jeder andere. Trotzdem kommen Sie her und machen ihn schlecht, sobald er in Schwierigkeiten ist. Noch ein Wort gegen Lige Baxter, und ich verlasse das Zimmer, bis Sie alle gegangen sind!"

Sie warf einen Blick in die Runde, der die Klatschbasen verstummen ließ. Sogar Mrs. George

Pyes Katzenaugen flackerten. Niemand sagte mehr etwas, bis Sara ihre Gläser eingesammelt hatte und aus dem Raum marschiert war. Selbst danach wagten sie nur zu flüstern. Aber Mrs. Pye, an der die Zurechtweisung nagte, stieß hervor: „Der Himmel stehe uns bei!“, als Sara die Tür zuknallte.

In den nächsten zwei Wochen feierte der Tratsch in Avonlea und Newbridge fröhliche Urständ, und Mrs. Eben hatte regelrecht Angst, Besuch zu kommen.

Sie klagte Mrs. Jonas ihr Leid. „Sie werden über die Baxter-Pleite sprechen und Lige kritisieren. Und dann regt sich Sara so auf. Sie hat immer behauptet, Lige zu hassen, und nun will sie kein Wort gegen ihn hören. Nicht, daß ich selbst etwas sagen würde. Er tut mir leid, und ich glaube, daß er sein Bestes getan hat. Aber ich kann nicht verhindern, daß andere Leute reden.“

Eines Abends erschien Harmon Andrews mit Neuigkeiten. „Das Baxter-Geschäft ist beinahe gerettet“, sagte er und zündete seine Pfeife an. „Peter hat seine juristischen Angelegenheiten geregelt und das Gerede über Betrug irgendwie zum Schweigen gebracht. Glaubt mir, der windet sich aus der Sache heraus wie ein Aal! Er macht sich anscheinend gar keine Sorgen, aber Lige sieht aus wie ein Zombie. Manche Leute haben Mitleid mit ihm, aber ich finde, er hätte besser aufpassen und nicht alles Peter anvertrauen sollen. Wie ich höre, geht er im Frühjahr in den Westen, um Land in Alberta zu kaufen und sich als Landwirt zu versuchen. Das ist das Beste, was er tun kann, denke ich. Die Leute hier haben die Baxter-Brut satt. Newbridge kann froh sein, sie loszuwerden.“

Sara, die bisher in der dunklen Ecke am Ofen gesessen hatte, stand plötzlich auf und ließ den schwarzen Kater von ihrem Schoß auf den Boden rutschen. Mrs. Eben warf ihr einen besorgten Blick zu, denn sie fürchtete, das Mädchen werde dem gutmütigen Harmon die Leviten lesen.

Aber Sara stapfte nur grimmig aus der Küche, und es hörte sich an, als würde sie nach Luft schnappen. In der Diele nahm sie sich einen Schal von der Garderobe, stieß die Haustür auf und eilte in der kalten frischen Herbstluft die Straße hinunter. Ihr Herz schlug vor Mitleid – dem Mitleid, das sie immer mit mißhandelten Geschöpfen hatte.

Immer weiter ging sie, als wolle sie ihrem Schmerz davonlaufen, über graue, düstere Felder, gewundene Pfade hinunter, vorbei an den dunklen Fichten, durch die das Licht der untergehenden Sonne fiel. Ihr Kleid streifte das borstige Gras und das verdorrte Farnkraut, und der feuchte Nachtwind, der von fernen Orten erzählte, zerzauste ihr die Haare.

Schließlich kam sie zu einer kleinen Pforte, die zu einem schattigen Waldweg führte. Die Pforte war mit einer Hanfschnur zugebunden, und Sara befingerte den Knoten vergeblich mit ihren steifgefrorenen Händen. Hinter ihr ertönten die festen Schritte eines Mannes, und Lige Baxters Hand legte sich auf ihre.

„Oh, Lige!" sagte sie, und es klang wie ein Schluchzen.

Er öffnete die Pforte und zog sie hindurch. Sie gingen Hand in Hand den Weg entlang, auf dem die Zweige junger Bäume ihre Köpfe streiften und die Luft nach Wald duftete.

„Ich habe dich lange nicht gesehen, Lige", sagte Sara schließlich.

Lige schaute sie im Zwielicht wehmütig an. „Ja, so kommt es mir auch vor, Sara. Aber ich dachte nicht, daß du mich sehen wolltest – nach dem, was du letzten Sommer gesagt hast. Und du weißt, daß es für mich schlecht gelaufen ist. Die Leute haben schreckliche Dinge über mich gesagt. Ich hatte Pech, Sara, und war vielleicht zu leichtsinnig, aber ich war ehrlich. Glaube nicht den Leuten, die sagen, ich sei es nicht gewesen."

„Denen habe ich nie geglaubt – keine Minute!" rief Sara.

„Ich bin froh darüber. Ich gehe bald weg. Ich war unglücklich, als du mich nicht heiraten wolltest, Sara, aber es ist gut, daß du es nicht getan hast. Ich bin Mann genug, um dankbar zu sein, daß du nicht in meinen Ärger hineingezogen wirst."

Sara blieb stehen und wandte sich ihm zu. Hinter ihnen erstreckte sich die Landstraße in ein Feld, und ein heller Streifen am Himmel warf ein mattes Licht auf den Schatten, in dem sie standen. Über ihnen hing ein Neumond, der glänzte wie ein silberner Krummsäbel. Sara sah den Mond, und sie sah Liges Gesicht, liebevoll und bekümmert.

„Lige", sagte sie leise, „liebst du mich noch?"

„Du weißt genau, daß ich das tue", sagte Lige traurig.

Mehr wollte Sara nicht. Sie warf sich in seine Arme und legte ihre warme, tränenfeuchte Wange an seine kalte.

Als sich herumsprach, daß Sara Lige Baxter heiraten und mit ihm in den Westen gehen würde, rangen die Leute die Hände und schüttelten den Kopf. Mrs. Jonas keuchte den Hügel hinauf, um zu erfahren, ob es stimme. Sie traf Mrs. Eben an, die an einer Patchworkdecke mit dem Muster „Irish Chain"[4] arbeitete, als gälte es das Leben, während Sara dabei war, die Zacken eines weiteren „Rising Star" anzunähen und ein Gesicht machte wie eine Märtyrerin. Sara haßte Patchwork, aber Mrs. Eben war eine Meisterin.

„Du mußt diese Decke fertigstellen, Sara Andrews. Wenn du draußen auf der Prärie haust, wirst du reich-

4 Irish Chain: Irische Kette.

lich Decken brauchen, und die bekommst du, und wenn ich mir die Finger wund nähe! Aber du mußt mir helfen."

Und das tat Sara.

Als Mrs. Jonas kam, schickte Mrs. Eben Sara zum Postamt, um sie für eine Weile loszusein.

„Ich nehme an, daß es diesmal stimmt?" fragte Mrs. Jonas.

„Ja, allerdings", sagte Mrs. Eben energisch. „Sara ist fest entschlossen. Es hat keinen Sinn, sie umstimmen zu wollen – das weißt du ja –, also habe ich mich entschieden, das Beste daraus zu machen. Ich hänge mein Mäntelchen nicht in den Wind. Lige Baxter ist immer noch Lige Baxter, nicht mehr und nicht weniger. Ich habe immer gesagt, daß er ein netter junger Mann sei, und das sage ich auch jetzt noch. Er und Sara werden nicht ärmer sein als Eben und ich, als wir angefangen haben."

Mrs. Jonas stieß einen Seufzer der Erleichterung aus. „Ich bin wirklich froh, daß du es so siehst, Louisa. Ich bin auch nicht unzufrieden, auch wenn Mrs. Harmon mir den Kopf abreißen würde, wenn sie das hörte. Ich mochte Lige immer. Aber ich muß sagen, daß ich auch überrascht bin, nachdem Sara ihn immer so schlechtgemacht hat."

„Nun, wir hätten damit rechnen können", sagte Mrs. Eben weise. „Sara war schon immer so. Wenn irgendein Geschöpf krank oder unglücklich ist, schließt sie es sofort ins Herz. Man darf also sagen, daß Lige Baxters Scheitern eigentlich ein Erfolg war."

10. Der Sohn seiner Mutter

Thyra Carewe wartete, daß Chester nach Hause kam. Sie saß am Westfenster der Küche, schaute zu, wie draußen die Schatten länger wurden und rührte sich nicht. Diese abwartende Reglosigkeit war typisch für sie. Sie zuckte mit keiner Wimper. Alles, was sie tat, tat sie mit ganzer Seele. Wenn sie stillsaß, saß sie eben still.

„Eine Statue wäre zappelig neben Thyra", sagte Mrs. Cynthia White, ihre Nachbarin von gegenüber. „Es geht mir auf die Nerven, wenn sie dort wie versteinert am Fenster sitzt, sich ebensowenig rührt wie ein Standbild und mit brennenden Augen auf die Straße hinausstarrt! Wenn ich das Gebot ‚Du sollst keine anderen Götter neben mir haben' lese, denke ich immer an Thyra. Sie verehrt ihren Sohn viel mehr als ihren Schöpfer. Dafür wird sie noch einmal bestraft werden."

Mrs. White beobachtete Thyra und strickte währenddessen mit Feuereifer, um keine Zeit zu verlieren. Thyra hatte die Hände in den Schoß gelegt und, seit sie sich hingesetzt hatte, nicht einmal mehr mit einer Wimper gezuckt. Mrs. White jammerte, daß sie davon eine Gänsehaut bekomme. „Es ist unnatürlich, daß eine Frau so regungslos dasitzt", sagte sie. „Manchmal kommt mir der Gedanke: Was, wenn sie nun einen Schlaganfall erlitten hat, wie ihr alter Onkel Horatio, und mausetot dasitzt!"

Es war ein kalter Herbstabend. Die Sonne war gerade untergegangen, und auf dem Meer glühte noch ein roter Fleck. Darüber prangte ein kühler, klarer, schwefelgelber Himmel, an dem purpur-schwarze Wolken vorbeisegelten. Im Hintergrund brütete finster die See. Ein solcher Abend verhieß einen frühen Winter und ließ die meisten Leute frösteln, aber Thyra liebte dieses Wetter, wie sie alle strengen, auf eine rauhe Art schönen Dinge liebte. Sie zündete keine Lampe an, weil daneben die düstere Pracht von Meer und Himmel verblaßt wäre. Es war besser, im Dunkeln zu warten, daß Chester nach Hause kam.

Heute abend war er spät dran. Sie dachte, daß er Überstunden am Hafen leistete, aber sie machte sich keine Sorgen. Er würde schnurstracks zu ihr nach Hause kommen, sobald er mit seiner Arbeit fertig war, dessen war sie sich sicher. In Gedanken ging sie ihm auf der tristen Hafenstraße entgegen. Sie sah ihn ganz deutlich vor sich – er ging mit seinem energischen Schritt durch die sandigen Mulden und über die sturmgezausten Hügel, in dem kalten Licht dieses furchterregenden Sonnenuntergangs, jung, stark und gutaussehend, mit dem gespalteten Kinn, das er von ihr hatte, und den dunkelgrauen Augen seines Vaters. Keine Frau in Avonlea hatte einen solchen Sohn wie sie – ihr einziger. Wenn er nicht da war, vermißte sie ihn mit einer mütterlichen Leidenschaft, die beinahe körperlich wehtat. Sie dachte an Cynthia White, die gegenüber strickte, und empfand geringschätziges Mitleid. Diese Frau hatte keinen Sohn – nur bleichgesichtige Töchter. Thyra hatte sich nie eine Tochter gewünscht, und sie bedauerte und verachtete alle Frauen, die keinen Sohn hatten.

Chesters Hund jaulte plötzlich durchdringend draußen vor der Tür. Er hatte die kalten Stufen satt und sehnte sich nach seiner warmen Ecke am Ofen. Thyra lächelte grimmig, als sie ihn hörte. Sie hatte nicht vor, ihn ins Haus zu lassen. Sie sagte, sie habe Hunde nie leiden können, aber die Wahrheit – auch wenn sie ihr nicht ins Auge sah – war, daß sie das Tier haßte, weil Chester es liebte. Sie konnte seine Liebe nicht einmal mit einem dummen Vieh teilen. Sie liebte kein Wesen auf der Welt außer ihrem Sohn und verlangte, daß auch er nichts und niemanden liebte außer ihr. Deshalb war es ihr eine Genugtuung, seinen Hund jaulen zu hören.

Es war jetzt völlig dunkel; die Sterne funkelten über den Stoppelfeldern, und Chester war immer noch nicht da. Gegenüber hatte Cynthia White die Vorhänge zugezogen, um Thyras starren Blick nicht mehr sehen zu müssen; außerdem hatte sie eine Lampe angezündet. Die Schatten von Mädchengestalten bewegten sich in dem Lichtkegel, und das machte Thyra ihre eigene Einsamkeit bewußt. Sie hatte gerade beschlossen, Chester entgegenzugehen, als donnernd an die Küchentür geklopft wurde.

Sie erkannte August Vorsts Klopfen, hatte es aber nicht eilig, eine Lampe anzuzünden, denn sie mochte ihn nicht. Er tratschte gern, und Thyra verabscheute Klatschbasen, männliche ebenso wie weibliche. Aber August hatte Sonderrechte.

Sie ging mit der Lampe in der Hand zur Tür, und das Licht ließ ihr Gesicht gruselig aussehen. Sie hatte nicht vor, August hereinzubitten, aber er drängte sich einfach an ihr vorbei, ohne abzuwarten. Er war ein zwergenhaft kleiner Mann, lahm und bucklig, mit einem bleichen, trotz seines mittleren Alters jungenhaftem Gesicht und tiefliegenden, boshaften schwarzen Augen.

Er zog eine zerknitterte Zeitung aus der Tasche und reichte sie Thyra. Er war der inoffizielle Postbote von Avonlea. Die meisten Leute gaben ihm eine Kleinigkeit dafür, daß er ihnen ihre Briefe und Zeitungen vom Postamt brachte. Er verdiente bescheidene Summen auf verschiedene andere Arten und hielt sich so über Wasser. Augusts Klatschgeschichten enthielten immer eine Dosis Gift. Es hieß, daß er an einem Tag mehr Unheil in Avonlea anrichte, als sonst in einem Jahr angestellt wurde, aber wegen seiner Gebrechlichkeit behandelten die Leute ihn milde. Es war die Nachsicht, die man mit unterlegenen Geschöpfen hat, und das spürte August. Vielleicht lag darin der Grund für einen großen Teil seiner Gemeinheit. Er haßte ausgerechnet die am meisten, die am gütigsten zu ihm waren, und von denen wiederum besonders Thyra Carewe. Er haßte auch Chester, weil dieser kräftig und gutaussehend war. Endlich war seine Zeit gekommen, beide zu verletzen, und die Genugtuung darüber hauchte seiner krummen Gestalt Leben ein und brachte sein verkniffenes Gesicht zum Leuchten. Thyra spürte es. Sie zeigte auf den Schaukelstuhl, als würde sie einem Hund einen Platz auf einem Teppich anweisen.

August kauerte sich auf dem Stuhl zusammen und lächelte. Sie sollte sich winden, diese Frau, die ihn als widerliches Kriechtier betrachtete, das es nicht einmal wert war, zertreten zu werden.

„Hast du vielleicht Chester unterwegs gesehen?“ fragte Thyra, und das war genau die Einleitung, auf die August gehofft hatte. „Er ist nach dem Tee zum Hafen gegangen, um mit Joe Raymond zu reden – er wollte sich sein Boot leihen –, aber allmählich sollte er zurück sein. Ich weiß nicht, was ihn aufhält.“

„Das, was die meisten Männer irgendwann im Leben einmal aufhält – ausgenommen Kreaturen wie mich. Ein Mädchen – ein hübsches Mädchen, Thyra. Ich finde sie schön anzusehen. Sogar ein Buckliger hat Augen im Kopf, nicht? Oh, sie ist etwas Besonderes!“

„Wovon redet der Mann?“ sagte Thyra verwundert.

„Damaris Garland natürlich. Chester ist gerade bei Tom Blair und redet mit ihr – aber seine Augen sagen mehr als sein Mund, darauf kannst du Gift nehmen! Nun, nun, wir waren ja alle einmal jung, Thyra – alle, sogar der bucklige kleine August Vorst. Nicht wahr?"

„Was soll das heißen?" sagte Thyra.

Sie setzte sich auf einen Stuhl, direkt vor ihn, die Hände im Schoß gefaltet. Ihr Gesicht, das immer blaß war, zeigte keine Veränderung, aber ihre Lippen waren sonderbar weiß geworden. August Vorst sah es und freute sich. Ihre Augen boten auch einen lohnenden Anblick, wenn man gern Leuten wehtat – und das war das einzige Vergnügen in Augusts Leben. Er würde den Becher der Rache für die langen Jahre ihrer Gönnerhaftigkeit leeren – langsam, um auch wirklich etwas davon zu haben. Schluck für Schluck – er rieb sich die langen, weißen, schmalen Hände – Schluck für Schluck, und er labte sich an jedem Tropfen.

„Was wohl? Du weißt es genau, Thyra."

„Ich weiß nicht, worauf du hinauswillst, August Vorst. Du sprichst von meinem Sohn und Damaris – wie hieß sie doch gleich? – Damaris Garland, als hätten sie etwas miteinander. Was meinst du damit?"

„Nun, nun, Thyra, nichts Schlimmes. Kein Grund, ein Gesicht wie drei Tage Regenwetter zu machen! Junge Männer sind junge Männer, und das bleiben sie auch bis ans Ende aller Tage. Es ist doch nichts dabei, daß Chester ein Mädchen ansieht, nicht wahr? Oder mit ihm redet? Das kleine Ding mit den roten Lippen! Sie und Chester werden ein schönes Paar abgeben! Er sieht nicht übel aus für einen Mann, Thyra."

„Geduld ist nicht meine Stärke, August", sagte Thyra eisig. „Ich habe dich gefragt, was du meinst, und will eine direkte Antwort. Ist Chester bei Tom Blair, während ich hier allein sitze und warte?"

August nickte. Er erkannte, daß es nicht klug war, Thyra weiter hinzuhalten. „So ist es. Ich war dort, bevor ich herkam. Er und Damaris saßen zusammen in einer

Ecke und schienen sich gut zu amüsieren. Na, na, Thyra, nimm es nicht so schwer. Ich dachte, du wüßtest es. Es ist doch kein Geheimnis, daß Chester Damaris nachläuft, seit sie hier ist. Aber was ist schon dabei? Er kann dir doch nicht ewig am Rockzipfel hängen. Er wird eine Frau finden, und das ist auch gut so. Er ist ein anständiger Mensch und sieht gut aus, kein Wunder, daß Damaris Gefallen an ihm findet. Die alte Martha sagt, er sei ihr Augapfel."

Thyra gab ein ersticktes Stöhnen von sich, als August mitten in seinem Vortrag war. Den Rest hörte sie sich an, ohne eine Miene zu verziehen. Als er fertig war, stand sie auf und schaute auf ihn herab, und ihr Blick brachte ihn zum Schweigen. „Du hast gesagt, was du sagen wolltest, und es genossen – jetzt kannst du gehen", sagte sie langsam.

„Also, Thyra", fing er an, aber sie unterbrach ihn unheildrohend.

„Geh, sage ich! Und bring mir keine Post mehr. Ich will deine verkrüppelte Gestalt nicht mehr sehen und keine Lügen mehr von dir hören!"

August ging, aber an der Tür drehte er sich noch einmal um und schoß seinen letzten Giftpfeil ab. „Ich lüge nicht, Mrs. Carewe. Ich habe die Wahrheit gesagt, und ganz Avonlea weiß davon. Chester ist verrückt nach Damaris Garland. Natürlich dachte ich, du wüßtest davon, es sieht doch ein Blinder. Aber du bist ja so ein komisches eifersüchtiges Ding – ich nehme an, der Junge hat es dir verheimlicht, weil er fürchtete, du würdest einen Koller bekommen. Ich werde nicht vergessen, daß du mich hinausgeworfen hast, weil ich dir zufällig Neuigkeiten gebracht habe, die dir nicht gefallen."

Thyra antwortete nicht. Als die Tür hinter ihm zufiel, schloß sie sie ab und blies das Licht aus. Dann warf sie sich aufs Sofa und brach in Tränen aus. Ihr tat die Seele weh, und sie weinte so stürmisch und verzweifelt wie ein junger Mensch, obwohl sie nicht mehr jung war. Es war, als wagte sie nicht, aufzuhören zu weinen, weil sie verrückt werden würde, wenn sie anfing zu denken. Aber nach einer Weile versiegten die Tränen, und sie ließ bitter Revue passieren, was August Vorst gesagt hatte.

Thyra war nie der Gedanke gekommen, daß ihr Sohn sich in ein Mädchen verlieben könnte. Sie hielt es für unmöglich, daß er irgend jemanden lieben würde außer sie selbst, die ihn so sehr liebte. Und nun kam ihr diese Möglichkeit in den Sinn, langsam und kalt wie Nebelschwaden, die vom Meer aufsteigen und das Land einhüllen.

Bei Chesters Geburt war sie in einem Alter gewesen, in dem die meisten Frauen ihre Kinder in die Welt hinausgehen lassen, mit ein paar ganz normalen Tränen und etwas Wehmut im Herzen, aber doch zufrieden. Thyras späte Mutterschaft war viel intensiver und leidenschaftlicher, eben weil sie so spät kam. Sie war nach der Entbindung sehr krank gewesen und hatte wochenlang hilflos dagelegen, während sich andere Frauen um ihr Baby gekümmert hatten. Sie hatte ihnen nie verziehen.

Ihr Mann starb noch vor Chesters erstem Geburtstag. Sie hatte dem Sterbenden ihren gemeinsamen Sohn in den Arm gelegt, und er hatte ihn ihr mit einem letzten Segen zurückgegeben. Für Thyra war dieser Augenblick heilig gewesen. Es war, als sei ihr das Kind noch einmal geschenkt worden und als habe sie das alleinige Recht auf ihn, das ihr niemand mehr nehmen konnte.

Heiraten! Ihr war nie der Gedanke gekommen, daß er vielleicht einmal heiraten wollte. In seiner Familie hatte man es damit nicht eilig. Sein Vater war sechzig gewesen, als er sie geheiratet hatte – Thyra Lincoln, auch schon reiferen Alters. Nur wenige Lincolns und

Carewes hatten früh geheiratet; viele gar nicht. Und für Thyra war Chester immer noch ihr Kind. Er gehörte nur ihr.

Und nun hatte eine andere Frau es gewagt, ein Auge auf ihn zu werfen. Damaris Garland! Thyra erinnerte sich, sie gesehen zu haben. Sie war neu in Avonlea und lebte seit dem Tod ihrer Mutter bei ihrem Onkel und ihrer Tante. Thyra war ihr vor einem Monat auf der Brücke begegnet. Ja, ein Mann konnte sie hübsch finden – ein Mädchen mit niedriger Stirn, einer rotgoldenen Mähne und tiefroten Lippen, die von der milchweißen Haut abstachen. Auch ihre Augen waren Thyra im Gedächtnis geblieben – haselnußbraun und voller Lachen.

Das Mädchen war an ihr vorbeigegangen, mit einem Lächeln, das viele Grübchen zum Vorschein brachte. Ihre Schönheit hatte etwas Unverschämtes an sich, als würde sie dem Betrachter buchstäblich ins Gesicht springen. Thyra hatte sich umgedreht, dem schlanken jungen Geschöpf nachgesehen und sich gefragt, wer das sein mochte.

Und heute abend, während sie, seine Mutter, allein und im Dunkeln auf ihn gewartet hatte, war er bei den Blairs und sprach mit diesem Mädchen! Er liebte sie, und es gab keinen Zweifel, daß sie ihn auch liebte. Der Gedanke war schlimmer als der Tod für Thyra. Wie konnte sie es wagen! Ihre ganze Wut richtete sich gegen das Mädchen. Sie hatte ihm eine Falle gestellt, und er war dumm genug gewesen, hineinzutappen. Er hatte – typisch Mann – nur an ihre großen Augen und ihre roten Lippen gedacht. Thyra dachte grimmig an Damaris' Schönheit.

„Sie soll ihn nicht bekommen“, sagte sie langsam und bedeutungsvoll. „Ich werde ihn nie einer anderen Frau überlassen, und ihr schon gar nicht! Sie würde mir keinen Platz in seinem Herzen übriglassen – mir, seiner

Mutter, die beinahe gestorben wäre, um ihm das Leben zu schenken. Er gehört mir! Sie soll sich nach dem Sohn einer anderen Frau umsehen – einer Frau, die viele Söhne hat. Sie wird meinen einzigen nicht bekommen!“

Sie stand auf, wickelte sich ein Tuch um den Kopf und ging hinaus in den Abend. Die Wolken hatten sich aufgelöst, und der Mond schien. Die Luft war kalt und kristallklar. Die Erlen am Fluß rauschten unheimlich, als sie an ihnen vorbeiging und auf die Brücke gelangte. Hier schritt sie auf und ab und starrte angestrengt die Straße entlang oder beugte sich über das Geländer und schaute auf den funkelnden Silberstreifen, den das Mondlicht auf das Wasser warf.

Carl White sah sie und erzählte es seiner Frau, als er nach Hause kam. „Wie eine Verrückte ist sie auf der Brücke hin- und hergestiefelt! Zuerst dachte ich, es sei die verrückte alte May Blair. Was, meinst du, hat sie um diese Zeit da gemacht?“

„Natürlich nachgesehen, wo Ches bleibt“, sagte Cynthia. „Er ist noch nicht zu Hause. Wahrscheinlich ist er bei den Blairs und kann sich nicht trennen. Ich frage mich, ob Thyra ahnt, daß er hinter Damaris her ist. Ich habe nicht gewagt, es auch nur anzudeuten. Sie würde mir die Augen auskratzen!“

„Nun, es ist eine seltsame Nacht, um im Mondschein zu schwärmen“, sagte Carl. Er war eine fröhliche Seele und nahm alles, wie es kam. „Es ist bitterkalt – es wird frieren. Es ist ein Jammer, daß sie nicht begreift, daß der Junge erwachsen ist und ein paar Liebesgeschichten haben wird wie die anderen Bengel. Sie wird noch den Verstand verlieren, wie ihre alte Großmutter Lincoln, wenn sie alles so schwer nimmt. Ich würde gern auf die Brücke gehen und vernünftig mit ihr reden.“

„Du wirst nichts dergleichen tun!“ rief Cynthia. „Thyra Carewe läßt man am besten in Ruhe, wenn sie einen Koller hat. Sie ist anders als alle anderen Frauen in Avonlea – und außerhalb! Ich würde mich eher mit einem Tiger anlegen als mit ihr, wenn es um Chester geht. Ich beneide Damaris Garland nicht um ihr Leben, wenn sie in diese Familie einheiratet. Thyra würde sie erwürgen."

„Ihr Frauen urteilt alle so hart über Thyra", sagte Carl gutmütig. Er war selbst vor langer Zeit in Thyra verliebt gewesen und mochte sie immer noch auf eine freundschaftliche Art. Er ergriff immer ihre Partei, wenn die Frauen in Avonlea sie schlechtmachten. Er sorgte sich die ganze Nacht um sie und dachte daran, wie sie auf der Brücke auf- und abgegangen war. Er wünschte, er wäre hingegangen, auch wenn Cynthia dagegen gewesen war.

Als Chester auf dem Nachhauseweg war, begegnete er seiner Mutter auf der Brücke. In dem matten Mondlicht, das dennoch viel enthüllte, sahen sie einander seltsam ähnlich, aber Chesters Miene war milder. Er sah sehr gut aus. Selbst jetzt, da Schmerz und Eifersucht in ihr brannten, war Thyra hingerissen von seiner Schönheit. Sie hätte ihm gern die Wange gestreichelt, aber ihre Stimme klang hart, als sie fragte, wo er so lange gesteckt habe.

„Ich habe auf dem Nachhauseweg bei Tom Blair vorbeigeschaut", fing er an und wollte weitergehen.

Aber sie packte ihn am Arm. „Bist du hingegangen, um Damaris zu sehen?" fragte sie heftig.

Chester fühlte sich unbehaglich. Sosehr er seine Mutter liebte, hatte er auch immer etwas Angst vor ihr gehabt, und ihr dramatisches Getue ging ihm auf die Nerven. Er dachte bedauernd, daß keine andere Mutter in Avonlea ihren Sohn, der einen Freundschaftsbesuch abgestattet hatte, um Mitternacht abpassen und ihm eine solche Szene machen würde. Er versuchte vergeblich, sich loszureißen, erkannte aber, daß er ihr eine

Antwort geben mußte. Er war sowohl von Natur aus als auch durch seine Erziehung geradeheraus und sagte die Wahrheit, allerdings in einem ärgerlichen Ton, den er seiner Mutter gegenüber noch nie angeschlagen hatte.

„Ja“, sagte er kurz.

Thyra ließ seinen Arm los und schlug mit einem Schrei die Hände zusammen. Es klang gefährlich. Sie hätte Damaris Garland in diesem Augenblick umbringen können.

„Reg dich doch nicht so auf, Mutter“, sagte Chester ungeduldig. „Komm ins Haus, es ist kalt. Was machst du hier draußen? Wer hat dich so aufgeregt? Was ist so schlimm daran, wenn ich Damaris besuche?“

„Oh – oh – oh!“ rief Thyra. „Ich habe auf dich gewartet – allein – und du hast nur an sie gedacht! Chester, antworte mir – liebst du sie?“

Dem jungen Mann schoß das Blut ins Gesicht. Er murmelte etwas und wollte weitergehen, aber sie packte ihn wieder. Er zwang sich selbst, ruhig zu antworten.

„Und wenn, Mutter? Es wäre doch nicht so schlimm, oder?“

„Und ich? Und ich?“ schrie Thyra. „Was wird dann aus mir?“

„Du bist meine Mutter. Ich liebe dich nicht weniger, wenn ich auch eine andere Frau liebe.“

„Ich will nicht, daß du eine andere liebst“, rief sie. „Ich will deine ganze Liebe! Was bedeutet dir dieses Milchgesicht, verglichen mit deiner Mutter? Ich habe das größte Anrecht auf dich. Ich werde dich nicht hergeben!“

Chester begriff, daß es keine Sinn hatte, mit ihr in dieser Stimmung zu diskutieren. Er ging weiter, entschlossen, das Thema erst wieder aufzugreifen, wenn sie sich wieder beruhigt hatte. Aber das ließ Thyra nicht zu. Sie rannte ihm nach, unter den Baumkronen der Erlen entlang.

„Versprich mir, daß du dort nicht wieder hingehst“, bat sie. „Versprich mir, daß du sie aufgibst.“

„So etwas kann ich nicht versprechen“, rief er wütend.

Sein Zorn traf sie schwerer als ein Schlag, aber sie wich nicht zurück. „Du bist doch nicht mit ihr verlobt?“ schrie sie.

„Nun, Mutter, beruhige dich. Die ganze Straße hört dich. Was hast du gegen Damaris? Du weißt nicht, wie reizend sie ist. Wenn du sie erst einmal kennengelernt hast ...“

„Ich werde sie nie kennenlernen!“ brüllte Thyra außer sich. „Und sie kriegt dich nicht! Niemals, Chester!“

Er antwortete nicht.

Sie brach plötzlich in Tränen aus und begann laut zu schluchzen.

Reue überkam ihn, er blieb stehen und nahm sie in die Arme. „Mutter, Mutter, bitte! Ich halte es nicht aus, dich so weinen zu sehen. Aber du bist wirklich unvernünftig. Ist dir nie der Gedanke gekommen, daß ich einmal heiraten will, wie andere Männer?“

„Nein, nein! Und ich lasse es nicht zu – ich kann es nicht ertragen, Chester. Du mußt mir versprechen, sie nicht wiederzusehen. Ich gehe heute abend erst ins Haus, wenn du es versprochen hast. Ich bleibe in dieser bitteren Kälte draußen, bis du mir versprichst, daß du sie dir aus dem Kopf schlägst.“

„Das steht nicht in meiner Macht, Mutter. Oh, Mutter, du machst es mir sehr schwer. Nun komm schon herein! Du zitterst ja vor Kälte, du wirst noch krank werden!“

„Ich rühre mich nicht vom Fleck, bis du es versprochen hast. Sag, daß du dieses Mädchen nicht wiedersehen wirst, dann tue ich alles für dich. Aber wenn sie dir wichtiger ist als ich, gehe ich nicht hinein – nie wieder!“

Bei den meisten Frauen wäre das eine leere Drohung gewesen, aber nicht bei Thyra, und Chester wußte es. Er wußte, daß sie ihre Ankündigung wahrmachen würde. Und er fürchtete noch Schlimmeres. Wozu war sie in dieser Verfassung fähig? Sie stammte aus einer seltsamen Sippe, hatten die Leute mißbilligend gesagt, als Luke Carewe sie geheiratet hatte. Bei den Lincolns hatte es mehrere Fälle von Wahnsinn gegeben. Eine Frau hatte sich ertränkt. Chester dachte an den Fluß, und Panik stieg in ihm auf. Für einen Moment vergaß er sogar seine Leidenschaft für Damaris über der älteren Bindung.

„Mutter, beruhige dich. Oh, das ist doch alles nicht nötig! Laß uns bis morgen warten und dann über die Sache reden. Ich höre mir alles an, was du zu sagen hast. Komm herein, bitte.“

Thyra ließ ihn los und wich zurück. Sie stand im Mondlicht. Sie sah ihn mit tragischer Miene an, streckte die Arme aus und sprach langsam und feierlich. „Chester, entscheide dich zwischen uns. Wenn du sie wählst, verlasse ich dich heute nacht, und du wirst mich nie wiedersehen!“

„Mutter!“

„Entscheide dich!“ wiederholte sie heftig.

Er dachte an ihren Stammbaum. Dieser Einfluß konnte nicht in einem Moment abgeschüttelt werden. Er hatte ihr ein Leben lang gehorcht. Außerdem liebte er sie trotz allem mehr, als die meisten Söhne ihre Mutter lieben. Er begriff, daß seine Wahl schon getroffen war – oder richtiger, daß er gar keine Wahl hatte.

„Wie du willst“, sagte er mürrisch.

Sie stürzte auf ihn zu und schloß ihn in die Arme – halb lachend und halb weinend. Alles war wieder gut – alles würde gut werden, daran hatte sie keinen Zweifel, denn sie wußte, daß er sein widerwilliges Versprechen halten würde.

„Oh, mein Sohn, mein Sohn“, murmelte sie, „du hättest mich in den Tod geschickt, wenn du dich anders entschieden hättest. Aber jetzt gehörst du wieder mir!“

Es machte ihr nichts aus, daß er mürrisch war – daß er ihr ihre Ungerechtigkeit übelnahm, mit all dem Ingrimm, den er von ihr geerbt hatte. Es kümmerte sie auch nicht, daß er kein Wort sagte, als sie gemeinsam ins Haus gingen. Seltsamerweise schlief sie in jener Nacht den Schlaf der Gerechten. Es dauerte jedoch nur wenige Tage, bis sie begriff, daß Chester sein Versprechen in Taten halten konnte, aber nicht mit dem Herzen dabei war. Sie hatte ihn Damaris Garland weggenommen, aber sie hatte ihn dadurch nicht zurückbekommen. Er würde nie mehr ganz ihr Sohn sein. Zwischen ihnen stand eine Mauer, die all ihre Liebe nicht überwinden konnte. Chester war gut zu ihr, denn es lag nicht in seiner Natur, lange zu schmollen oder andere für seinen Kummer büßen zu lassen. Außerdem verstand er ihre besitzergreifende Liebe trotz all ihrer Ungerechtigkeit, und das Sprichwort „Verstehen heißt Verzeihen“ stimmt. Aber er ging ihr aus dem Weg, und sie merkte es. Der Groll gegen Damaris schwelte in ihr.

„Er denkt die ganze Zeit an sie“, klagte sie bei sich . „Er wird mich noch irgendwann hassen, fürchte ich, weil ich ihn dazu gebracht habe, sie aufzugeben. Aber selbst das ist mir lieber, als ihn mit einer anderen Frau zu teilen. Oh, mein Sohn, mein Sohn!“

Sie wußte, daß auch Damaris litt. Sie sah es an dem bleichen Gesicht des Mädchens, wenn sie ihr begegnete. Aber das war eine Genugtuung für Thyra. Es linderte den Schmerz in ihrem Herzen, daß er auch an dem von Damaris nagte.

Chester war kaum noch zu Hause. Er verbrachte viel von seiner Freizeit am Hafen und gab sich mit Joe Raymond und Konsorten ab, die kein Umgang für ihn waren, wie die Leute in Avonlea fanden. Ende November brachen er und Joe in Joes Boot zu einer Fahrt auf. Thyra protestierte, aber Chester lachte sie aus.

Thyra war beinahe krank vor Angst, als er ging. Sie haßte das Meer und hatte immer Angst vor ihm, aber besonders in diesem trügerischen Monat mit seinen plötzlichen wilden Stürmen.

Chester hatte das Meer schon als Junge geliebt. Thyra hatte immer versucht, seine Begeisterung zu dämpfen und ihn von den Fischern fernzuhalten, die den unternehmungslustigen Jungen gern mit auf ihre Fahrten lockten. Aber Thyras Macht über ihn war zu Ende.

Nach Chesters Abreise war sie ruhelos und unglücklich und tigerte von Fenster zu Fenster, um den finsteren Himmel zu beobachten. Carl White kam vorbei und erschrak, als er hörte, daß Chester mit Joe weggefahren war. Er hatte nicht genug Taktgefühl, um seine Besorgnis vor Thyra zu verbergen.

„In dieser Jahreszeit ist es nicht sicher“, sagte er. „Von diesem tollkühnen Joe Raymond erwartet man ja nichts anderes. Der ertränkt sich noch eines Tages, verlaß dich darauf! Das sieht ihm ähnlich, mitten im November einfach loszufahren! Aber du hättest Chester nicht gehen lassen dürfen, Thyra!“

„Ich konnte ihn nicht zurückhalten. Nichts, was ich gesagt habe, hat ihn interessiert. Er hat nur gelacht, als ich ihn gewarnt habe. Oh, er hat sich so verändert! Ich weiß, wessen Schuld das ist, und ich hasse sie dafür!“

Carl zuckte seine dicken Schultern. Er wußte nur zu gut, daß Thyra hinter der plötzlichen Abkühlung zwischen Chester Carewe und Damaris Garland steckte, über die ganz Avonlea tratschte. Er bedauerte Thyra. Sie war im letzten Monat sehr gealtert.

„Du bist zu hart mit Chester, Thyra. Er sollte dir nicht mehr am Rockzipfel hängen. Laß dir von einem alten Freund sagen, daß du ihn falsch behandelst. Du bist zu eifersüchtig und besitzergreifend, Thyra."

„Du hast doch keine Ahnung! Du hattest nie einen Sohn", sagte Thyra. Es war grausam von ihr, denn sie wußte, daß das für Carl ein wunder Punkt war. „Du weißt nicht, was es heißt, einen einzigen Menschen mit Liebe zu überschütten – die dann zurückgewiesen wird!"

Carl hatte Thyras Launen satt. Er hatte sie nie verstanden, auch nicht in seiner Jugend. Als er jetzt nach Hause ging und immer noch die Achseln zuckte, dachte er, daß es ein Glück gewesen war, daß er damals keine Gnade vor Thyras Augen gefunden hatte. Mit Cynthia kam man viel leichter aus.

Thyra war nicht die einzige in Avonlea, die in jener Nacht das Meer und den Himmel beobachtete. Damaris Garland lauschte auf das dumpfe Ächzen des Atlantiks im Nordosten und hatte düstere Vorahnungen. Besorgte Fischer schüttelten den Kopf und sagten, daß Ches und Joe besser an Land geblieben wären.

„Mit einem Novembersturm ist nicht zu spaßen", sagte Abel Blair. Er war ein alter Mann und war in seinem langen Leben Zeuge trauriger Ereignisse an der Küste gewesen.

Thyra konnte in dieser Nacht nicht schlafen. Als der Sturm ums Haus heulte, daß die Wände wackelten, stand sie auf und zog sich an. Der Wind brüllte wie ein Ungeheuer. Die ganze Nacht ging sie im Haus auf und ab, von einem Zimmer ins andere. Manchmal rang sie die Hände und schrie auf, dann betete sie wieder leise mit weißen Lippen. Oder sie lauschte stumm dem Toben des Orkans.

Der Sturm wütete den ganzen nächsten Tag, legte sich aber in der Nacht, und der zweite Morgen war windstill und verhieß einen schönen Tag. Im Osten wölbte sich ein kristallklarer Himmel über der glühenden Morgenröte. Thyra schaute aus dem Fenster und sah eine Gruppe von Männern auf der Brücke. Sie sprachen mit Carl White und wiesen mit Blicken und Gesten auf das Haus der Carewes.

Sie ging hinaus und auf sie zu. Wer an diesem Tag ihr versteinertes weißes Gesicht gesehen hatte, vergaß den Anblick nie mehr. „Ihr habt Neuigkeiten für mich“, sagte sie.

Die Männer schauten einander an, und jeder forderte seinen Nachbarn stumm auf, zu reden.

„Sie müssen keine Angst haben, es mir zu sagen“, sagte Thyra ruhig. „Ich weiß, weswegen Sie gekommen sind. Mein Sohn ist ertrunken.“

„Das wissen wir nicht, Mrs. Carewe“, sagte Abel Blair schnell. „Wir müssen Ihnen nicht das Schlimmste berichten – es besteht noch Hoffnung. Aber Joe Raymonds Boot wurde gestern abend gefunden – kieloben gestrandet – in Blue Point, vierzig Meilen entfernt von hier.“

„Mach nicht so ein Gesicht, Thyra“, sagte Carl White mitfühlend. „Sie sind vielleicht mit dem Leben davongekommen – vielleicht wurden sie von einem anderen Boot aufgenommen.“

Thyra sah ihn mit stumpfem Blick an. „Du weißt, daß das nicht stimmt. Keiner von euch hat noch Hoffnung. Ich habe keinen Sohn mehr. Die See hat ihn mir genommen – mein schönes Kind!“ Sie drehte sich um und ging in ihr verlassenes Haus zurück.

Niemand wagte ihr zu folgen. Carl White ging nach Hause und schickte seine Frau zu ihr.

Cynthia fand Thyra wie immer auf ihrem Stuhl vor. Ihre Hände lagen im Schoß, ihre Augen waren trocken und brannten. Sie erwiderte Cynthias mitleidigen Blick mit einem schrecklichen Lächeln.

„Vor langer Zeit, Cynthia White“, sagte sie langsam, „warst du wütend auf mich und hast gesagt, daß Gott mich eines Tages bestrafen würde, weil ich nicht ihn, sondern meinen Sohn anbetete. Weißt du noch? Du hattest recht. Gott hat gesehen, daß ich Chester zu sehr liebte, und wollte ihn mir wegnehmen. Einmal habe ich es verhindert, als ich ihn dazu gebracht habe, Damaris aufzugeben. Aber gegen den Allmächtigen kann man nicht kämpfen. Es war Gottes Wille, daß ich ihn verliere – wenn nicht auf die eine Art, dann auf eine andere. Er wurde mir ganz und gar genommen. Ich habe nicht einmal ein Grab, das ich pflegen kann, Cynthia.“

„Sie ist kurz vor dem Wahnsinnigwerden – und ihre furchtbaren Augen!“ sagte Cynthia hinterher zu Carl. Aber sie sagte es nicht zu Thyra. Sie war eine oberflächliche, durchschnittliche Seele, doch sie hatte weibliches Mitgefühl, und auch ihr eigenes Leben war nicht frei von Kummer gewesen. Es hatte sie gelehrt, jetzt das Richtige zu tun. Sie setzte sich neben die Verzweifelte, legte den Arm um sie und nahm Thyras kalte Hände in ihre warmen. Ihre großen blauen Augen füllten sich mit Tränen, und ihre Stimme zitterte, als sie sagte: „Thyra, es tut mir so leid. Ich – ich – habe auch einmal ein Kind verloren – mein kleines Erstgeborenes. Und Chester war ein guter Junge.“

Einen Moment sträubte sich Thyras kleine, verkrampfte Gestalt gegen Cynthias Umarmung. Dann erschauderte sie und schrie auf. Die Tränen kamen, und sie weinte sich an der Schulter der anderen Frau aus.

Als sich die Hiobsbotschaft herumsprach, kamen auch andere Frauen zu Thyra, um ihr ihr Beileid auszusprechen. Viele kamen aus echtem Mitgefühl, aber einige auch nur aus Neugier, weil sie sehen wollten, wie sie es aufnahm. Thyra wußte das, doch sie nahm es ihnen nicht übel, wie sie es früher getan hätte. Sie hörte sich ruhig alle unbeholfenen Worte an und die kleinen

Platitüden, die die schreckliche Realität beschönigen sollten.

Als es dunkel wurde, sagte Cynthia, dass sie gehen müsse, aber sie wollte eine ihrer Töchter für die Nacht zu ihr schicken. „Du willst sicher nicht allein bleiben“, sagte sie.

Thyra sah gefaßt auf. „Nein. Aber ich möchte, daß du Damaris Garland zu mir schickst.“

„Damaris Garland!“ Cynthia wiederholte den Namen, als traue sie ihren Ohren nicht. Man wußte nie, was Thyra einfiel, aber das hatte Cynthia nun wirklich nicht erwartet.

„Ja. Sag ihr, daß ich sie sehen will – sag ihr, daß sie kommen muß. Sie wird mich bitter hassen, aber ich bin genug bestraft – so sehr, daß es sogar ihren Haß befriedigen dürfte. Sag ihr, daß sie um Chesters willen zu mir kommen soll.“

Cynthia tat, was Thyra wollte – sie schickte ihre Tochter Jeanette, um Damaris zu holen. Dann wartete sie. Egal, welche Pflichten zu Hause riefen, sie mußte das Gespräch zwischen Thyra und Damaris hören. Auf Cynthia Whites Neugier war immer Verlaß. Sie hatte sich den ganzen Tag über tadellos verhalten, aber es war zuviel verlangt, sich das Treffen dieser beiden Frauen entgehen zu lassen.

Sie rechnete halbwegs damit, daß Damaris die Einladung ablehnen würde. Aber Damaris kam, begleitet von Jeanette, an einem Novemberabend bei Sonnenuntergang. Thyra stand auf, und sie sahen sich für einen Moment an.

Damaris’ Schönheit hatte ihre Frechheit verloren. Ihr Blick war stumpf vom vielen Weinen, die Lippen blaß, und das Lachen und die Grübchen waren aus ihrem Gesicht verschwunden. Nur ihr Haar, das sich durch das Tuch um den Kopf nicht bändigen lassen wollte, leuchtete wie eh und je im Sonnenlicht und umgab ihr bleiches Gesicht wie ein Heiligenschein. Reue packte Thyra bei ihrem Anblick. Das war nicht das strahlende Geschöpf, das sie an jenem Sommerabend auf der Brücke getroffen hatte. Das – das – war *ihr* Werk. Sie streckte die Arme aus.

„Oh, Damaris, verzeih mir. Wir haben ihn beide geliebt – das ist unser Bund fürs Leben."

Damaris ging auf sie zu und schlang die Arme um die ältere Frau. Als ihre Lippen sich trafen, begriff sogar Cynthia White, daß es Zeit war zu gehen. Sie ließ ihren Ärger über den peinlichen Augenblick an der unschuldigen Jeanette aus.

„Komm schon", zischte sie ärgerlich. „Siehst du nicht, daß wir hier nicht erwünscht sind?"

Sie zog Jeanette hinaus, während Thyra Damaris in den Armen wiegte wie eine Mutter ihr Kind.

Als der Dezember sich dem Ende zuneigte, war Damaris immer noch bei Thyra. Man rechnete damit, daß sie den ganzen Winter über bleiben würde – mindestens. Thyra ließ sie kaum aus den Augen. Sie sprachen immer über Chester, Thyra beichtete ihren Haß und ihre Wut. Damaris hatte ihr vergeben, aber Thyra selbst verzieh sich nie. Sie hatte sich sehr verändert und war sanftmütig und zerbrechlich geworden. Sie ließ sogar August Vorst kommen und bat ihn um Verzeihung dafür, wie sie mit ihm gesprochen hatte.

Der Winter kam in diesem Jahr spät und war sehr mild. Es lag kein Schnee, und einen Monat, nachdem Joe Raymonds Boot an der Küste von Blue Point gestrandet war, fand Thyra im Garten ein paar blühende Stiefmütterchen. Sie pflückte sie für Damaris, als sie eine Kutsche über die Brücke poltern und die White Lane hinauffahren hörte. Die Sicht war jedoch durch die Erlen und Fichten versperrt. Ein paar Minuten später eilten Carl und Cynthia über ihren Hof, vorbei an den großen Balsambäumen. Carls Gesicht war gerötet, und er zitterte vor Aufregung. Cynthia rannte ihm nach, wobei ihr Tränen über die Wangen liefen.

Thyra wurde übel vor Angst. War Damaris etwas passiert? Ein rascher Blick auf das Mädchen, das an einem Fenster saß und nähte, beruhigte sie jedoch wieder.

„Oh, Thyra, Thyra!“ keuchte Cynthia.

„Verkraftest du eine gute Nachricht, Thyra?“ fragte Carl mit bebender Stimme. „Eine sehr, sehr gute Nachricht sogar!“

Thyra starrte die beiden fassungslos an. „Es gibt nur eins, das ihr mir gegenüber eine gute Nachricht nennen würdet“, rief sie. „Geht es um – um – “

„Chester! Ja, es geht um Chester! Thyra, er lebt – er ist in Sicherheit – er und Joe, alle beide, Gott sei Dank! Cynthia, fang sie auf!“

„Nein, ich falle schon nicht in Ohnmacht“, sagte Thyra und suchte Halt an Cynthias Schulter. „Mein Sohn lebt! Woher wißt ihr das? Was ist passiert? Wo war er?“

„Ich habe es unten am Hafen gehört, Thyra. Mike McCreadys Boot, die *Nora Lee,* ist gerade von den Magdalenen-Inseln zurückgekommen. Ches und Joes Boot ist in der Nacht des Sturms gekentert, aber irgendwie konnten sie sich festklammern, und bei Tagesanbruch wurden sie von der *Nora Lee* aufgenommen, die auf dem Weg nach Quebec war. Aber sie war von dem Sturm beschädigt worden und vom Kurs abgekommen. Sie mußte für die Reparatur die Magdalenen-Inseln anlaufen und lag dort ewig vor Anker. Der Telegrafendienst hat nicht funktioniert, und zu dieser Jahreszeit legen dort auch keine Postschiffe an. Wenn das Meer nicht so eisfrei gewesen wäre, hätte die *Nora Lee* bis zum Frühjahr dort bleiben müssen. Der Jubel am Hafen heute morgen kannte keine Grenzen, als die *Nora Lee* kam!“

„Und Chester – wo ist er?“ fragte Thyra.

Carl und Cynthia sahen sich an.

„Nun, Thyra“, sagte letztere, „er ist drüben bei uns. Carl hat ihn vom Hafen mitgenommen, aber ich wollte ihn erst zu dir lassen, wenn wir dich vorbereitet haben. Er wartet dort auf dich.“

Thyra machte einen Schritt auf die Pforte zu, aber dann wandte sie sich um, und etwas von dem Leuchten in ihrem Gesicht erstarb. „Nein, hier ist eine, die als erste zu ihm gehen sollte. Ich kann wiedergutmachen, was ich getan habe – Gott sei Dank auch an ihm!“ Sie ging ins Haus und rief Damaris. Als das Mädchen die Treppe herunterkam, streckte Thyra die Hände nach ihr aus. Auf ihrem Gesicht leuchtete das wunderbare Licht von Freude und Entsagung. „Damaris“, sagte sie, „Chester ist zu uns zurückgekommen – die See hat ihn uns wiedergegeben. Er ist drüben bei Carl White. Geh zu ihm, meine Tochter, und bring ihn mir!“

11. Bettys Erziehung

Als Sara Currie Jack Churchill heiratete, brach es mir das Herz … oder jedenfalls glaubte ich das, was für einen jungen Mann von zweiundzwanzig mehr oder weniger dasselbe ist. Ich jammerte meinen Schmerz nicht laut in die Welt hinaus, das war nicht die Art der Douglas, und für mich war es Ehrensache, der Familientraditionen zu folgen. Ich dachte damals, daß niemand es wußte außer Sara, aber jetzt denke ich, daß auch Jack es wußte, denn Sara hatte es ihm sicher erzählt. Er ließ sich jedoch mir gegenüber nie etwas anmerken und verschonte mich mit Mitleidsbekundungen, im Gegenteil, er bat mich sogar, sein Trauzeuge zu werden. Jack machte nie halbe Sachen.

Ich war Trauzeuge. Jack und ich waren immer gute Freunde gewesen, und obwohl ich meine große Liebe verloren hatte, wollte ich nicht auch noch meinen besten Freund verlieren. Sara hatte eine kluge Wahl getroffen, denn Jack war doppelt so gut wie ich. Er mußte für seinen Lebensunterhalt arbeiten, was vielleicht die Erklärung dafür ist.

Also tanzte ich auf Saras Hochzeit, als sei mein Herz so leicht wie meine Füße, aber nachdem sie und Jack sich in Glenby niedergelassen hatten, kehrte ich The Maples den Rücken und ging ins Ausland … denn ich war, wie ich schon angedeutet habe, einer der unglücklichen Sterblichen, für die Zeit und Geld keine Rolle spielen. Ich blieb zehn Jahre weg, The Maples stand leer und verstaubte, während ich anderswo das Leben genoß. Ich genoß es tatsächlich in vollen Zügen, aber mit schlechtem Gewissen, denn ich fand, daß es einem Mann mit gebrochenem Herzen nicht so gutgehen dürfte wie mir. Es schien mir unpassend, und ich versuchte, mich zu mäßigen und mehr an die Vergangenheit zu denken. Es brachte nichts, die Gegenwart war hartnäckig darin, mir Freude zu machen, und was die Zukunft anging … nun, es gab keine Zukunft.

Dann starb Jack Churchill, der arme Kerl. Ein Jahr nach seinem Tod kam ich nach Hause und hielt noch einmal um Saras Hand an, weil ich mich verpflichtet fühlte. Sara lehnte wieder ab und sagte, ihr Herz liege bei Jack im Grab oder so ähnlich. Ich stellte fest, daß es mir nicht viel ausmachte … natürlich, mit zweiunddreißig nimmt man solche Dinge nicht mehr so schwer wie mit zweiundzwanzig. Ich hatte genug damit zu tun, The Maples wieder bewohnbar zu machen, und mit der Erziehung von Betty anzufangen.

Betty war Saras zehnjährige Tochter, und sie war nach Strich und Faden verwöhnt. Das heißt, sie durfte machen, was sie wollte, und da sie wie ihr Vater am liebsten an der frischen Luft war, war sie völlig verwildert. Sie war mehr Junge als Mädchen, ein dünnes kleines Ding mit einem Hauch von Saras Schönheit. Betty kam nach der Familie ihres Vaters, in der alle groß und dunkelhaarig waren, und als ich sie zum ersten Mal sah, schien sie nur aus einem Hals und Beinen zu bestehen. Einiges an ihr erschien mir jedoch vielversprechend. Sie hatte schöne, mandelförmige braune Augen, die kleinsten Hände und Füße, die ich je gesehen hatte, und eine rotbraune Mähne, zu zwei dicken Zöpfen geflochten.

Um Jacks willen beschloß ich, seine Tochter gründlich zu erziehen. Sara konnte es nicht und versuchte es nicht einmal. Ich erkannte, daß es Betty ruinieren würde, wenn sich nicht jemand ihrer annahm. Außer mir schien es niemanden zu geben, der sich dafür interessierte, also wollte ich sehen, ob ein alter Junggeselle ein Mädchen richtig erziehen konnte. Ich hätte ihr Vater sein können, und ihr Vater war mein bester Freund gewesen. Wer, wenn nicht ich, hatte das Recht, sich um seine Tochter zu kümmern? Ich wollte ein Vater für Betty sein und alles für sie tun. Es war meine offensichtliche Pflicht.

Ich sagte Sara, daß ich Bettys Erziehung in die Hand nehmen würde. Sara stieß einen der klagenden kleinen Seufzer aus, die ich einmal so charmant gefunden hatte. Aber jetzt stellte ich zu meiner eigenen Überraschung fest, daß es mich ärgerte. Sie sagte, sie sei mir sehr dankbar.

„Ich fürchte, ich bin mit Bettys Erziehung überfordert, Stephen“, gestand sie. „Betty ist ein seltsames Kind … durch und durch Churchill. Ihr armer Vater hat ihr alles durchgehen lassen, und sie hat ihren eigenen Kopf, das versichere ich dir. Von mir läßt sie sich nichts sagen. Sie macht, was sie will, und ruiniert ihren Teint damit, daß sie die ganze Zeit draußen herumläuft – und der war ohnehin nie besonders schön. Das hat sie von den Churchills.“ Sara warf einen zufriedenen Blick in den Spiegel, der ihre zarten Farben zeigte. „Ich wollte Betty dazu bewegen, diesen Sommer einen Sonnenhut zu tragen, aber ich hätte ebensogut gegen eine Wand reden können!“

Vor meinem inneren Auge tauchte die Vorstellung von Betty mit einem Sonnenhut auf und amüsierte mich so sehr, daß ich Sara dankbar war, es erwähnt zu haben. Ich dankte es ihr mit einem Kompliment. „Es ist bedauerlich, daß Betty nicht die bezaubernden Farben ihrer Mutter geerbt hat“, sagte ich, „aber wir müssen unser Bestes für sie tun – im Rahmen ihrer begrenzten

Möglichkeiten. Wenn sie erwachsen ist, hat sie sich vielleicht sehr gebessert. Und wir müssen zumindest eine Dame aus ihr machen. Zur Zeit ist sie beunruhigend jungenhaft, aber die Voraussetzungen sind trotzdem vielversprechend … wie könnte es auch anders sein, bei einer Kreuzung aus Churchill und Currie? Aber selbst das beste Material kann durch ungeschickte Behandlung verdorben werden. Ich glaube, versprechen zu können, daß ich es nicht verderben werde. Ich habe das Gefühl, daß Betty meine Berufung ist, und ich werde mich als Gegner von Wordsworths ‚Natur' beweisen, dessen Methoden ich immer zutiefst mißtraut habe, trotz seiner verführerischen Verse."

Sara verstand kein Wort und tat auch nicht so. „Ich vertraue dir Bettys Erziehung vollkommen an, Stephen", sagte sie mit einem weiteren Seufzer. „Ich bin sicher, daß sie bei dir in den besten Händen ist. Auf dich konnte man sich immer voll und ganz verlassen."

Nun, das war immerhin eine Art Anerkennung für lebenslange Ergebenheit. Ich war zufrieden mit meiner Rolle als inoffizieller Ratgeber für Sara und selbsternannter Beschützer für Betty. Ich hielt es auch für gut, daß Sara mich nach wie vor nicht heiraten wollte, denn ein sechster Sinn sagte mir, daß ein ehrenwerter alter Freund der Familie bei Betty mehr erreichen würde als ein Stiefvater. Betty war sehr loyal gegenüber dem Andenken ihres Vaters, sie hätte einen Nachfolger mit Ablehnung und Mißtrauen betrachtet, aber einen alten Freund der Familie konnte sie ins Herz schließen.

Mein Unternehmen begann erfolgversprechend, denn Betty mochte mich. Sie sagte es mir mit der ihr eigenen liebenswerten Ehrlichkeit – sie hätte es mir ebenso unumwunden gesagt, wenn sie mich gehaßt hätte. „Du bist einer der nettesten alten Leute, die ich kenne, Stephen. Ja, du bist ein feiner Kerl!"

Das machte meine Aufgabe vergleichsweise einfach. Ich erschaudere manchmal bei dem Gedanken, wie es gewesen wäre, wenn Betty nicht gefunden hätte, daß ich ein „feiner Kerl“ sei. Ich hätte trotzdem nicht aufgegeben, denn das ist nicht meine Art, aber Betty hätte mir das Leben zur Hölle gemacht. Sie hatte ein unglaubliches Talent, Leute zu quälen, wenn ihr danach war, und ich wollte nicht zu ihren Feinden gehören.

Am Morgen nach meinem Gespräch mit Sara ritt ich nach Glenby, um offen mit Betty zu reden und so dafür zu sorgen, daß wir uns verstanden. Betty war ein intelligentes Kind mit einer verstörenden Gabe, jede Art von Schauspielerei zu durchschauen. Sie hätte es gemerkt, wenn ich nicht offen zu ihr gewesen wäre, und sie hätte es mir übelgenommen. Ich hielt es für das beste, ihr direkt zu sagen, daß ich mich um sie kümmern würde.

Als ich auf Betty traf, rannte sie mit ein paar Hunden durch die Buchenallee, atemlos und ohne Hut, und ihre offenen Haare flatterten hinter ihr her wie eine Flagge der Unabhängigkeit. Ich hob sie hoch und setzte sie vor mir in den Sattel, und dann erfuhr ich, daß Sara mir Erklärungen erspart hatte.

„Mutter sagt, daß du meine Erziehung übernimmst, Stephen“, sagte Betty, sobald sie wieder sprechen konnte. „Ich bin froh darüber, denn ich glaube, daß du für einen alten Mann sehr viel Verstand hast. Es muß sich wohl irgendwann mal jemand um meine Erziehung kümmern, und mir ist es lieber, wenn du es machst als jemand anders.“

„Danke, Betty“, sagte ich ernst. „Ich hoffe, daß ich deine gute Meinung verdient habe. Ich erwarte von dir, daß du tust, was ich dir sage, und dich nach meinen Ratschlägen richtest.“

„Ja, das werde ich“, sagte Betty, „ich bin nämlich sicher, daß du nichts von mir verlangen wirst, das ich wirklich hasse. Du wirst mich nicht einsperren und zum

Nähen zwingen, nicht wahr? Das mache ich nämlich nicht."

Ich versicherte ihr, daß ich das nicht tun würde.

„Und du schickst mich auch nicht ins Internat", fuhr Betty fort. „Mutter droht mir immer damit. Wahrscheinlich hätte sie es schon längst getan, aber sie weiß, daß ich dann weglaufen würde. Du schickst mich nicht ins Internat, nicht wahr, Stephen? Da gehe ich nämlich nicht hin!"

„Nein", sagte ich gehorsam. „Das tue ich nicht. Ich würde nie auf die Idee kommen, ein wildes kleines Ding wie dich in ein Internat zu stecken. Dort wärst du so unglücklich wie eine Lerche im Käfig."

„Wir werden uns wunderbar verstehen, Stephen", sagte Betty und legte kameradschaftlich den Kopf an meine Schulter. „Du verstehst mich immer. Das tun nur wenige Leute. Nicht einmal mein geliebter Dad hat mich verstanden. Er hat mich immer machen lassen, was ich wollte, nur um es mir rechtzumachen, nicht, weil er verstanden hätte, daß ich nicht brav sein und mit Puppen spielen konnte. Ich hasse Puppen! Echte lebendige Babys sind niedlich, aber Hunde und Pferde mag ich viel lieber als Puppen."

„Aber du brauchst Unterricht, Betty. Ich werde Lehrer für dich finden und deine Ausbildung überwachen, und ich erwarte, daß du mir Ehre machst!"

„Ich werde es versuchen, Stephen, ganz ehrlich", erklärte Betty. Und sie hielt Wort.

Anfangs sah ich Bettys Erziehung als meine Pflicht an, aber sehr bald wurde es mir eine Freude … das größte Interesse meines Lebens. Wie ich vorausgesehen hatte, brachte Betty gute Voraussetzungen mit und erwies sich als sehr gelehrig. Tag für Tag, Woche für Woche, Monat für Monat entwickelten sich ihr Charakter und ihr Temperament ganz natürlich unter meinen wachsamen Augen. Es war, als sehe man einer Blume im Garten beim Aufblühen zu. Ein bißchen Zurechtstutzen hier und da, ein sorgfältiges Ausrichten der Ranke, und siehe da, es lohnte sich!

Betty wuchs so heran, wie ich es mir für Jack Churchills Tochter gewünscht hatte – lebhaft und stolz, mit dem regen Geist und der Anmut einer echten Frau, loyal und liebevoll, offen und unverdorben, mit einer Abneigung gegen Falschheit und Heuchelei. Betty sagte immer, daß sie alles, was sie wußte, von mir gelernt hatte. Aber hatte ich nicht viel mehr von ihr gelernt? Wenn jemand Grund zur Dankbarkeit hatte, dann war ich es.

Sara war zufrieden. Sie sagte, es sei ja nicht meine Schuld, daß Betty nicht besser aussah; ich hätte wirklich alles für ihren Geist und Charakter getan, was in meiner Macht stand. Es hörte sich an, als seien diese Kleinigkeiten nicht allzu wichtig im Vergleich zu dem Fehlen rosiger Haut und Grübchen in den Ellbogen, aber sie war so großzügig, es mir nicht vorzuwerfen.

„Wenn Betty fünfundzwanzig ist“, sagte ich geduldig – ich hatte mir angewöhnt, geduldig mit Sara zu sprechen –, „wird sie eine wunderbare Frau sein – viel schöner, als du es jemals warst, Sara, in deiner blühendsten Jugend! Wo hast du deine Augen, meine Liebe, daß du nicht sehen kannst, was für eine Schönheit Betty zu werden verspricht?“

„Betty ist siebzehn und so schlaksig und braungebrannt wie eh und je“, seufzte Sara. „Ich war mit siebzehn die Schönheit des Countys und hatte schon fünf Heiratsanträge bekommen! Ich glaube, Betty denkt noch gar nicht an Verehrer!“

„Das will ich hoffen“, sagte ich kurz. Irgendwie gefiel mir die Vorstellung nicht. „Betty ist noch ein Kind. Um Himmels willen, Sara, setz ihr keine Flausen in den Kopf!“

„Ich fürchte, ich kann es ohnehin nicht", jammerte Sara, als sei das etwas Bedauerliches. „Du hast ihren Kopf zu sehr mit Büchern und solchen Sachen vollgestopft! Ich habe volles Vertrauen zu deinem Urteil, Stephen – und du hast wirklich Wunder bei Betty bewirkt. Aber meinst du nicht, daß du sie etwas zu klug gemacht hast? Männer mögen es nicht, wenn Frauen zu klug sind. Ihr armer Vater – er hat immer gesagt, eine Frau, die sich mehr für Bücher interessiere als für Verehrer, sei nicht normal."

Ich glaubte nicht, daß Jack jemals etwas so Dummes gesagt hatte. Sara phantasierte. Aber ich ärgerte mich darüber, daß Betty ein Blaustrumpf genannt wurde. „Wenn die Zeit gekommen ist, in der Betty sich für Verehrer interessiert", sagte ich streng, „wird sie ihnen sicher genug Aufmerksamkeit schenken. Aber vorerst ist es besser, daß sie sich mit Büchern beschäftigt als mit albernen frühreifen Phantasien und Schwärmereien. Ich bin ein kritischer alter Mann, aber ich bin zufrieden mit Betty, Sara – vollkommen zufrieden."

Sara seufzte. „Oh, ich denke, sie ist schon in Ordnung, Stephen. Und ich bin dir wirklich dankbar.

Ich hätte nie etwas aus ihr machen können. Es ist natürlich nicht deine Schuld – aber ich kann nicht umhin zu wünschen, daß sie ein bißchen mehr wäre wie andere Mädchen."

Ich galoppierte wutentbrannt nach Hause. Was für ein Glück, daß Sara mich nicht geheiratet hatte, als ich in jugendlichem Leichtsinn um sie angehalten hatte! Sie hätte mich wahnsinnig gemacht mit ihren Seufzern, ihrer Beschränktheit und ihrem ständigen Gerede von rosiger Haut. Aber – nun gut! Sie war eine liebe, gutherzige kleine Frau, sie hatte Jack glücklich gemacht, und es war ihr gelungen – der Himmel weiß wie – ein Geschöpf wie Betty zur Welt zu bringen. Dafür konnte man ihr viel verzeihen. Als ich auf The Maples ankam und mich auf einen alten, schiefen, bequemen Stuhl geworfen hatte, hatte ich ihr verziehen und erwies ihr sogar die Ehre, ernsthaft über das nachzudenken, was sie gesagt hatte.

War Betty wirklich anders als andere Mädchen? Das heißt, anders in Dingen, in denen sie ihnen gleichen sollte? Das wollte ich nicht. Auch wenn ich ein vertrockneter alter Junggeselle war, mochte ich junge Mädchen – ich hielt sie für das Schönste, was Gott geschaffen hat. Ich wollte, daß Betty ein richtiges Mädchen war. Fehlte irgend etwas?

Die nächsten zwei Wochen beobachtete ich Betty genau, ritt jeden Tag nach Glenby hinüber und ging erst abends wieder. Ich dachte darüber nach, was mir aufgefallen war, und zuletzt beschloß ich etwas, das ich vor kurzem nicht für möglich gehalten hatte. Ich würde Betty für ein Jahr ins Internat schicken. Sie mußte lernen, mit anderen Mädchen zusammenzuleben.

Ich ging am nächsten Tag nach Glenby und traf Betty unter den Buchen auf dem Rasen an. Sie kam gerade von einem Ritt zurück und saß auf der Apfelschimmelstute, die ich ihr zu ihrem letzten Geburtstag geschenkt hatte, und lachte über die Hunde, die um sie herumsprangen. Ich betrachtete sie zufrieden, es freute mich zu sehen, daß sie noch ein richtiges Kind war, obwohl sie die Größe der Churchills geerbt hatte. Die Haare hingen ihr immer noch in den gleichen dicken Zöpfen über die Schultern, ihr Gesicht war schmal und straff wie in ihren jungen Jahren, aber ihr Körper war sehr anmutig und filigran gerundet. Die braune Haut, die Sara solche Sorgen machte, war nach dem Galopp gerötet, aus ihren großen dunklen Augen sprach die schöne Unbefangenheit der Kindheit. Mehr noch, auch ihre Seele war noch die eines Kindes. Ich ertappte mich bei dem Wunsch, daß es für immer so bleiben möchte, aber ich wußte, daß es nicht sein konnte. Eines Tages würde die Frau zum Vorschein kommen, und es war meine Pflicht, dafür zu sorgen, daß die Blüte das Versprechen der Knospe einhielt.

Als ich Betty sagte, daß sie für ein Jahr ins Internat kommen würde, zuckte sie die Achseln, runzelte die Stirn und war einverstanden. Betty hatte gelernt, daß sie allem zustimmen mußte, was ich anordnete, auch wenn meine Befehle ihr nicht gefielen – sie hatte einst geglaubt, daß das nie passieren würde. Aber sie hatte so großes Vertrauen zu mir gewonnen, daß sie immer tat, was ich sagte.

„Ich werde natürlich gehen, wenn du möchtest, Stephen", sagte sie. „Aber warum willst du das? Du mußt doch einen guten Grund haben – du hast immer einen guten Grund für alles, was du tust. Was ist es?"

„Das mußt du selbst herausfinden, Betty", sagte ich. „Wenn du zurückkommst, hast du es entdeckt, denke ich. Wenn nicht, steht fest, daß es kein guter Grund war – und dann können wir ihn vergessen."

Als Betty ging, sagte ich ihr auf Wiedersehen und belästigte sie nicht mit nutzlosen Ratschlägen. „Schreibe mir jede Woche und denk daran, daß du Betty Churchill bist", sagte ich.

Betty stand auf der Treppe, umgeben von ihren Hunden. Sie stieg eine Stufe herab und schlang mir die Arme um den Hals. „Ich werde daran denken, daß du mein Freund bist und ich dich nicht enttäuschen darf", sagte sie. „Auf Wiedersehen, Stephen."

Sie küßte mich zwei- oder dreimal sehr herzhaft. Habe ich nicht gesagt, daß sie noch ein Kind war? Dann winkte sie mir zu, und ich ritt nach Hause. Am Ende der Straße schaute ich mich noch einmal um und sah sie dort stehen, in einem kurzen Rock und ohne Hut. Sie blickte furchtlos in den Sonnenuntergang. So sah ich das Kind Betty zum letzten Mal.

Es wurde ein einsames Jahr. Mein Lebensinhalt war nicht mehr da, und ich begann zu fürchten, daß ich nicht mehr gebraucht wurde. Das Leben schien flach, schal und sinnlos. Nur Bettys wöchentliche Briefe brachten etwas Farbe in den grauen Alltag. Sie waren lebhaft und witzig. Betty entpuppte sich als überraschend gute Briefeschreiberin. Anfangs hatte sie schreckliches Heimweh und bat mich, sie nach Hause kommen zu lassen. Als ich ablehnte – es fiel mir sehr schwer –, schmollte sie in drei Briefen, dann besserte sich ihre Stimmung, und das Internatsleben fing an, ihr zu gefallen. Das Jahr war schon fast zu Ende, als sie schrieb: „Ich habe herausgefunden, warum du mich hier hergeschickt hast, Stephen – und ich bin froh, daß du es getan hast."

An dem Tag, als Betty nach Glenby zurückkam, mußte ich zu einem unaufschiebbaren Geschäftstermin. Aber am nächsten Nachmittag ging ich hin. Betty war nicht zu Hause, aber Sara war da, und sie strahlte. Betty habe sich so sehr gebessert, erklärte sie begeistert. Ich würde „das liebe Kind" wohl kaum wiedererkennen.

Das jagte mir einen Schrecken ein. Was in aller Welt hatten sie mit Betty angestellt? Ich erfuhr, daß sie zu einem Spaziergang in den Fichtenwald aufgebrochen war, und begab mich eiligst dorthin. Als ich sie eine lange, goldbraune Allee hinunterkommen sah, versteckte ich mich hinter einem Baum, um sie zu beobachten – ich wollte sie sehen, ohne selbst gesehen zu werden. Als sie näherkam, betrachtete ich sie voller Stolz, Bewunderung und Überraschung – und dabei wurde mir seltsamerweise bang ums Herz, was ich mir nicht erklären konnte und noch nie erlebt hatte – nein, nicht einmal, als Sara mir einen Korb gegeben hatte.

Betty war eine Frau! Ich erkannte es nicht an dem schlichten weißen Kleid, das ihre große, schlanke Gestalt zur Geltung brachte, nicht daran, daß sie ihr dichtes glänzendes dunkelbraunes Haar hochgesteckt trug und auch nicht an ihrer weiblicher gewordenen Figur, sondern an dem verträumten Blick in ihren Augen. Sie war eine junge Frau und suchte nach der großen Liebe, ohne sich dessen bewußt zu sein.

Ich erkannte die Veränderung mit einem Schock, bei dem ich wohl etwas blaß um die Nase wurde. Ich war froh. Sie war das geworden, was ich erhofft hatte. Aber ich wollte das Kind Betty zurück, diese frauliche Betty schien sich sehr weit von mir entfernt zu haben.

Ich verließ mein Versteck, und sie sah mich. Ihr ganzes Gesicht leuchtete auf. Sie stürzte mir nicht entgegen, um sich mir in die Arme zu werfen, wie sie es ein Jahr zuvor getan hätte; sondern kam mir schnellen Schrittes entgegen und gab mir die Hand. Sie war mir im ersten Moment etwas blaß vorgekommen, aber jetzt dachte ich, daß ich mich geirrt hatte, denn ihr Gesicht hatte eine wunderschöne Farbe. Ich nahm ihre Hand – diesmal gab es keine Küsse.

„Willkommen zu Hause, Betty“, sagte ich.

„Oh, Stephen, es ist so schön, wieder hier zu sein“, hauchte sie mit leuchtenden Augen.

Sie sagte nicht, daß es schön sei, mich wiederzusehen, was ich gehofft hatte. Nach der ersten Begrüßung wirkte sie sogar etwas kühl und distanziert. Wir gingen eine Stunde durch den Fichtenwald und redeten. Betty war brillant, geistreich, selbstsicher und bezaubernd. Ich fand sie vollkommen, und trotzdem tat mir das Herz weh. Was für ein prächtiges junges Ding sie war! Wie glücklich würde der Mann sein, der sie bekam – was für ein Gedanke! Zweifellos würden die Männer in Glenby Schlange nach ihr stehen! Ich würde bei jedem Schritt über einen verwirrten Jüngling stolpern! Nun, was machte es? Natürlich würde Betty heiraten. Es war meine Pflicht, dafür zu sorgen, daß sie einen guten Ehemann fand, der ihrer würdig war. Ich dachte, daß mir die alte Aufgabe – mich um ihre Bildung zu kümmern – lieber gewesen war. Aber es war eigentlich dasselbe – nur eine Weiterbildung für Erwachsene. Wenn sie anfing, die wichtigste Lektion des Lebens zu lernen – die der Liebe –, mußte ich als alter Freund der Familie und als ihr Mentor in der Nähe sein und aufpassen, daß der Lehrer so war, wie ich ihn mir vorstellte, ebenso, wie ich ihre Lehrer für Französisch und Botanik ausgewählt hatte. Dann – und nicht vorher – würde Bettys Erziehung vollendet sein.

Ich ritt sehr nachdenklich nach Hause. Als ich auf The Maples ankam, tat ich etwas, das ich seit Jahren nicht getan hatte … ich warf einen kritischen Blick in den Spiegel. Die Erkenntnis, daß ich älter geworden war, traf mich mit neuer, unwillkommener Wucht. Mein schmales Gesicht hatte Falten bekommen, und an den Schläfen blitzten silberne Streifen in dem dunklen Haar auf. Als Betty zehn gewesen war, hatte sie mich für „einen alten Mann“ gehalten. Jetzt, mit achtzehn, fand sie wahrscheinlich, ich sei ein Fossil aus grauer Vorzeit. Pah, was spielte es für eine Rolle? Und doch … Als ich daran dachte, wie ich sie gesehen hatte, als sie unter den Fichten stand, griff eine kalte Hand nach meinem Herzen.

Meine Vorahnungen, was die Verehrer betraf, erwiesen sich als richtig. Auf Glenby wimmelte es bald von ihnen. Der Himmel wußte, wo sie alle herkamen. Ich hatte nicht geahnt, daß es auch nur ein Viertel so viele junge Männer im ganzen County gab, aber es war so. Sara schwebte im siebten Himmel. War Betty nicht endlich eine umschwärmte Schönheit geworden? Und was die Heiratsanträge anging … nun, Betty stellte ihre Skalps nicht öffentlich zur Schau, aber dann und wann verschwand ein junger Mann und ließ sich nicht mehr auf Glenby blicken. Man konnte sich denken, was das bedeutete.

Betty schien all das zu genießen. Ich sage mit Bedauern, daß sie ein bißchen kokett war. Ich versuchte, sie von diesem schweren Fehler zu kurieren, aber ausnahmsweise stellte ich fest, daß ich mir zuviel vorgenommen hatte. Meine Predigten stießen auf taube Ohren; Betty lachte nur. Auch ernste Zurechtweisungen halfen nicht, Betty flirtete nur noch heftiger als zuvor. Männer konnten kommen und gehen, aber Betty blieb, wie sie war. Ich sah es mir ein Jahr lang an und entschied dann, es sei an der Zeit, einzugreifen. Ich mußte einen Ehemann für Betty finden … meine väterliche Pflicht würde nicht eher erfüllt sein … und auch meine Pflicht als Bürger nicht. Sie durfte nicht unbeaufsichtigt bleiben.

Keiner der Männer, die Glenby heimsuchten, war gut genug für sie. Ich entschied, mein Neffe Frank wäre der Richtige. Er war ein wohlgeratener junger Mann, gutaussehend und ehrenwert. Aus weltlicher Sicht war er das, was Sara eine glänzende Partie genannt hätte, er hatte Geld, gesellschaftlichen Status und war dabei, sich als Anwalt einen Namen zu machen. Ja, er sollte Betty heiraten!

Sie waren einander noch nie begegnet. Ich fädelte sofort alles ein. Je schneller der Zirkus vorbei war, desto besser. Ich haßte Theater, und es würde eine Menge davon geben. Aber ich machte mich an die Arbeit wie ein erfahrener Kuppler. Ich lud Frank nach The Maples ein, und bevor er kam, erzählte ich Betty viel … aber nicht zuviel … über ihn und vermischte Lob und Tadel geschickt miteinander. Frauen interessieren sich nie für musterhafte Männer. Betty hörte mir mit mehr Ernst zu, als sie es sonst bei meinen Vorträgen über junge Männer tat. Sie ließ sich sogar dazu herab, ein paar Fragen nach ihm zu stellen. Das hielt ich für ein gutes Zeichen.

Zu Frank sagte ich kein Wort über Betty; als er nach The Maples kam, nahm ich ihn mit nach Glenby. Wir trafen auf Betty, die im Sonnenuntergang zwischen den Buchen spazierenging, und ich stellte ihn ohne Warnung vor.

Er wäre ein Übermensch gewesen, wenn er sich nicht Hals über Kopf in sie verliebt hätte. Kein normaler Mann hätte ihr widerstehen können … Sie war ganz in Weiß, mit Blumen im Haar, und für einen Moment hätte ich Frank ermorden können – und jeden anderen Mann, der das Sakrileg beging, sie zu lieben.

Dann nahm ich mich zusammen und ließ die beiden allein. Ich hätte ins Haus gehen und mit Sara reden können … wie zwei alte Leute, die mit mildem Lächeln ihre Jugend Revue passieren lassen, während die jungen Leute draußen ein zartes Band knüpften … aber ich tat es nicht. Ich tigerte durch den Fichtenwald und versuchte zu vergessen, wie gutaussehend und charmant der krausköpfige Frank war und wie seine Augen aufgeleuchtet hatten, als er Betty gesehen hatte. Was sollte es? Hatte ich ihn nicht deshalb hergebracht? Und freute ich mich nicht über den Erfolg meiner kleinen Intrige? Natürlich! Ich war begeistert!

Am nächsten Tag ging Frank nach Glenby und fragte nicht einmal pro forma, ob ich mitkommen wollte. Während er nicht da war, überwachte ich den Bau eines neuen Treibhauses, das ich errichten ließ. Ich war sehr gewissenhaft, empfand aber kein echtes Interesse. Es war für Rosen gedacht, und das erinnerte mich an die blaßgelben Rosen, die Betty letzte Woche an ihrem Ausschnitt getragen hatte, als kein Verehrer dagewesen war. Wir waren zusammen durch den Fichtenwald gegangen und hatten geredet wie früher – bevor ihr Erwachsenwerden und meine grauen Haare zwischen uns getreten waren. Sie hatte eine Rose auf die braune Erde fallenlassen, und nachdem wir uns verabschiedet hatten, war ich heimlich zurückgeschlichen, um sie zu holen. Sie steckte nun in meiner Brieftasche. Als zukünftiger Onkel durfte ich doch verwandtschaftliche Gefühle für die werdende Nichte hegen?

Franks Brautwerbung schien Erfolg zu haben. Die anderen jungen Hüpfer, die Glenby heimgesucht hatten, verschwanden nach seiner Ankunft. Betty ermutigte ihn mit ihrer Liebenswürdigkeit, Sara lächelte ihn an, und ich stand im Hintergrund wie ein gütiger *Deus ex machina* und redete mir ein, daß ich die Fäden zöge.

Aber am Ende des Monats ging irgend etwas schief. Frank kam eines Tages von Glenby nach Hause, war sehr bedrückt und blies zwei Tage lang Trübsal. Am dritten Tag ritt ich selbst hin. Ich war in diesem Monat nicht oft auf Glenby gewesen, aber wenn es Schwierigkeiten mit Betty gab, war es meine Pflicht, die Wogen zu glätten.

Wie immer traf ich Betty im Fichtenwald an. Ich fand, daß sie blaß und matt aussah … zweifellos grämte sie sich Franks wegen. Ihr Gesicht hellte sich auf, als sie mich sah. Offenbar erwartete sie, daß ich käme, um die Angelegenheit in Ordnung zu bringen, aber sie gab sich hochnäsig und gleichgültig.

„Ich bin froh, daß du uns nicht völlig vergessen hast, Stephen“, sagte sie kühl. „Du warst eine ganze Woche nicht hier!“

„Es schmeichelt mir, daß du es gemerkt hast“, sagte ich, setzte mich auf einen umgestürzten Baumstamm und schaute zu ihr auf. Sie lehnte groß und schlank an einer alten Fichte und sah mich nicht an. „Ich hätte nicht gedacht, daß du dir wünschst, ein komischer alter Kauz wie ich solle die Idylle deiner jungen Liebe stören.“

„Warum sagst du immer, du seist alt?“ sagte Betty ärgerlich und ignorierte meine Anspielung auf Frank.

„Weil ich alt *bin*, meine Liebe. Schau dir nur meine grauen Haare an!“ Ich schob meinen Hut zurück, um sie zu zeigen.

Betty sah kaum hin. „Gerade genug, um dir ein vornehmes Aussehen zu geben“, sagte sie, „und du bist erst vierzig. Ein Mann steht mit vierzig in der Blüte seines Lebens. Vorher hat er keinen Verstand – und manchmal nicht einmal dann“, fügte sie frech hinzu.

Mein Herz schlug heftig. Ahnte Betty etwas? Bedeutete dieser letzte Satz, daß sie von meiner heimlichen Vernarrtheit wußte, und sich darüber lustigmachte?

„Ich bin gekommen, um zu hören, was zwischen dir und Frank vorgefallen ist“, sagte ich ernst.

Betty biß sich auf die Lippe. „Nichts“, sagte sie.

„Betty“, sagte ich vorwurfsvoll, „ich habe dich dazu erzogen … oder versucht, dich dazu zu erziehen … die Wahrheit zu sagen, die ganze Wahrheit und nichts als die Wahrheit. Sag bitte nicht, daß ich gescheitert bin. Ich gebe dir noch eine Chance. Hast du dich mit Frank gestritten?“

„Nein“, sagte die enervierende Betty. „Er hat sich mit mir gestritten. Er ist wütend weggegangen, und es ist mir egal, ob er wiederkommt.“

Ich schüttelte den Kopf. „So geht es nicht, Betty. Als alter Freund deiner Familie nehme ich mir immer noch das Recht heraus, mit dir zu schimpfen, bis du einen Ehemann hast, der dich ausschimpft. Du darfst Frank nicht piesacken. Er ist ein guter Junge. Du mußt ihn heiraten, Betty.“

„Muß ich?“ sagte Betty und wurde rot. Sie sah mich an, und ihr Blick war verstörend. „Willst *du*, daß ich Frank heirate, Stephen?“ Betty hatte die schreckliche Angewohnheit, Pronomen auf eine Art zu betonen, die jeden durcheinanderbringen konnte.

„Ja, das will ich, weil ich denke, daß es am besten für dich ist“, antwortete ich, ohne sie anzusehen. „Du mußt eines Tages heiraten, Betty, und Frank ist der einzige Mann in meinem Bekanntenkreis, dem ich dich anvertrauen würde. Mir als deinem Beschützer liegt daran, daß du die richtige Wahl triffst. Du hast immer meinen Rat befolgt und dich nach meinen Wünschen gerichtet – und zuletzt immer erkannt, daß ich recht hatte, nicht wahr, Betty? Ich bin sicher, daß du jetzt nicht anfangen wirst zu rebellieren. Du weißt genau, daß ich es nur gut mit dir meine. Frank ist ein prächtiger junger Mann und liebt dich von Herzen. Heirate ihn, Betty. Denk daran, ich *befehle* es dir nicht. Dazu habe ich kein Recht, und selbst wenn ich es hätte, bist du zu alt, um herumkommandiert zu werden. Aber ich möchte es und rate es dir. Reicht das nicht, Betty?“

Ich hatte sie nicht angesehen, während ich sprach, sondern starrte entschlossen eine sonnenbeschienen Fichtenallee hinunter. Jedes Wort, das ich sagte, zerriß mir das Herz und ließ es bluten. Ja, Betty sollte Frank heiraten! Aber lieber Gott, was würde aus mir werden!

Betty verließ ihren Platz unter der Fichte und ging um mich herum, bis sie mir ins Gesicht sehen konnte. Ich mußte ihren Blick erwidern. Sie hatte nichts Gefügiges oder Unterwürfiges an sich, sondern hielt den Kopf hoch, ihre Augen funkelten, und ihre Wangen waren gerötet. Aber ihre Worte klangen gefügig.

„Ich werde Frank heiraten, wenn du es willst, Stephen“, sagte sie. „Du bist mein Freund. Ich habe mich immer nach deinen Wünschen gerichtet und es nie bereut. Ich tue es also auch diesmal, das verspreche ich dir. Aber bei einer so wichtigen Frage muß ich ganz sicher sein, daß du das wirklich willst. Es darf keinen Zweifel geben. Sieh mir in die Augen, Stephen – das hast du heute noch kein einziges Mal getan, eigentlich überhaupt nicht, seit ich wieder zu Hause bin. Sieh mich an und sag mir, daß ich Frank Douglas heiraten soll, dann tue ich es! *Willst* du das, Stephen?“

Ich mußte ihr in die Augen sehen, weil sie sonst keine Ruhe gegeben hätte, und als ich es tat, wehrte sich alles in mir dagegen, eine Lüge zu erzählen. Ihr eindringlicher Blick entlockte mir die Wahrheit, ob ich wollte oder nicht.

„Nein, ich möchte nicht, daß du Frank Douglas heiratest, tausendmal nein!“ sagte ich heftig. „Ich will nicht, daß du irgendeinen Mann auf der Welt heiratest außer mir. Ich liebe dich – ich liebe dich, Betty. Du bist mir mehr wert als das Leben – wichtiger als mein eigenes Glück. Ich habe an dein Glück gedacht, deshalb wollte ich, daß du Frank heiratest – weil ich dachte, er würde dich glücklich machen. Das ist alles!“

Bettys Trotz erlosch wie eine Flamme, die ausgeblasen wird. Sie wandte sich ab und ließ den Kopf hängen. „Es hätte mich nicht glücklich gemacht, einen Mann zu heiraten, wenn ich einen anderen liebe“, flüsterte sie.

Ich stand auf und ging zu ihr. „Betty, wen liebst du?“ Auch bei mir war es nur ein Flüstern.

„Dich“, murmelte sie ergeben – oh, so ergeben, mein stolzes kleines Mädchen!

„Betty“, sagte ich mit brüchiger Stimme. „Ich bin alt – zu alt für dich – ich bin über zwanzig Jahre älter – ich bin –“

„Oh!“ Betty fuhr herum und stampfte mit dem Fuß auf. „Rede nicht mehr von deinem Alter! Und wenn du so alt wärst wie Methusalem, wäre es mir auch egal. Aber ich werde dich nicht überreden mich zu heiraten, mein Herr! Wenn du nicht willst, heirate ich eben nie – und lebe und sterbe als alte Jungfer. Hoffentlich bist du dann zufrieden!“ Sie wandte sich ab, halb lachend und halb weinend, aber ich nahm sie in die Arme und küßte sie auf den Mund.

„Betty, ich bin der glücklichste Mann der Welt! Und ich war der unglücklichste, als ich herkam!“

„Das hast du auch verdient“, sagte Betty grausam. „Ich bin froh darüber! Ein Mann, der so dumm ist wie du, verdient es, unglücklich zu sein! Was glaubst du, wie es mir ging – ich habe dich so geliebt, und du wolltest mich einem anderen Mann geben! Ich habe dich immer geliebt, Stephen, aber begriffen habe ich es erst, als ich in diesem scheußlichen Internat war. Da habe ich es gemerkt – und ich dachte, du hättest mich deshalb dort hingeschickt. Aber als ich nach Hause kam, hast du mir beinahe das Herz gebrochen. Darum habe ich so sehr mit all den armen netten Jungen geflirtet – ich wollte dich kränken, aber ich hatte nicht das Gefühl, daß es wirkte. Du bist einfach *väterlich* geblieben. Als du Frank hergebracht hast, habe ich fast die Hoffnung aufgegeben und wollte mich dazu durchringen, ihn zu heiraten; ich hätte es getan, wenn du darauf bestanden hättest. Aber ich mußte noch einen Versuch machen, mein Glück hing davon ab. Ich hatte nur ein Fünkchen Hoffnung, das hat mir gerade genug Mut gegeben. Ich habe dich an dem Abend gesehen, als du hierher zurückgekommen bist, um meine Rose zu holen! Ich war selbst zurückgekommen, um allein und unglücklich zu sein.“

„Das ist das Wunderbarste, das je passiert ist – daß du mich liebst“, sagte ich.

„Ist es nicht – ich konnte nicht anders“, sagte Betty und legte ihren Kopf an meinen Schulter. „Du hast mich alles andere gelehrt, Stephen, also konnte ich auch die Liebe nur von dir lernen. Du hast meine Erziehung gründlich vollendet.“

„Wann willst du mich heiraten, Betty?“ fragte ich.

„Sobald ich dir ganz verziehen habe, daß du mich dazu bringen wolltest, einen anderen zu heiraten“, sagte Betty.

Das war recht hart Frank gegenüber, wenn man darüber nachdenkt. Aber Menschen sind egoistisch, und so machten wir uns nicht viele Gedanken über ihn. Der junge Mann benahm sich wie der Douglas, der er war. Er wurde etwas blaß um die Nase, als ich es ihm sagte, gratulierte mir und ging gelassen weg, ein „Ritter ohne Furcht und Tadel“.

Er hat mittlerweile geheiratet und ist, soviel ich weiß, sehr glücklich. Natürlich nicht so glücklich wie ich, das wäre unmöglich, denn es gibt nur eine Betty auf der Welt, und sie ist meine Frau.

12. Selbstlosigkeit

Der kalte Wind eines frühen Maiabends spielte mit den Gardinen des Zimmers, in dem Naomi im Sterben lag. Die Luft war feucht und kühl, aber die Kranke wollte nicht, daß das Fenster geschlossen wurde.

„Ich kann nicht richtig atmen, wenn alles so fest verriegelt ist“, sagte sie. „Was auch passiert, ich will nicht erstickt werden, Car'line Holland.“

Vor dem Fenster wuchs ein Kirschbaum voller Knospen, deren Aufblühen sie nicht mehr erleben würde. Zwischen den Zweigen sah sie den kristallklaren Himmel über Hügeln, die sich langsam purpur färbten. Draußen war die Luft erfüllt von den Lauten des Frühlings – Stimmen und Pfeifen auf dem Hof, dann und wann Lachen. Ein Vogel landete auf einem Kirschbaumzweig und zwitscherte unentwegt. Naomi wußte, daß weißer Nebel in den stillen Tälern hing, daß der Ahorn an der Pforte ein blutrotes Gewand trug und daß blaue Veilchen im Gras leuchteten.

Das Zimmer war klein und bescheiden. Der Boden war kahl, abgesehen von ein paar geflochtenen Teppichen, der Putz verblichen und die Wände schmutzig. In Naomi Hollands Umgebung hatte es nie viel Schönheit gegeben, und nun, da sie im Sterben lag, war es noch weniger.

Ein Junge von etwa zehn Jahren beugte sich aus dem Fenster und pfiff vor sich hin. Er war groß für sein

Alter und sehr hübsch. Er hatte rotbraunes, glänzendes lockiges Haar, helle Haut und blaugrüne Augen mit langen Wimpern, ein weiches Kinn und volle, schmollende Lippen.

Das Bett stand in der Ecke, die am weitesten vom Fenster entfernt war. Darin lag die Kranke – trotz ihrer ständigen Schmerzen – ruhig und regungslos. Naomi Holland jammerte nie. Wenn der Schmerz am schlimmsten war, biß sie sich noch fester auf die blutleeren Lippen und starrte mit ihren großen schwarzen Augen die kahle Wand an. Die Leute, die sich um sie kümmerten, bekamen bei ihrem Blick eine Gänsehaut. Aber ihr entschlüpfte kein Wort und auch kein Stöhnen. Zwischen den Krämpfen zeigte sie reges Interesse an dem, was in ihrer Umgebung vor sich ging. Ihren wachen Augen und Ohren entging nichts. An diesem Abend lag sie ausgelaugt auf den zerwühlten Kissen, sie hatte am Nachmittag einen schweren Anfall gehabt und war sehr schwach. In dem matten Licht sah ihr langes Gesicht schon jetzt aus wie das einer Leiche. Ihr schwarzes Haar lag in einem dicken Zopf auf dem Kissen. Es war das einzige Überbleibsel ihrer Schönheit, und sie hatte eine grimmige Freude daran. Die langen, glänzenden Haare mußten jeden Tag gekämmt und geflochten werden, mochte da kommen, was wolle.

Ein Mädchen von vierzehn Jahren lag zusammengerollt auf einem Stuhl am Kopfende des Bettes, den Kopf auf dem Kissen. Der Junge am Fenster war ihr Halbbruder, aber zwischen Christopher Holland und Eunice Carr bestand keinerlei Ähnlichkeit.

Ein leises, halb ersticktes Schluchzen unterbrach die Stille.

Die Kranke, die einen weißen Abendstern durch die Kirschbaumzweige beobachtet hatte, wandte sich ungeduldig zu ihr. „Ich wünschte, du würdest dir das abgewöhnen, Eunice“, sagte sie scharf. „Ich will nicht, daß man um mich weint, bevor ich tot bin – und dann hast du wahrscheinlich anderes zu tun. Wenn Christopher nicht wäre, hätte ich gar nichts dagegen, zu sterben. Für jemanden, der ein solches Leben hatte wie ich, hat der Tod kaum noch einen Schrecken. Wenn man nur mit einem Schlag sterben könnte und nicht Stück für Stück wie ich! Es ist ungerecht!“

Den letzten Satz stieß sie hervor, als spräche sie mit einer unsichtbaren, tyrannischen Macht. Zumindest ihre Stimme war nicht geschwächt, sondern klang klar und durchdringend wie immer. Der Junge am Fenster hörte auf zu pfeifen, und das Mädchen wischte sich mit ihrer verblichenen karierten Schürze wortlos die Augen.

Naomi zog ihren Zopf übers Gesicht und küßte ihn. „Du wirst nie solche Haare haben, Eunice“, sagte sie. „Sie sind beinahe zu schön, um beerdigt zu werden, nicht wahr? Denk daran, mich für meine Aufbahrung schön zu frisieren. Bürste es gründlich und flechte es dann.“

Das Mädchen gab einen Laut von sich, der klang, als käme er von einem leidenden Tier.

Aber im gleichen Moment ging die Tür auf, und eine Frau trat ein. „Chris“, sagte sie scharf, „geh sofort zu den Kühen, du fauler kleiner Nichtsnutz! Du wußtest genau, daß du sie holen solltest, aber du hast die Zeit vertrödelt und mich überall nach dir suchen lassen. Beeil dich jetzt, es ist schon spät!“

Der Junge zog den Kopf ein und machte ein mürrisches Gesicht, wagte aber keinen Widerspruch, sondern murrte nur und ging langsam hinaus.

Seine Tante machte eine Bewegung, als wolle sie ihm eine Ohrfeige geben, hielt aber inne und warf einen etwas ängstlichen Blick auf das Bett. Naomi Holland lag im Sterben, aber ihr Temperament war immer noch gefürchtet, und ihre Schwägerin wollte sie nicht in Rage bringen, indem sie Christopher schlug. Die Wutausbrüche, die die Kranke manchmal überkamen, wirkten auf ihre beiden Pflegerinnen, als sei sie vom Teufel besessen. Der letzte lag erst drei Tage zurück; der Auslöser war eine Klage von Christopher gewesen, der sich von seiner Tante schlecht behandelt gefühlt hatte, und diese hatte nicht vor, einen neuen Koller hervorzurufen. Sie ging zum Bett und zog die Decke zurecht.

„Sarah und ich gehen zum Melken, Naomi, und Eunice bleibt bei dir. Sie kann uns holen, wenn du merkst, daß ein neuer Anfall kommt."

Naomi Holland sah ihre Schwägerin mit boshaftem Vergnügen an. „Ich werde keine Anfälle mehr haben, Car'line Anne. Ich werde heute nacht sterben. Aber ihr braucht euch deshalb nicht mit dem Melken zu beeilen. Ich lasse mir Zeit." Sie amüsierte sich über das Entsetzen im Gesicht der anderen Frau. Es lohnte sich wirklich, Caroline Holland zu erschrecken.

„Geht es dir schlechter, Naomi?" fragte letztere mit zitternder Stimme. „Dann lasse ich Charles den Arzt holen!"

„Nein, das tust du nicht. Was kann der Arzt schon für mich tun? Ich brauche weder seine noch Charles' Erlaubnis zum Sterben. Du kannst ruhig melken gehen. Ich sterbe erst, wenn du fertig bist – ich werde dich nicht um das Vergnügen bringen, dabei zuzusehen."

Mrs. Holland kniff die Lippen zusammen und verließ das Zimmer mit der Miene einer Märtyrerin. Naomi Holland war nicht in jeder Hinsicht eine schwierige Patientin, aber sie hatte ihre helle Freude an den gehässigen Bemerkungen, die sie ständig machte. Selbst auf dem Sterbebett mußte sie ihrer Feindseligkeit gegen ihre Schwägerin Luft machen.

Draußen auf den Stufen wartete Sarah Spencer mit den Melkeimern. Sarah Spencer war nicht dazu verpflichtet, war aber immer zur Stelle, wenn jemand krank war. Ihre Erfahrung und Nerven wie Drahtseile machten sie zu einer guten Krankenschwester. Sie war eine große, unscheinbare Frau mit eisengrauem Haar und faltigem Gesicht. Neben ihr sah die aufgeputzte kleine Caroline Anne mit ihren leichten Schritten und dem runden, rotwangigen Gesicht beinahe mädchenhaft aus.

Die beiden Frauen gingen auf den Hof hinaus und sprachen leise über Naomi. In dem Haus hinter ihnen wurde es sehr still.

In Naomis Zimmer dämmerte es.

Eunice beugte sich besorgt über ihre Mutter. „Ma, soll ich das Licht anzünden?"

„Nein, ich sehe mir gerade den Stern über dem Kirschbaum an. Ich will sehen, wie er hinter dem Hügel verschwindet. Ich habe ihn zwölf Jahre auf- und untergehen sehen, und heute sage ich ihm Lebewohl. Ich möchte auch, daß du still bist. Ich muß über einiges nachdenken und will nicht gestört werden."

Das Mädchen erhob sich lautlos und faltete die Hände über dem Bettpfosten. Dann legte sie ihr Gesicht darauf und biß schweigend an ihnen herum, bis ihre Zähne weiße Abdrücke in der rauhen roten Haut hinterließen.

Naomi Holland merkte es nicht. Sie starrte auf die große funkelnde Perle an dem blassen Himmel. Als sie verschwunden war, schlug sie ihre langen dünnen Hände zusammen, und ihr Gesicht sah für einen Moment schrecklich aus. Aber als sie sprach, klang ihre Stimme ganz ruhig. „Du kannst jetzt die Kerze anzünden, Eunice. Stell sie auf das Regal hier, da scheint sie mir nicht in die Augen. Und dann setz dich auf das Fußende des Bettes, wo ich dich sehen kann. Ich habe dir etwas zu sagen."

Eunice gehorchte ihr geräuschlos. Als das fahle Licht aufflackerte, war das Kind gut zu sehen. Es war dünn und von häßlicher Gestalt – eine Schulter stand höher als die andere. Sie war dunkelhaarig wie ihre Mutter, aber ihre Züge waren unregelmäßig und die Haare glanzlos und strähnig. Ihre Augen waren dunkelbraun, und über einem prangte ein rotes Muttermal.

Naomi Holland musterte sie mit der Verachtung, aus der sie nie einen Hehl gemacht hatte. Das Mädchen war ihr Fleisch und Blut, aber sie hatte es nie geliebt. Ihre ganze Mutterliebe hatte ihrem Sohn gegolten.

Eunice hatte die Kerze auf das Regal gestellt und die häßliche blaue Rollgardine aus Pappe heruntergezogen. Sie sperrte die Streifen des lila Himmels aus, an dem eine Reihe blinkender Pünktchen zu sehen waren, setzte sich an das Fußende des Bettes und sah ihre Mutter an.

„Die Tür ist zu, nicht wahr, Eunice?"

Eunice nickte.

„Ich will nämlich nicht, daß Car'line oder irgend jemand anders hereinschaut und hört, was ich zu sagen habe. Sie ist gerade draußen beim Melken, und ich muß die Zeit nutzen. Eunice, ich werde sterben, und ..."

„Ma!"

„Nun, nun, kein Gejammer! Du weißt, daß es nicht mehr lange dauern wird. Ich habe nicht genug Kraft, um viel zu reden, also sei still und hör zu. Ich habe gerade keine Schmerzen, deshalb kann ich klar denken und reden. Hörst du zu, Eunice?"

„Ja, Ma."

„Paß auf. Es geht um Christopher. Es geht mir nicht mehr aus dem Kopf, seit ich hier liege. Seinetwegen habe ich ein Jahr lang um mein Leben gekämpft, aber jetzt hat es keinen Sinn mehr. Ich muß sterben und ihn verlassen, und ich weiß nicht, was aus ihm werden soll. Es ist ein schrecklicher Gedanke." Sie hielt inne und schlug mit ihrer runzligen Hand gegen den Tisch. „Wenn er älter wäre und für sich selbst sorgen könnte, wäre es nicht so schlimm. Aber er ist noch ein kleiner Kerl, und Car'line haßt ihn. Ihr werdet beide bei ihr leben müssen, bis ihr erwachsen seid. Sie wird auf ihm herumhacken. Er ist in mancher Hinsicht wie sein Vater, er ist ein Hitzkopf und eigensinnig. Er wird nie mit Car'line auskommen. Nun, Eunice, versprich mir, daß du mich bei Christopher ersetzt, wenn ich tot bin, so gut du kannst. Du mußt, es ist deine Pflicht. Aber ich will, daß du es versprichst."

„Ich verspreche es, Ma", flüsterte das Mädchen feierlich.

„Du hast nicht viel Kraft – das war schon immer so. Wenn du klug wärst, könntest du viel für ihn tun. Aber du mußt dein Bestes geben. Du sollst mir versprechen, daß du ihm zur Seite stehst und ihn beschützt – daß du nicht zusiehst, wenn Leute ihn betrügen, daß du ihn nicht verläßt, solange er dich braucht, was auch geschieht. Eunice, versprich mir das!" In ihrer Aufregung richtete sich die Kranke im Bett auf und packte das Mädchen am Arm. Ihre Augen funkelten, und zwei rote Flecken brannten auf ihren eingefallenen Wangen.

Eunices Gesicht war weiß und angespannt. Sie faltete die Hände wie zum Gebet. „Mutter, ich verspreche es!"

Naomi ließ den Arm des Mädchens los und sank ermattet in die Kissen zurück. Ein todesähnlicher Ausdruck erschien auf ihrem Gesicht, als sich die Aufregung legte.

„Jetzt ist mir leichter zumute. Könnte ich nur noch ein oder zwei Jahre leben! Und ich hasse Car'line – ich hasse sie! Eunice, laß nicht zu, daß sie meinen Jungen schlecht behandelt! Wenn sie das tut oder du dich nicht um ihn kümmerst, erscheine ich dir als Geist! Was das Erbe angeht, ist alles geregelt. Dafür habe ich gesorgt. Es wird keinen Streit geben, und niemand bringt Christopher um seine Rechte. Er bekommt den Hof, sobald er alt genug ist, ihn zu bewirtschaften, und er muß dich versorgen. Und Eunice, denk an dein Versprechen!"

Draußen wurde es schnell dunkel. Caroline Holland und Sarah Spencer waren dabei, die Milch in Kannen zu gießen, und Christopher pumpte mißgelaunt Wasser. Das Haus stand weit von der Straße entfernt am Ende eines langen roten Weges; auf der anderen Seite des Feldes lag das alte Haus der Hollands, wo Caroline lebte. Ihre unverheiratete Schwägerin Electa Holland kümmerte sich um ihren Haushalt, während sie Naomi pflegte.

Heute nacht war sie an der Reihe, zum Schlafen nach Hause zu gehen, aber Naomis Worte gingen ihr nicht aus dem Kopf, obwohl sie glaubte, daß sie aus reiner Streitsucht gesagt worden waren.

„Geh lieber hinein und sieh nach ihr, Sarah", sagte sie, als sie die Melkeimer ausspülte. „Wenn du meinst, ich sollte heute nacht hierbleiben, tue ich es. Wenn sie eine Frau wie alle anderen wäre, wüßte man, was zu tun ist. Aber vielleicht wollte sie uns mit der Ankündigung, sie würde sterben, nur erschrecken."

Als Sarah hineinging, war es im Krankenzimmer sehr still. Ihrer Meinung nach ging es Naomi nicht schlechter als sonst. Das sagte sie Caroline, aber letztere machte sich Sorgen und beschloß, zu bleiben.

Naomi war kühl und abweisend wie immer. Sie sagte Christopher gute Nacht und ließ ihn sich auf ihr Bett setzen, damit er ihr einen Kuß geben konnte. Dann hielt sie ihn ein Stück von sich ab und sah ihn bewundernd an – die glänzenden Locken, die rosigen Wangen und die runden Arme und Beine. Der Junge fühlte sich bei ihrem Blick unbehaglich und machte sich hastig davon. Sie schaute ihm sehnsüchtig nach, als er hinausging. Die Tür ging hinter ihm zu, und sie stöhnte auf.

Sarah Spencer erschrak. Sie hatte Naomi Holland nie stöhnen hören, seit sie bei ihr war. „Geht es dir schlechter, Naomi? Hast du wieder Schmerzen?"

„Nein. Geh und sag Car'line, daß sie Christopher etwas von der Marmelade zum Abendbrot geben soll. Sie findet sie im Schrank unter der Treppe."

Im Haus wurde es sehr still. Caroline war auf dem Sofa im Wohnzimmer eingeschlafen. Sarah Spencer schnarchte über ihrem Strickzeug am Tisch im Krankenzimmer. Sie hatte Eunice gesagt, sie solle ins Bett gehen, aber das Kind hatte nicht gehorcht. Eunice saß zusammengekauert am Fuß des Bettes und beobachtete ihre Mutter. Naomi schien zu schlafen. Die Kerze brannte lange, und der feuerrote Docht schien Eunice wie ein Kobold zu beobachten. Das flackernde Licht warf groteske Schatten von Sarah Spencers Kopf an die Wand. Die dünnen Gardinen am Fenster wehten hin und her, als würden sie von Geisterhand geschüttelt.

Um Mitternacht öffnete Naomi Holland die Augen. Das Kind, das sie nie geliebt hatte, war der einzige Mensch, der sie bis an den Rand des Unbekannten begleitete. „Eunice – vergiß es nicht!" Es war nur ein leises Flüstern. Die Seele, die die Schwelle zu einem anderen Leben überschritt, klammerte sich an ihre einzige irdische Verbindung. In dem schmalen blassen Gesicht zuckte es.

Ein fürchterlicher Schrei hallte durch das Haus. Sarah Spencer erwachte jäh aus ihrem Halbschlaf und starrte das kreischende Kind an. Caroline eilte mit aufgerissenen Augen herbei. Naomi Holland lag tot in ihrem Bett.

Sie wurde in dem Zimmer aufgebahrt, in dem sie gestorben war. Es war dämmerig und still, aber im Rest des Hauses liefen die Vorbereitungen für das Begräbnis auf Hochtouren. Eunice war die ganze Zeit über ruhig und schweigsam. Seit dem wilden Schreikrampf am Totenbett ihrer Mutter hatte sie keine Träne vergossen und zeigte keinerlei Kummer. Vielleicht hatte sie – wie ihre Mutter gesagt hatte – keine Zeit dafür. Sie mußte sich um Christopher kümmern. Der Junge war außer sich. Er weinte, bis er keine Tränen mehr hatte. Eunice beruhigte ihn, überredete ihn zum Essen und blieb in seiner Nähe. Nachts saß sie bei ihm und bewachte seinen Schlaf.

Nach der Beerdigung wurden die Möbel verstaut oder verkauft. Das Haus wurde abgeschlossen und der Hof verpachtet. Die Kinder konnten nirgendwo hin – außer zu ihrem Onkel. Caroline Holland wollte die beiden nicht, aber da sie keine Wahl hatte, beschloß sie grimmig, zu tun, was sie für ihre Pflicht hielt. Sie hatte fünf eigene Kinder, die mit Christopher verfeindet waren, seit er laufen konnte.

Sie hatte Naomi nie gemocht. Nur wenige Leute taten es. Benjamin Holland hatte erst spät geheiratet, und seine Frau hatte seiner Familie sofort den Krieg erklärt. Sie war eine Fremde in Avonlea – eine Witwe mit einem dreijährigen Kind. Sie fand nur wenige Freunde, und einige behaupteten, sie sei nicht ganz richtig im Kopf.

Ein Jahr nach ihrer zweiten Heirat wurde Christopher geboren, und seine Mutter vergötterte ihn vom ersten Tag an. Er war ihr Ein und Alles. Für ihn schuftete und sparte sie, seinetwegen gönnte sie sich nichts. Benjamin Holland war kein sparsamer Mann gewesen, als sie ihn heiratete, aber als er nach sechs Jahren Ehe starb, war er gut situiert.

Naomi tat gar nicht erst so, als würde sie um ihn trauern. Es war ein offenes Geheimnis, daß sie wie Hund und Katze gewesen waren. Charles Holland und seine Frau hielten natürlich zu Benjamin, und Naomi kämpfte allein auf weiter Flur. Nach dem Tod ihres Mannes bewirtschaftete sie den Hof allein weiter und sorgte dafür, daß er Gewinn abwarf. Als die geheimnisvolle Krankheit, die ihr Leben beenden würde, sie befiel, nahm sie all ihre Kraft zusammen und kämpfte dagegen an. Ihre Willensstärke brachte ihr noch ein Jahr, dann mußte sie aufgeben. Sie hatte die Bitterkeit des Todes gekostet, als sie sich ins Bett legte und sah, wie ihre Feindin das Regiment in ihrem Haus übernahm.

Aber Caroline Holland war kein schlechter Mensch. Sie liebte Naomi und deren Kinder zwar nicht, aber die Frau lag im Sterben, und man mußte sich aus Nächstenliebe um sie kümmern. Caroline fand, daß sie gut zu ihrer Schwägerin gewesen war.

Als Naomis Grab auf dem Friedhof von Avonlea mit roter Erde zugeschüttet worden war, nahm Caroline Eunice und Christopher mit zu sich nach Hause. Christopher wollte nicht mit, aber Eunice konnte ihn überreden. Er klammerte sich verzweifelt an sie.

In den nächsten Tagen mußte Caroline Holland sich eingestehen, daß sie nicht mit Christopher fertiggeworden wäre, wenn Eunice nicht gewesen wäre. Der Junge war mürrisch und dickköpfig, aber seine Schwester hatte großen Einfluß auf ihn.

Charles Holland duldete in seinem Haus keinen Müßiggang. Er hatte nur Töchter, und Christopher kam ihm gelegen, um zuzupacken. Er mußte arbeiten – vielleicht zu schwer. Aber Eunice half ihm und machte die Hälfte seiner Arbeit, wenn es niemand merkte. Wenn er Streit mit seinen Cousins hatte, ergriff sie Partei für ihn, und soweit es möglich war, nahm sie seine Schandtaten und die Strafe auf sich.

Electa Holland war Charles' unverheiratete Schwester. Sie hatte Benjamin bis zu seiner Hochzeit den Haushalt geführt, dann hatte Naomi sie aus dem Haus geworfen. Electa hatte ihr nie verziehen, und ihr Haß galt auch Naomis Kindern. Mit hundert kleinlichen Gehässigkeiten rächte sie sich an ihnen. Eunice nahm es gelassen hin, solange es sie selbst traf, aber nicht, wenn es um Christopher ging.

Einmal gab Electa Christopher eine Ohrfeige. Eunice, die am Tisch saß und strickte, stand auf. Plötzlich sah sie aus wie ihre Mutter – nie zuvor war die

Ähnlichkeit sichtbar gewesen. Sie holte aus und schlug Electa zweimal ins Gesicht. Die Hiebe hinterließen einen roten Fleck. „Wenn du meinen Bruder noch einmal anrührst“, sagte sie langsam und haßerfüllt, „gebe ich dir jedesmal eine Ohrfeige. Du hast kein Recht dazu!“

„Meine Güte, was für ein Hitzkopf!“ sagte Electa. „Naomi Holland wird nie tot sein, solange du am Leben bist!“ Sie erzählte Charles die Geschichte, und Eunice wurde streng bestraft. Aber Electa krümmte Christopher kein Haar mehr.

Alle Streitigkeiten im Hause Holland konnten nicht verhindern, daß die Kinder heranwuchsen. Die geplagte Caroline sehnte es inbrünstig herbei. Mit siebzehn Jahren war Christopher Holland ein erwachsener Mann, groß und stämmig. Seine kindliche Schönheit war rauh geworden, aber viele fanden ihn gutaussehend.

Er übernahm den Hof seiner Mutter, und Bruder und Schwester begannen gemeinsam ein neues Leben in dem Haus, das so lange leergestanden hatte. Niemand war traurig, als sie Charles Hollands Haus verließen. Insgeheim war Eunice sogar ungeheuer erleichtert.

Christopher war im letzten Jahr „schwierig“ gewesen, wie sein Onkel sagte. Er hatte sich angewöhnt, spät nach Hause zu kommen, und trieb sich mit zweifelhaften Leuten herum. Darauf reagierte Charles Holland mit Wutanfällen, und er hatte oft heftigen Streit mit seinem Neffen.

Die ersten vier Jahre nach ihrer Heimkehr waren für Eunice schwierig. Christopher war träge und zügellos. Die meisten Leute hielten ihn für einen Taugenichts, und sein Onkel beteuerte, daß er das nicht von ihm gelernt hätte. Nur Eunice ließ ihn nie im Stich, sie machte keine Vorwürfe und zeterte auch nicht, sondern schuftete wie eine Sklavin, um ihn auf den rechten Weg zu bringen. Christopher besserte sich sehr und arbeitete fleißiger. Er behandelte Eunice nie schlecht, nicht einmal bei seinen Wutausbrüchen. Er wußte ihre Ergebenheit nicht zu schätzen und konnte sie auch nicht erwidern, aber daß er es sich gefallenließ, war ihr genug.

Als Eunice achtundzwanzig war, wollte Edward Bell sie heiraten. Er war ein unscheinbarer Witwer mittleren Alters und hatte vier Kinder, aber – Caroline erinnerte sie daran – Eunice durfte nicht wählerisch sein, und Edward tat sein Bestes, um sie zu überzeugen. Es hätte vielleicht geklappt, wenn Christopher nicht gewesen wäre. Als er trotz Carolines geschickter Handhabung Wind von der Sache bekam, bekam er einen echten Hollandschen Wutausbruch. Wenn Eunice heiratete und ihn verließ, würde er den Hof verkaufen und zum Teufel gehen – an den Klondike! Er konnte und wollte nicht ohne sie leben. Keiner von Carolines Vorschlägen besänftigte ihn, und am Ende lehnte Eunice Edward Bells Antrag ab. Sie könne Christopher nicht verlassen, sagte sie schlicht, und dabei blieb sie.

Caroline konnte sie nicht umstimmen. „Du bist ein Dummkopf, Eunice“, sagte sie, als sie es schließlich verzweifelt aufgab. „Wahrscheinlich war das deine letzte Chance. Und was Chris betrifft – in ein oder zwei Jahren heiratet er wahrscheinlich selbst, und was wird dann aus dir? Du wirst das fünfte Rad am Wagen sein, wenn er eine Frau nach Hause bringt!“

Der Pfeil traf. Eunices Lippen wurden weiß. Aber sie sagte matt: „Dann ist das Haus sicher groß genug für uns beide.“

Caroline schniefte. „Vielleicht! Du wirst schon sehen. Aber es hat keinen Sinn, weiter zu reden. Du bist genauso stur wie deine Mutter, und die hat nie ein Stückchen nachgegeben. Ich hoffe nur, daß du es nicht eines Tages bereust.“

Nach drei weiteren Jahren fing Christopher an, Victoria Pye den Hof zu machen. Es dauerte eine Weile, bis Eunice und die Hollands davon erfuhren, und dann gab es eine Explosion. Die Hollands und Pyes waren seit drei Generationen verfeindet. Der Grund für den Zwist war völlig in Vergessenheit geraten, aber das spielte keine Rolle. Es war Ehrensache, daß ein Holland sich nicht mit einem Pye abgab.

Als Christopher diesem hingebungsvoll gehegten Haß den Laufpaß gab, war die Bestürzung groß. Charles Holland brach sogar seinen Schwur, nie mehr mit Christopher zu reden, um ihm eine Predigt zu halten. Caroline ging zu Eunice und gebärdete sich, als sei Christopher ihr eigener Bruder.

Eunice war die Holland-Pye-Fehde völlig egal. Victoria war für sie das, was jedes andere Mädchen, in das sich Christopher verliebt hätte, gewesen wäre – ein Eindringling. Zum ersten Mal in ihrem Leben quälte sie sich mit Eifersucht; das Dasein wurde für sie zum Alptraum. Angetrieben von Caroline und ihrem eigenen Schmerz machte auch sie Christopher Vorwürfe. Sie war auf einen Wutausbruch gefaßt, aber er war erstaunlich gelassen. Er wirkte sogar amüsiert.

„Was hast du gegen Victoria?“ fragte er milde.

Eunice wußte keine Antwort, denn gegen das Mädchen gab es nichts zu sagen. Sie fühlte sich hilflos.

Christopher lachte über ihr Schweigen. „Ich glaube, du bist ein bißchen eifersüchtig“, sagte er. „Du mußt doch damit gerechnet haben, daß ich irgendwann heirate. Dieses Haus ist groß genug für uns alle. Sei vernünftig, Eunice, und laß dir von Charles und Caroline keinen Unsinn einreden. Ein Mann muß heiraten, um etwas vom Leben zu haben.“

Christopher blieb an diesem Abend lange weg. Eunice wartete auf ihn, wie immer. Es war ein kühler Frühlingsabend, der sie an die Nacht erinnerte, in der ihre Mutter gestorben war. Die Küche war in makelloser Ordnung, und sie setzte sich ans Fenster, um auf ihren Bruder zu warten.

Sie wollte kein Licht. Der Mond schien matt. Draußen fegte der Wind über ein Beet soeben erblühter Minze und brachte ihren Duft mit. Es war ein sehr altmodischer Garten mit reichlich Stauden, die Naomi Holland vor langer Zeit gepflanzt hatte. Eunice hielt ihn ebenso tadellos in Ordnung wie die Küche. Sie hatte heute darin gearbeitet und war müde.

Sie war ganz allein im Haus, und die Einsamkeit erfüllte sie mit einer leisen Furcht. Sie hatte den ganzen Tag versucht, sich mit Christophers Heirat abzufinden, und es teilweise geschafft. Sie sagte sich, daß sie immer noch auf ihn aufpassen und für ihn sorgen könne. Sie würde sogar versuchen, Victoria liebzugewinnen; vielleicht würde es sogar schön sein, noch eine Frau im Haus zu haben. So saß sie da und fütterte ihre hungrige Seele mit diesen kleinen Brocken Trost.

Als sie Christophers Schritte hörte, holte sie schnell eine Lampe. Er runzelte die Stirn, als er sie sah; es hatte ihn immer gestört, daß sie auf ihn wartete. Er setzte sich an den Ofen und zog sich die Stiefel aus, während Eunice ihm Abendessen machte. Er aß schweigend und machte danach keine Anstalten, schlafen zu gehen. Eine ungute Vorahnung überkam Eunice, und sie fröstelte. Sie war kein bißchen überrascht, als Christopher schließlich ohne Umschweife sagte: „Eunice, ich habe vor, im Frühling zu heiraten."

Eunice schlug die Hände unter dem Tisch zusammen. Damit hatte sie gerechnet, und sie sagte es mit monotoner Stimme.

„Wir müssen uns überlegen, was aus – aus dir wird, Eunice", fuhr Christopher fort – zögerlich und hastig zugleich. Er starrte unentwegt auf seinen Teller. „Victoria möchte nicht – nun, sie meint, ein junges Ehepaar sollte ungestört sein, und ich denke, sie hat recht. Du würdest dich auch nicht wohlfühlen, wenn du die zweite Geige spielen müßtest, nachdem du so lange die Hausherrin warst."

Eunice versuchte etwas zu sagen, brachte aber nur ein undeutliches Murmeln hervor.

Bei dem Geräusch blickte Christopher auf. Etwas in ihrem Gesicht ärgerte ihn. Er schob ungeduldig seinen Stuhl zurück. „Also, Eunice, mach kein Theater. Es bringt sowieso nichts. Sei vernünftig. Ich habe dich gern, aber ein Mann muß zuerst an seine Frau denken. Ich werde dich finanziell absichern."

„Willst du damit sagen, daß deine Frau mich aus dem Haus werfen will?" Eunice keuchte mehr, als daß sie sprach.

Christopher runzelte seine rötlichen Brauen. „Ich will nur sagen, daß Victoria erklärt hat, sie würde mich nicht heiraten, wenn sie mit dir zusammenleben müsse. Sie hat Angst vor dir. Ich habe ihr gesagt, du würdest sie in Ruhe lassen, aber sie war nicht damit zufrieden. Es ist deine eigene Schuld, Eunice. Du warst immer so merkwürdig und verschlossen, daß die Leute dich für eine verschrobene alte Jungfer halten. Victoria ist jung und lebhaft, und ihr beide würdet nie miteinander auskommen. Es ist keine Rede davon, dich auf die Straße zu setzen. Ich werde irgendwo ein kleines Haus für dich bauen, und es wird dir viel besser gehen als hier. Also mach keinen Aufstand."

Eunice sah nicht aus, als wolle sie einen Aufstand machen. Sie saß wie versteinert da, die Hände im Schoß.

Christopher stand auf, erleichtert, daß er es hinter sich gebracht hatte. „Ich denke, ich gehe ins Bett. Du solltest schon lange schlafen. Es ist Unsinn, daß du ewig auf mich wartest."

Als er gegangen war, stieß Eunice einen langen Seufzer aus, der wie ein Schluchzen klang, und sah sich um wie in Trance. All der Kummer, den sie erlebt hatte, war nichts gegen die Verzweiflung, die sie jetzt überkam. Sie stand auf und ging mit unsicheren Schritten aus der Diele und in das Zimmer, in dem ihre Mutter gestorben war. Sie hatte es immer verschlossen gehalten, alles war noch so, wie Naomi es verlassen hatte. Eunice wankte zum Bett und setzte sich hin. Sie dachte an das Versprechen, das sie ihrer Mutter in genau diesem Zimmer gegeben hatte. Sollte ihr die Macht, es zu halten, entrissen werden? Würde man sie aus ihrem Zuhause verjagen und von dem einzigen Wesen auf der Welt trennen, für das sie Liebe empfand? Und würde Christopher das zulassen, nach all den Opfern, die sie für ihn gebracht hatte? Ja, das würde er! Dieses schwarzäugige, bleichgesichtige Mädchen aus der Pye-Sippe war ihm wichtiger als seine eigenen Schwester. Eunice schlug die Hände vors Gesicht und stöhnte laut. Ihre Augen waren trocken und brannten.

Caroline Holland erlebte einen Triumph über Eunice, als sie die ganze Geschichte hörte. Für Menschen wie sie gab es nichts Schöneres, als sagen zu können: „Ich habe es dir ja gesagt!“ Aber nachdem sie es gesagt hatte, bot sie Eunice einen Platz unter ihrem Dach an. Electa Holland war tot, und Eunice konnte ihren Platz einnehmen, wenn sie wollte.

„Du kannst nicht weggehen und allein leben“, sagte Caroline zu ihr. „Es ist Unsinn, überhaupt davon zu reden. Wir werden dir ein Zuhause geben, wenn Christopher dich vor die Tür setzt. Es war einfach zu dumm von dir, Eunice, ihn so zu verhätscheln! Das ist nun der Dank dafür – aus dem Haus geworfen wegen der Launen seiner werten Gattin! Ich wünschte nur, deine Mutter wäre noch am Leben!“

Es war wahrscheinlich das erste Mal, daß Caroline sich das wünschte. Sie war Christopher beinahe ins Gesicht gesprungen und war übel beschimpft worden.

Christopher hatte ihr gesagt, sie solle sich um ihre eigenen Angelegenheiten kümmern.

Als Caroline sich beruhigt hatte, hatte sie ein paar Vereinbarungen mit ihm getroffen, und Eunice hatte allen gleichgültig zugestimmt. Ihr war egal, was aus ihr wurde. Als Christopher Holland Victoria über die Schwelle des Hauses führte, in dem seine Mutter geschuftet, gelitten und mit eiserner Hand geherrscht hatte, war Eunice nicht mehr da. Bei Charles Holland übernahm sie Electas Rolle – die einer unbezahlten Dienerin.

Charles und Caroline behandelten sie nicht schlecht, und es gab viel zu tun. Fünf Jahre ging ihr Leben öde und farblos weiter, und die ganze Zeit über setzte sie keinen Fuß in das Haus, in dem Victoria Holland ebenso unumschränkt herrschte wie einst Naomi. Bei Caroline siegte, nachdem sich ihr erster Ärger abgekühlt hatte, die Neugier, und sie besuchte die beiden ab und zu und erzählte Eunice davon. Eunice zeigte nie Interesse, bis auf einmal. Das war, als Caroline nach Hause kam und berichtete, daß Victoria das Zimmer, in dem Naomi gestorben war, zu einem protzigen Salon ummöbliert hatte. Eunices blasses Gesicht lief rot an, und ihre Augen funkelten, als sie sich dieses Sakrileg ausmalte. Aber keine Bemerkung oder Klage kam über ihre verkniffenen Lippen.

Sie wußte ebenso wie alle anderen, daß Christopher Hollands junges Glück nicht von Dauer war. Die Ehe wurde unglücklich. Es war normal, aber ungerecht, daß Eunice Victoria die Schuld dafür gab. Sie haßte sie deshalb noch mehr.

Christopher ließ sich nur selten in Charles' Haus sehen. Vielleicht schämte er sich. Er war jetzt meistens mürrisch und schweigsam, zu Hause und anderswo. Es hieß, er habe wieder angefangen zu trinken.

In einem Herbst fuhr Victoria in die Stadt, um ihre verheiratete Schwester zu besuchen. Sie nahm ihr einziges Kind mit, und während sie nicht da war, führte Christopher sich selbst den Haushalt.

An diesen Herbst würde man sich in Avonlea noch lange erinnern. Als die Blätter fielen und die trüben Tage kürzer wurden, breitete sich Angst im Land aus. Charles Holland kam eines Abends mit der verhängnisvollen Nachricht nach Hause.

„In Charlottetown sind die Pocken ausgebrochen – fünf oder sechs Fälle. Wurden von einem Schiff eingeschleppt. Ein Matrose ist auf ein Konzert gegangen und am nächsten Tag krank geworden."

Das war schlimm. Charlottetown war nicht weit weg, und zwischen dieser Stadt und der Nordküste herrschte reger Verkehr.

Als Caroline am nächsten Morgen Christopher die Geschichte von dem Konzert erzählte, wurde sein rötliches Gesicht blaß. Er öffnete den Mund, als wolle er etwas sagen, und schloß ihn wieder. Sie saßen in der Küche, Caroline war nach nebenan gegangen, um Tee zurückzubringen, den sie sich geliehen hatte, und bei der Gelegenheit zu sehen, wie Victoria den Haushalt führte. Sie sah sich neugierig um, schnatterte drauflos und merkte nicht, wie blaß und schweigsam der Mann war.

„Wie lange dauert es, bis die Pocken ausbrechen, nachdem man sich angesteckt hat?" fragte er plötzlich, als Caroline aufstand und gehen wollte.

„Zehn bis vierzehn Tage, denke ich", war ihre Antwort. „Ich muß die Mädchen sofort impfen lassen. Es wird sich wahrscheinlich ausbreiten. Wann kommt Victoria nach Hause?"

„Wenn ihr danach ist, wann auch immer das sein wird", erwiderte er grantig.

Eine Woche später sagte Caroline zu Eunice: „Was ist mit Christopher los? Er hat sich seit einer Ewigkeit nirgendwo mehr sehen lassen – hockt die ganze Zeit zu

Hause. Das ist etwas ganz Neues. Ich nehme an, daß dort Ruhe herrscht, solange Madame Victoria weg ist, dann kann er sich etwas erholen. Ich glaube, ich gehe nach dem Melken mal nachsehen, wie es ihm geht. Du kannst mitkommen, Eunice."

Eunice schüttelte den Kopf. Sie hatte den Eigensinn ihrer Mutter geerbt und wollte keinen Fuß in Victorias Haus setzen. Sie stopfte seelenruhig weiter Strümpfe und blieb am Westfenster sitzen. Es war ihr Lieblingsplatz, vielleicht, weil sie von dort aus ihr verlorenes Zuhause sehen konnte.

Nach dem Melken band sich Caroline ein Kopftuch um und rannte über das Feld. Das Haus sah einsam und verlassen aus. Als sie den Riegel der Pforte zur Seite schob, öffnete sich die Küchentür, und Christopher Holland erschien auf der Schwelle.

„Komm nicht näher", rief er.

Caroline wich entgeistert zurück. Steckte wieder Victoria dahinter? „Ich bin nicht mit den Pocken verseucht", rief sie wütend.

Christopher ging nicht darauf ein. „Gehst du bitte nach Hause und fragst den Onkel, ob er Doktor Spencer zu mir schicken kann? Der kennt sich mit den Pocken aus. Ich bin krank."

Caroline bekam Angst. Sie machte ein paar unsichere Schritte rückwärts. „Krank? Was hast du denn?"

„Ich war an dem Abend in Charlottetown – auf dem Konzert. Dieser Matrose saß direkt neben mir. Ich dachte gleich, daß er krank aussah. Es war vor zwölf Tagen. Gestern und heute ist es mir den ganzen Tag schlechtgegangen. Schick den Arzt zu mir. Halt dich von meinem Haus fern und laß niemanden in die Nähe kommen." Damit ging er hinein und schlug die Tür zu.

Caroline stand für einen Moment wie gelähmt da. Dann wandte sie sich um und rannte, als gälte es das

Leben, über das Feld. Eunice sah sie kommen und empfing sie an der Tür.

„Gott gnade uns!“ keuchte Caroline. „Christopher ist krank und glaubt, er habe die Pocken. Wo ist Charles?“

Eunice taumelte zurück und stieß gegen die Tür. Sie griff sich ans Herz, was sie in der letzten Zeit oft getan hatte.

Selbst in ihrer Aufregung merkte Caroline es. „Eunice, warum machst du das immer, wenn du einen Schreck bekommst?“ fragte sie scharf. „Ist etwas mit deinem Herzen?“

„Ich weiß – nicht. Es tut ein bißchen weh – es ist schon wieder vorbei. Hast du gesagt, daß Christopher – die Pocken hat?“

„Nun, er selbst sagt es, und es ist mehr als wahrscheinlich, wenn man die Umstände bedenkt. Ich sage dir, ich habe noch nie im Leben einen solchen Schrecken bekommen. Ich muß sofort Charles ausfindig machen – es sind hundert Dinge zu erledigen!“

Eunice hörte kaum hin. Sie hatte nur einen Gedanken. Christopher war krank und allein – sie mußte zu ihm. Es spielte keine Rolle, welche Krankheit er hatte. Als Caroline von ihrem atemlosen Lauf in die Scheune zurückkam, stand Eunice mit Hut und Halstuch am Tisch und schnürte ein Paket.

„Eunice! Wo in aller Welt willst du hin?“

„Nach Hause“, sagte Eunice. „Wenn Christopher krank ist, muß jemand ihn pflegen, und das werde ich tun. Es sollte sich sofort jemand um ihn kümmern.“

„Eunice Carr! Hast du den Verstand verloren? Es sind die Pocken – die Pocken! Er muß in das Pockenkrankenhaus in der Stadt. Du kannst keinen Fuß in das Haus setzen!“

„O doch.“ Eunice sah ihre Tante ruhig an. Die alte Ähnlichkeit mit ihrer Mutter, die nur in Momenten der Anspannung zum Vorschein kam, war deutlich sichtbar.

„Er soll nicht ins Krankenhaus – dort bekommt man nie genug Fürsorge. Versuch nicht, mich aufzuhalten. Ich werde dich und deine Familie nicht in Gefahr bringen."

Caroline fiel hilflos in eine Stuhl. Sie begriff, daß es keinen Sinn hatte, mit einer Frau zu diskutieren, die so entschlossen war. Sie wünschte, Charles wäre da. Aber Charles war schon Hals über Kopf davongeeilt, um den Arzt zu holen.

Eunice marschierte mit festen Schritten über den Feldweg, den sie so lange nicht betreten hatte. Sie hatte keine Angst, sondern empfand eher eine Art Euphorie. Christopher brauchte sie wieder, und der Eindringling, der zwischen ihnen gestanden hatte, war nicht da. Als sie durch das frostige Zwielicht ging, dachte sie an das Versprechen, das sie Naomi Holland vor Jahren gegeben hatte.

Christopher sah sie und winkte ab. „Komm nicht näher, Eunice. Hat Caroline es dir nicht gesagt? Ich habe wahrscheinlich die Pocken."

Eunice blieb nicht stehen. Sie stapfte kühn über den Hof und die Stufen hinauf.

Er wich zurück und versperrte ihr die Tür. „Eunice, du bist verrückt, Mädchen! Geh nach Hause, bevor es zu spät ist!"

Eunice stieß resolut die Tür auf und trat ein. „Es ist schon zu spät. Ich bin hier und habe vor zu bleiben und dich zu pflegen, auch wenn es die Pocken sind. Vielleicht sind sie es gar nicht. Zur Zeit denkt jeder, dem ein Finger wehtut, er habe die Pocken. Was es auch sein mag, du solltest im Bett sein und umsorgt werden. Du bekommst noch eine Erkältung. Laß mich eine Lampe holen und dich ansehen."

Christopher war in einen Stuhl gesunken. Seine angeborene Selbstsucht kam wieder zum Vorschein, und er machte keinen weiteren Versuch, Eunice umzustimmen.

Sie holte eine Lampe, stellte sie neben ihn auf den Tisch und sah ihm forschend ins Gesicht. „Du siehst aus, als hättest du Fieber. Wie fühlst du dich? Wann bist du krank geworden?"

„Gestern nachmittag. Ich habe Schüttelfrost und Fieber und Rückenschmerzen. Eunice, meinst du wirklich, daß es die Pocken sind? Und werde ich sterben?" Er griff nach ihren Händen und sah bittend wie ein Kind zu ihr auf.

Eunice fühlte, wie eine Welle von Liebe und Zärtlichkeit ihr ausgehungertes Herz überschwemmte. „Mach dir keine Sorgen. Viele Leute erholen sich von den Pocken, wenn sie gut gepflegt werden, und dafür werde ich schon sorgen. Charles ist zum Arzt gegangen, und wir wissen mehr, wenn er zurückkommt. Du mußt sofort ins Bett."

Sie nahm ihren Hut und Umhang ab und hängte beides an die Garderobe. Sie fühlte sich zu Hause, als sei sie nie weggewesen. Sie war in ihr Königreich zurückgegangen, und niemand würde es ihr streitig machen. Als Dr. Spencer und der alte Giles Blewett, der in seiner Jugend die Pocken gehabt hatte, zwei Stunden später kamen, schwang Eunice vergnügt das Zepter. Das Haus war geputzt und roch nach Desinfektionsmitteln. Victorias schöne Möbel wurden aus dem Salon verbannt. Unten gab es kein Schlafzimmer, und wenn Christopher ernstlich krank war, mußte man ihn hier einquartieren.

Der Arzt sah ernst aus. „Es gefällt mir nicht", sagte er, „aber ich bin mir noch nicht sicher. Wenn es die Pocken sind, werden sie wahrscheinlich morgen früh sichtbar werden. Ich muß gestehen, daß er die meisten Symptome zeigt. Wollen Sie ihn ins Krankenhaus bringen lassen?"

„Nein", sagte Eunice entschieden. „Ich pflege ihn selbst. Ich habe keine Angst und bin kerngesund und stark."

„Sehr schön. Sie wurden kürzlich geimpft?“

„Ja.“

„Nun, vorerst können wir nicht mehr tun. Sie dürfen sich ruhig eine Weile hinlegen und Kräfte sammeln.“

Aber das konnte Eunice nicht. Es gab zuviel zu tun. Sie ging in die Diele hinaus und öffnete das Fenster. Charles Holland wartete in sicherer Entfernung. Der kalte Wind trug den Geruch des Desinfektionsmittels zu Eunice, das er reichlich verwendet hatte.

„Was sagt der Arzt?“ rief er.

„Er glaubt, daß es die Pocken sind. Hast du Victoria benachrichtigt?“

„Ja, Jim Blewett ist in die Stadt gefahren und hat es ihr gesagt. Sie wird bei ihrer Schwester bleiben, bis es vorüber ist. Das ist natürlich am besten. Sie hat schreckliche Angst.“

Eunice kräuselte verächtlich die Lippen. Sie hatte keinerlei Verständnis dafür, daß eine Frau ihren Mann im Stich ließ, welche Krankheit er auch hatte. Aber es war besser so – sie würde Christopher für sich allein haben.

Die Nacht war lang und anstrengend, aber der Morgen kam früh und brachte die gefürchtete Gewißheit. Der Arzt diagnostizierte die Pocken. Eunice hatte auf ein Wunder gehofft, doch jetzt, da sie das Schlimmste wußte, war sie ruhig und gefaßt.

Mittags wehte die unheilverkündende gelbe Flagge auf dem Dach, und alle Vorkehrungen waren getroffen. Caroline würde kochen, Charles das Essen bringen und es auf dem Hof abstellen. Der alte Giles Blewett würde jeden Tag kommen, um sich um das Vieh zu kümmern und Eunice mit dem Kranken zu helfen. Der lange, schwere Kampf gegen den Tod begann.

Es wurde wirklich ein zähes Ringen. In den Klauen der furchtbaren Krankheit war Christopher Holland ein Geschöpf, von dem sich auch seine Nächsten ohne schlechtes Gewissen hätten abwenden dürfen. Aber Eunice hielt durch. Nie verließ sie ihren Posten. Manchmal döste sie auf einem Stuhl am Bett, aber sie legte sich nie hin. Ihre Tapferkeit war wunderbar, ihre Geduld und Liebe beinahe übermenschlich. Sie ging auf und ab und verrichtete lautlos ihren Dienst, während die langen, schrecklichen Tage vergingen, immer mit einem Lächeln auf den Lippen. Ihre traurigen dunklen Augen hatten den Ausdruck einer Heiligen, wie man sie auf Bildern in Kathedralen sieht. Für sie gab es keine Welt außerhalb des kahlen Zimmers mit dem Abscheu errgenden Wesen, das sie liebte.

Eines Tages sah der Arzt sehr ernst aus. Er hatte in seinem Leben viele traurige Szenen gesehen und war abgehärtet, aber er schreckte davor zurück, Eunice zu eröffnen, daß ihr Bruder nicht überleben werde. Er hatte noch nie solche Hingabe wie die ihre erlebt. Es war brutal, ihr sagen zu müssen, daß es umsonst gewesen sei.

Aber Eunice hatte es schon selbst erkannt. Der Arzt fand, daß sie es sehr gefaßt aufnahm. Und sie bekam endlich ihre Belohnung. Sie hielt es für mehr als genug.

Eines Abends öffnete Christopher Holland seine geschwollenen Augen, als sie sich über ihn beugte. Draußen regnete es, und die Tropfen prasselten laut gegen die Fensterscheiben. Christopher lächelte seine Schwester mit trockenen Lippen an und streckte seine schwache Hand nach ihr aus. „Eunice“, sagte er matt, „du warst die beste Schwester, die je ein Mann hatte. Ich habe dich nicht gerecht behandelt, aber du hast mir bis zuletzt beigestanden. Sag Victoria – sag ihr – daß sie gut zu dir sein soll –“ Seine Stimme erstarb in einem undeutlichen Murmeln. Eunice war mit ihrem Toten allein.

Christopher Holland wurde am nächsten Tag in aller Eile und aller Stille beerdigt. Der Arzt desinfizierte das Haus, und Eunice sollte dort allein bleiben, bis es ungefährlich war, etwas anderes zu unternehmen.. Sie hatte keine einzige Träne vergossen, und der Doktor fand sie seltsam, aber er bewunderte sie sehr. Er sagte ihr, sie sei die beste Krankenschwester, die ihm je begegnet sei. Aber Eunice bedeuteten Lob und Tadel nichts. Etwas in ihrem Leben war erloschen – sein Inhalt nicht mehr da. Sie fragte sich, wie sie die trostlosen Jahre überstehen sollte, die auf sie zukamen.

Am späten Abend ging sie in das Zimmer, in dem ihre Mutter und ihr Bruder gestorben waren. Das Fenster stand offen, und die kalte frische Luft war eine Wohltat nach der Krankenzimmeratmosphäre, die sie so lange eingeatmet hatte. Sie kniete vor dem abgezogenen Bett nieder. „Mutter", sagte sie laut, „ich habe mein Versprechen gehalten."

Als sie nach einer langen Zeit aufstehen wollte, stolperte sie, griff sich ans Herz und fiel auf das Bett. Der alte Giles Blewett fand sie dort am nächsten Morgen. Auf ihrem Gesicht lag ein Lächeln.

13. David Bells Gewissensfrage

Eben Bell kam mit einem Armvoll Reisig herein und schleuderte es fröhlich in die Kiste hinter dem glühenden Waterloo-Ofen, der seinen rosaroten Schein in die dämmerige kleine Küche warf.

„So, Schwesterchen, damit ist meine letzte Aufgabe für heute erledigt. Bob ist beim Melken.

Jetzt fehlt nur noch mein weißer Kragen für das Treffen heute abend. In Avonlea ist viel los, seit der Evangelist hier ist, nicht wahr?“

Mollie Bell nickte. Sie kräuselte ihr Haar vor dem winzigen Spiegel, der an der verputzten Wand hing und ihr rundes rosiges Gesicht zu einer grotesken Fratze verzerrte.

„Ich frage mich, wer heute abend aufsteht“, sagte Eben nachdenklich und setzte sich auf die Kante der Holzkiste. „Es gibt nicht mehr viele Sünder in Avonlea – nur noch ein paar abgebrühte Kerle wie mich.“

„Du solltest nicht so reden“, sagte Mollie vorwurfsvoll. „Wenn Vater das hören würde!“

„Vater würde mich nicht einmal hören, wenn ich ihm ins Ohr schreien würde“, erwiderte Eben. „Er läuft herum wie ein Schlafwandler – oder eher wie jemand, der schlecht träumt. Vater war doch immer ein guter Mann, was ist nur mit ihm los?“

„Ich weiß nicht.“ Mollie senkte die Stimme. „Mutter macht sich schreckliche Sorgen um ihn. Und alle reden,

Eb. Ich finde es schrecklich. Flora Jane Fletcher hat mich gestern abend gefragt, warum Vater nie Zeugnis abgelegt hat – und das als einer der Kirchenältesten. Sie sagte, der Pfarrer könne es nicht fassen. Und ich fühlte, wie ich rot wurde."

„Warum hast du ihr nicht gesagt, daß es sie nichts angeht?" fragte Eben wütend. „Die alte Flora Jane soll sich um ihre eigenen Angelegenheiten kümmern."

„Aber alle Leute reden darüber, Eb. Und Mutter grämt sich. Vater ist nicht mehr er selbst, seit diese Treffen angefangen haben. Er geht einfach jeden Abend hin, sitzt da wie eine Mumie und läßt den Kopf hängen. Und fast jeder in Avonlea hat Zeugnis abgelegt."

„O nein, viele haben es nicht", sagte Eben. „Matthew Cuthbert hat es nie getan, und Onkel Elisha auch nicht – und keiner von den Whites."

„Aber jeder weiß, daß sie nichts davon halten, aufzustehen und Zeugnis zu geben, deshalb wundert sich niemand, wenn sie es nicht tun. Außerdem", Mollie lachte, „würde Matthew in der Öffentlichkeit kein Wort herausbringen, selbst wenn er daran glaubte. Er ist viel zu schüchtern. Aber", fügte sie mit einem Seufzer hinzu, „bei Vater ist es nicht so. Er glaubt daran, deshalb fragen sich die Leute, warum er nicht aufsteht. Sogar der alte Josiah Sloane steht jeden Abend auf."

„Und sein Schnurrbart ist zerzaust – und seine Haare auch", warf der unmanierliche Eben dazwischen.

„Wenn der Pfarrer zum Zeugnisgeben aufruft und alle Leute zu unserer Kirchenbank schauen, würde ich vor Scham am liebsten im Boden versinken", seufzte Mollie. „Wenn Vater nur ein einziges Mal aufstehen würde!"

Miriam Bell kam in die Küche. Sie war bereit für das Treffen, zu dem sie mit Major Spencer gehen wollte. Sie war ein großes, blasses Mädchen mit ernstem Gesicht und dunklen, nachdenklichen Augen, ganz anders als

Mollie. Sie war während der Treffen „zur Überzeugung gelangt“ und war mehrmals zum Gebet und zum Zeugnisablegen aufgestanden. Der Evangelist fand sie sehr spirituell. Sie hörte Mollies letzten Satz und sagte vorwurfsvoll: „Du solltest nicht deinen Vater kritisieren, Mollie. Das steht dir nicht zu.“

Eben war hinausgeeilt. Er fürchtete, daß Miriam anfangen würde, mit ihm über Religion zu reden, wenn er bliebe. Er war mit knapper Not einem Wort der Ermahnung von Robert im Kuhstall entgangen. In Avonlea würde es keinen Frieden für den Uneinsichtigen geben, sinnierte er. Robert und Miriam waren beide „hervorgehoben“ worden, und Mollie stand kurz davor.

„Dad und ich sind die schwarzen Schafe der Familie“, sagte er mit einem Lachen, für das er sich sofort schuldig fühlte. Eben war zu größter Achtung für alles erzogen worden, das mit Religion zu tun hatte. Manchmal lachte er darüber, aber das war nur oberflächlich – im Inneren widerstrebte es ihm.

Drinnen legte Miriam ihrer jüngeren Schwester die Hand auf die Schulter und sah sie liebevoll an. „Wirst du dich heute abend entscheiden, Mollie?“ fragte sie mit bebender Stimme.

Mollie wurde dunkelrot und wandte unbehaglich den Kopf ab. Sie wußte nicht, was sie sagen sollte, und war froh, daß das Klingeln von Schlittenglöckchen draußen sie einer Antwort enthob. „Da ist dein Verehrer, Miriam“, sagte sie und hastete ins Wohnzimmer.

Wenig später kam Eben mit dem Familienschlitten und seiner pummeligen roten Stute davor zur Tür, um Mollie abzuholen. Er hatte noch nicht die Würde eines eigenen Schlittens erreicht – im Gegensatz zu seinem älteren Bruder Robert, der gerade in seinem neuen Pelzmantel erschien. Robert brauste mit Glanz und Geläut davon.

„Er kommt sich großartig vor“, bemerkte Eben mit einem brüderlichen Grinsen.

Die winterliche Dämmerung hüllte die weiße Welt in Purpur, als sie durch die Kirschbaumallee fuhren, die im Frost glitzerte. Der Schnee knirschte unter den Kufen. Der Wind pfiff durch die kahlen Sträucher. Über den Bäumen wölbte sich der Himmel wie eine Kuppel aus Silber; ein oder zwei helle Sterne prangten im Westen. Hier und da leuchteten Erdsterne in den Gärten gemütlicher Häuser.

„In der Kirche wird es heute abend brechend voll sein“, sagte Eben. „Es ist so schön, daß die Leute von nah und fern kommen. Ich rechne damit, daß es spannend wird.“

„Wenn Vater nur Zeugnis geben würde!“ seufzte Mollie auf dem Boden des Schlittens. Dort saß sie in Pelze gewickelt mitten im Stroh. „Miriam soll sagen, was sie will, aber ich habe das Gefühl, daß es eine Schande für uns alle ist. Ich bekomme eine Gänsehaut, wenn Mr. Bentley sagt ‚Nun, hat niemand etwas über Jesus zu sagen?‘ und dabei Vater ansieht.“

Eben gab der Stute einen leichten Schlag mit der Peitsche, und sie fiel in einen leichten Trab. Die Stille war erfüllt von einer leisen, feenhaften Melodie, die von der fernen Straße kam – dort sangen junge Leute aus White Sands, die auch im Schlitten zum Treffen fuhren, Kirchenlieder.

„Hör mal, Mollie“, sagte Eben schließlich verlegen, „wirst du heute abend für ein Gebet aufstehen?“

„Ich – ich kann nicht, solange Vater sich so verhält“, erwiderte Mollie mit erstickter Stimme. „Ich – ich will, Eb, und Mirry und Bob möchten auch, daß ich es tue, aber ich kann nicht. Ich hoffe sehr, daß der Evangelist heute abend nicht zu mir kommt und mich anspricht. Dann fühle ich mich immer so hin- und hergerissen.“

Zu Hause in der Küche wartete Mrs. Bell darauf, daß ihr Mann das Pferd zur Tür brachte. Sie war eine zierliche Frau mit dunklen Augen und schmalen roten Wangen. Ihr Gesicht schaute traurig und besorgt aus den Schals und Tüchern hervor, die sie sich um den Kopf gewickelt hatte. Dann und wann seufzte sie schwer.

Die Katze kam unter dem Ofen hervor, reckte sich gemächlich und gähnte, so daß man ihren roten Rachen sah. In diesem Augenblick hatte sie eine unheimliche Ähnlichkeit mit dem Kirchenältesten Joseph Blewett aus White Sands – die respektlosen Jungen nannten ihn den „Brüllenden Joe" –, wenn dieser sich aufregte und anfing zu schreien. Mrs. Bell sah es – und machte sich dann Vorwürfe wegen unchristlicher Gedanken.

„Aber es ist kein Wunder, daß mir böse Gedanken kommen", sagte sie müde. „Ich mache mir solche Sorgen, daß ich nicht mehr ich selbst bin. Wenn er mir nur sagen würde, was los ist, könnte ich ihm vielleicht helfen. Wenigstens hätte ich Gewißheit. Es tut weh, ihn so zu sehen, Tag für Tag! Er läßt den Kopf hängen und macht ein Gesicht, als hätte er etwas Furchtbares auf dem Gewissen – er, der nie einer Fliege etwas zuleidegetan hat! Und dann redet er immer im Schlaf! Er hat immer ein tadelloses Leben geführt. Er hat kein Recht, so weiterzumachen und seine Familie zu beschämen."

Mrs. Bells zorniges Schluchzen wurde unterbrochen, als der Schlitten vor der Tür stand. Ihr Mann steckte seinen vielbeschäftigten grauhaarigen Kopf herein und sagte: „Komm schon, Mutter." er half ihr in den Schlitten, hüllte sie in warme Decken und schob ihr einen heißen Ziegelstein unter die Füße. Seine Fürsorge ärgerte sie. Er war um ihr leibliches Wohl besorgt, aber daß ihre Seele unter seinem merkwürdigen Verhalten litt, kümmerte ihn überhaupt nicht. Zum ersten Mal in ihrem Leben war Mary Bell wütend auf ihren Mann.

Sie fuhren schweigend an den mit Schnee überpuderten Fichten vorbei und durch den Wald. Sie waren spät dran, und überall herrschte Stille. David Bell sprach kein Wort. Seine fröhliche Redseligkeit war verschwunden, seit die Erweckungsgottesdienste in Avonlea begonnen hatten. Seit er zum ersten Mal eine solche Veranstaltung besucht hatte, lief er herum wie ein Mann, über dem irgendein Damoklesschwert hängt, gleichgültig gegen alles, was seine eigene Familie oder die Kirchgänger über ihn sagten und dachten. Mary Bell glaubte, daß sie den Verstand verlieren würde, wenn ihr Mann so weitermachte. Sie hing bitteren, rebellischen Gedanken nach, als sie durch die glitzernde Winternacht sausten.

Ich habe gar nichts von diesen Treffen, dachte sie grimmig. Sie geben mir keinen Frieden oder Freude, nicht einmal, wenn ich selbst Zeugnis ablege, weil David wie versteinert dasitzt! Wenn er dagegen gewesen wäre, daß der Erweckungsprediger nach Avonlea kommt, wie der alte Onkel Jerry, oder wenn er nichts von vom öffentlichen Zeugnisgeben halten würde, würde es mir nichts ausmachen. Ich könnte es verstehen. Aber so fühle ich mich schrecklich gedemütigt.

In Avonlea hatten bisher nie Erweckungsgottesdienste stattgefunden. „Onkel“ Jerry MacPherson, der die unumstrittene Koryphäe in kirchlichen Fragen war und sogar Vorrang vor dem Pfarrer hatte, war entschieden dagegen gewesen. Er war ein streng religiöser Schotte und hatte eine tiefe Abneigung gegen Gefühlsausbrüche in Gottesdiensten. Solange Onkel Jerrys schmale asketische Gestalt mit dem faltigen, kantigen Gesicht in seiner Ecke am Nordwestfenster der Kirche von Avonlea thronte, wagte sich kein Erweckungsprediger hinein, auch wenn die Mehrheit der Gemeinde, sogar der Pfarrer, ihn herzlich willkommengeheißen hätten.

Aber jetzt schlummerte Onkel Jerry friedlich unter dem verdorrten Gras und dem weißen Schnee auf dem Friedhof, und wenn sich Verstorbene wirklich jemals im Grab umdrehen, hätte Onkel Jerry es wohl getan, als der Evangelist nach Avonlea kam! Es folgten emotionale Gottesdienste, öffentliches Zeugnisgeben und religiöser Überschwang, den der nüchterne alte Mann aus tiefster Seele verabscheut hatte.

Avonlea war der richtige Ort für einen Evangelisten. Reverend Geoffrey Mountain, der gekommen war, um den Pfarrer dabei zu unterstützen, die Totengebeine hier wiederzubeleben, war sich darüber im klaren und schwelgte in dem Bewußtsein. Heutzutage fand man nur selten eine so jungfräuliche Gemeinde mit reichlich empfänglichen, unverdorbenen Seelen, mit denen ein leidenschaftlicher Redner spielen konnte wie ein Musiker auf einer mächtigen Orgel, bis jede Note paßte! Reverend Geoffrey Mountain war ein guter Mann, der einerseits mit beiden Beinen auf dem Boden stand, und zweifellos einen echten Glauben hatte. Seine Aufrichtigkeit trug viel dazu bei, seine aufsehenerregenden Methoden zu mildern. Er war groß und sah gut aus und hatte eine hinreißende Stimme – eine Stimme, die unwiderstehlich liebevoll klingen konnte – oder nach drohender Verdammung – oder wie eine Trompete, die zur Schlacht rief. Seine häufigen Grammatikfehler und seine gelegentlichen Ausrutscher in die Vulgarität waren unwichtig angesichts seines Charmes, und die alltäglichsten Worte der Welt klangen bei ihm bedeutsam. Er kannte die Wirkung seiner Stimmung und nutzte sie geschickt – vielleicht sogar etwas prahlerisch.

Geoffrey Mountains Religiosität und seine Methoden waren genau wie er selbst – großspurig, aber auf ihre eigene Art aufrichtig, und obwohl das Gute, das er bewirkte, nicht unverfälscht sein mochte, war es etwas, was man ihm zugute halten mußte.

Und so kam Reverend Geoffrey Mountain nach Avonlea, um es zu erobern. Abend für Abend war die Kirche überfüllt mit andächtigen Zuhörern, die atemlos an seinen Lippen hingen, weinten und schwärmten, je nachdem, was er wollte. Seine Mahnungen und Warnungen brannten sich in viele Seelen unauslöschlich ein, und jeden Abend erhoben sie sich nach seiner Aufforderung zum Gebet. Auch in älteren Christen erwachte eine neue Leidenschaft, und sogar die Ungläubigen und Spötter verspürten eine gewisse Faszination bei den Treffen. Bei allen – Alten und Jungen, Konvertierten und Unkonvertierten – war auch ein uneingestandenes Gefühl für Abwechslung dabei. Avonlea war ein ruhiger Flecken Erde – die Erweckungsveranstaltungen waren voller Leben.

Als David und Mary Bell in der Kirche ankamen, hatte der Gottesdienst schon angefangen, und schon auf dem Weg über Harmon Andrews' Feld hörten sie den Refrain einer Halleluja-Hymne. David Bell setzte seine Frau vor den Stufen ab und fuhr zum Unterstand für die Pferde.

Mrs. Bell band ihr Kopftuch ab und schüttelte die Frostkristalle ab. Im Kirchenportal standen Flora Jane Fletcher und ihre Schwester, Mrs. Harmon Andrews, und tuschelten miteinander. Flora Jane streckte ihre schmale, mit Kaschmir behandschuhte Hand aus und zupfte Mrs. Bell am Umhang.

„Mary, wird der Kirchenälteste heute abend Zeugnis geben?" fragte sie in einem durchdringenden Flüstern.

Mrs. Bell wand sich. Sie hätte viel dafür gegeben, „Ja" antworten zu können, aber sie mußte steif sagen: „Ich weiß nicht."

Flora Jane hob das Kinn. „Nun, Mrs. Bell, ich frage nur, weil es alle merkwürdig finden, daß er es nicht tut – noch dazu als Kirchenältester! Es sieht aus, als würde er sich nicht als Christ fühlen. Natürlich wissen wir es alle besser, *aber es sieht so aus.* Wenn ich Sie wäre, würde ich ihm sagen, daß die Leute darüber reden. Mr. Bentley sagt, daß die Treffen nur deswegen kein voller Erfolg seien."

Mrs. Bell ging wütend auf ihre Peinigerin los. Auch wenn sie sich selbst über das merkwürdige Verhalten ihres Mannes ärgerte, durfte niemand anders es wagen, ihn zu kritisieren. „Ich glaube nicht, daß Sie sich um den Kirchenältesten sorgen müssen, Flora Jane", sagte sie bissig. „Vielleicht sind die besten Christen nicht die, die am meisten darüber reden. Ich nehme an, daß der Kirchenälteste immer noch eine bessere Figur macht als Levi Boulter, der jeden Abend aufsteht und Zeugnis gibt – und tagsüber die Leute hintergeht, wo er nur kann!"

Levi Boulter war ein Witwer mittleren Alters mit großer Familie, der angeblich ein Auge Flora-Jane-wärts geworfen hatte. Seinen Namen ins Spiel zu bringen, war ein geschickter Hieb von Mrs. Bell; er brachte Flora Jane zum Schweigen. Zu aufgebracht, um zu antworten, packte sie ihre Schwester am Arm und zerrte sie in die Kirche.

Aber ihr Sieg konnte nicht den Giftpfeil aus ihrer Seele ziehen, den Flora Jane mit ihren Worten abgeschossen hatte. Als ihr Mann im Portal erschien, legte sie ihm bittend die Hand auf den schneebedeckten Arm. „Oh, David, wirst du heute abend aufstehen? Ich fühle mich so schlecht – die Leute reden so – ich fühle mich gedemütigt!"

David Bell senkte den Kopf wie ein beschämter Schuljunge. „Ich kann nicht, Mary", sagte er heiser. „Lieg mir bitte nicht weiter in den Ohren damit!"

„Dir ist egal, wie es mir geht", sagte seine Frau bitter. „Und Mollie kommt nicht, weil du dich so benimmst. Du verdirbst ihr die ewige Seligkeit! Und du verhinderst den Erfolg der Erweckung – das sagt Mr. Bentley!“

David Bell stöhnte.

Dieses Zeichen, daß es ihm schlechtging, rührte das Herz seiner Frau. Reuevoll flüsterte sie: „Schon gut, David. Ich hätte nicht so mit dir reden dürfen. Du weißt am besten, was deine Pflicht ist. Laß uns hineingehen.“

„Warte.“ Es klang bittend. „Mary, stimmt es, daß Mollie meinetwegen nicht mitkommt? Stehe ich meinem Kind im Wege?“

„Ich – weiß – nicht. Ich glaube nicht. Mollie ist noch ein dummes junges Mädchen. Nun mach dir keine Sorgen mehr – komm mit hinein.“

Er folgte ihr niedergeschlagen in die Kirche und zu ihrer Bank. Im Gebäude war es warm und voll. Der Pfarrer las gerade das Bibelwort für den Abend vor. Im Chor sah David Bell Mollies mädchenhaftes Gesicht, das besorgt dreinblickte. Sein vom Wind gerötetes Gesicht und seine buschigen grauen Augenbrauen zuckten vor innerer Anspannung. Ein Seufzer, der beinahe ein Stöhnen war, entschlüpfte ihm.

„Ich muß es tun“, sagte er sich gequält.

Nachdem mehrere Hymnen gesungen worden waren und Nachzügler im Gang auftauchten, erhob sich der Evangelist. Seine Predigt an diesem Abend klang milde, bittend, feierlich. Er schaffte es, die atemlose Gemeinde zu fesseln und Gefühl in den Zuhörern zu wecken. Viele der Frauen begannen leise zu weinen. Einige brachen in leidenschaftliches „Amen!“ aus. Als der Evangelist sich nach seinem Schlußwort, das auf seine Art ein Meisterstück war, hinsetzte, schwappte ein hörbarer Seufzer der Erleichterung wie eine Welle über die Gemeinde.

Nach dem Gebet sagte der Pfarrer wie immer, daß jeder Anwesende, der zu konvertieren wünsche, seinen Wunsch kundtun solle, indem er sich kurz von seinem

Platz erhebe. Nach einer kurzen Pause erhob sich ein blasser Junge unter der Galerie und wenig später ein alter Mann am oberen Ende der Kirche. Ein schüchternes, hübsches Mädchen von zwölf Jahren stand zitternd auf, und die Gottesdienstbesucher bekamen eine Gänsehaut, als ihre Mutter plötzlich ebenfalls aufstand. Das „Gott sei Dank" kam von Herzen.

David Bell schaute Mollie beinahe flehentlich an, aber sie blieb mit niedergeschlagenen Augen sitzen. Er sah, daß sich Eben in der großen eckigen „Steinbank" vorbeugte, die Ellbogen auf die Knie stützte und stirnrunzelnd zu Boden starrte.

Ich bin ein Stolperstein für sie beide, dachte er bitter.

Man sang eine Hymne und sprach ein Gebet für die Überzeugten. Dann wurde zu Zeugnissen aufgerufen. Aus dem Mund des Evangelisten klang es wie eine persönliche Aufforderung an jeden Anwesenden.

Es folgten viele Zeugnisses, alle geprägt von der Persönlichkeit dessen, der sie abgab. Viele waren kurz und phantasielos. Schließlich trat eine Pause ein.

Der Evangelist ließ den Blick über die Bänke schweifen und rief eindringlich: „Hat *jeder* Christ in dieser Kirche heute abend ein Wort für seinen Herrn gesprochen?"

Viele hatten es nicht getan, aber alle Augen folgten dem anklagenden Blick des Pfarrers, der auf die Bank der Bells fiel. Mollie wurde feuerrot vor Scham. Mrs. Bell zog sichtlich den Kopf ein.

Auch wenn alle David Bell anstarrten, erwartete niemand, daß er Zeugnis geben würde. Als er aufstand, durchlief ein überraschtes Murmeln durch die Gemeinde. Dann folgte eine nahezu tödliche Stille. David Bell fühlte sich, als stehe er vor dem Jüngsten Gericht. Zweimal öffnete er den Mund und brachte keinen Ton heraus. Beim dritten Anlauf klappte es, aber seine Stimme klang seltsam in seinen eigenen Ohren.

Er klammerte sich mit seinen knotigen Händen an den Rand der Kirchenbank und richtete den Blick – ohne etwas zu sehen – auf das Zeichen christlicher Hingabe, das über den Köpfen des Chors hing.

„Brüder und Schwestern“, sagte er heiser, „bevor ich heute abend ein Wort christlichen Zeugnisses sprechen kann, muß ich etwas gestehen. Es liegt mir schwer auf dem Gewissen, seit diese Treffen angefangen haben. Solange ich es verschweige, kann ich mich nicht hinstellen und Zeugnis für Christus ablegen. Viele von euch haben es von mir erwartet. Vielleicht war ich ein Stolperstein für einige von euch. Diese Erweckungsgottesdienste waren kein Segen für mich wegen der Sünde, die ich bereue, aber immer verheimlicht habe. Eine spirituelle Finsternis hing über mir.

Freunde und Nachbarn, ihr habt mich immer für einen ehrlichen Mann gehalten. Ich konnte nicht zugeben, daß ich es nicht bin, und die Scham hat mich von öffentlichem Bekenntnis und Zeugnis abgehalten. Kurz bevor diese Treffen begonnen haben, bin ich eines Abends aus der Stadt nach Hause gekommen und habe festgestellt, daß mir jemand einen gefälschten Zehn-Dollar-Schein untergejubelt hatte. Dann ritt mich der Teufel. Als Mrs. Rachel Lynde am nächsten Tag vorbeikam, um für die Fremdenmission zu sammeln, habe ich ihr diesen Schein gegeben. Sie hat nichts gemerkt und ihn mitgenommen. Aber ich wußte, daß ich eine Sünde begangen hatte. Ich wurde den Gedanken daran nicht mehr los. Ein paar Tage später bin ich zu Mrs. Rachel gegangen und habe ihr einen echten Zehn-Dollar-Schein gegeben. Ich sagte, ich sei zu dem Schluß gekommen, daß ich mehr als zehn Dollar von meinem Reichtum abgeben sollte. Das war eine Lüge. Mrs. Lynde hielt mich für besonders großzügig, und ich konnte ihr kaum ins Gesicht sehen. Aber ich hatte versucht, mein Unrecht wiedergutzumachen, und dachte, alles sei in Ordnung. Aber das war es nicht. Ich hatte seitdem keine ruhige Minute mehr. Ich wollte den Herrn betrügen und es dann auf eine Weise ausgleichen, die mir weltliche Anerkennung bescherte. Als diese Treffen anfingen und alle erwarteten, daß ich Zeugnis ablege, konnte es aber nicht. Es kam mir vor wie Gotteslästerung. Und ich brachte es nicht fertig, zu gestehen, was ich getan hatte. Ich habe mir tausendmal gesagt, daß ich keinen echten Schaden angerichtet habe, aber es hatte keinen Sinn. Ich war in meine eigenen Grübeleien versunken und habe nicht einmal gemerkt, daß ich meine Liebsten in Schwierigkeiten gebracht habe. Aber heute abend sind mir die Augen aufgegangen, und der Herr hat mir die Kraft gegeben, meine Sünde zu beichten und seinen Namen zu heiligen."

Die brüchige Stimme verstummte. David Bell setzte sich wieder hin und wischte sich den Schweiß von der Stirn. Für einen Mann wie ihn konnte es keine schlimmere Tortur geben als die, die er gerade überstanden hatte. Aber inmitten seines seelischen Aufruhrs verspürte er große Ruhe und Frieden – und die Euphorie eines hart erkämpften spirituellen Sieges.

In der Kirche herrschte feierliche Stille. Der Evangelist sagte sein „Amen" nicht so inbrünstig wie sonst, sondern sehr milde. Auch wenn er aus hartem Holz war, wußte er den Edelmut einer solchen Beichte zu schätzen. Vor dem letzten Gebet hielt der Pfarrer inne und sah sich um. „Gibt es noch jemanden", fragte er, „der in unserem Abschlußgebet besonders bedacht werden möchte?"

Für einen Augenblick rührte sich niemand. Dann stand Mollie Bell in ihrer Bank auf, und unten am Ofen erhob sich Eben mit gerötetem, jungenhaften Gesicht energisch aus der Mitte seiner Freunde.

„Gott sei Dank", flüsterte Mary Bell.

„Amen", sagte ihr Mann heiser.

„Lasset uns beten", sagte Mr. Bentley.

14. Nur ein Durchschnittsmensch

Am Morgen der Hochzeit meines Lieblings wachte ich früh auf und ging in ihr Zimmer. Vor langer Zeit hatte ich ihr versprechen müssen, daß *ich* sie am Morgen ihrer Hochzeit wecken würde.

„Du warst die erste, die mich im Arm gehalten hat, als ich zur Welt kam, Tante Rachel“, hatte sie gesagt, „und du sollst auch die erste sein, die mich an diesem wunderbaren Tag sieht.“

Aber das war lange her, und nun sagte mir mein Instinkt, daß es nicht nötig sein werde, sie zu wecken. Und so war es. Sie lag wach da, sehr ruhig, das Kinn in die Hand gestützt und die blauen Augen auf das Fenster gerichtet. Ein blasses, stumpfes Licht stahl sich herein – ein freudloses Licht, das mich schaudern ließ. Mir war eher nach Weinen als nach Lachen zumute, und mir tat das Herz weh, als ich sah, wie blaß und gefaßt sie war – als warte sie auf ein Leichentuch statt auf einen Brautschleier. Aber sie lächelte tapfer, als ich mich zu ihr auf die Bettkante setzte und ihre Hand nahm. „Du siehst aus, als hättest du die ganze Nacht nicht geschlafen, Liebling“, sagte ich.

„Das habe ich auch nicht – oder kaum“, antwortete sie. „Aber die Nacht ist mir gar nicht lang vorgekommen – nein, sie war sogar zu kurz. Ich habe an so vieles gedacht! Wie spät ist es, Tante Rachel?“

„Fünf Uhr.“

„Dann sind es nur noch sechs Stunden – Sie setzte sich plötzlich im Bett auf. Ihr langes, dichtes braunes Haar fiel ihr über die Schultern. Sie schlang die Arme um mich und brach in Tränen aus.

Ich streichelte und beruhigte sie, ohne ein Wort zu sagen, und nach einer Weile hörte sie auf zu weinen. Aber sie hatte immer noch den Kopf gesenkt, so daß ich ihr Gesicht nicht sehen konnte.

„Wir dachten nicht, daß es einmal so werden würde, nicht wahr, Tante Rachel?“ sagte sie sehr leise.

„Es sollte auch jetzt nicht so sein“, sagte ich. Ich mußte es sagen. Ich konnte nie verbergen, was ich über diese Heirat dachte. Ihre Stiefmutter hatte alles eingefädelt, das wußte ich genau. Mein Liebling wäre nie von selbst auf die Idee gekommen, Mark Foster zu nehmen.

„Laß uns nicht davon reden“, sagte sie bittend – wie als Kind, wenn sie mich zu etwas überreden wollte. „Sprechen wir über die alten Zeiten – und über *ihn*.“

„Ich sehe keinen Sinn darin, über *ihn* zu reden, wenn du heute Mark Foster heiratest“, sagte ich.

Aber sie hielt mir den Mund zu. „Es ist das letzte Mal, Tante Rachel. Ab morgen kann ich nie mehr von ihm sprechen oder auch nur an ihn denken. Es ist vier Jahre her, daß er gegangen ist. Weißt du noch, wie er aussah, Tante Rachel?“

„Ich erinnere mich recht gut, denke ich“, sagte ich etwas kurzangebunden. Und das stimmte. Owen Blairs Gesicht vergaß man nicht – dieses lange Gesicht mit der frischen Farbe und den Augen, die jede Frau faszinieren mußten. Wenn ich an Mark Fosters fahle Haut und sein fliehendes Kinn dachte, wurde mir ganz elend. Nicht, daß er häßlich wäre – er sah einfach nur ganz alltäglich aus.

„Er war so schön, nicht wahr, Tante Rachel?“ fuhr mein Liebling in ihrem geduldigen Ton fort. „So groß und stark und attraktiv! Ich wünschte, wir hätten uns nicht im Streit getrennt. Es war so albern, daß wir uns gezankt haben. Aber es wäre alles wieder gut geworden, wenn er zurückgekommen wäre, das weiß ich. Ich bin sicher, daß er bei seinem Tod keinen Groll mehr gegen mich gehegt hat. Ich dachte einmal, Tante Rachel, daß ich ihm ein Leben lang treu bleiben würde – und ihn dann auf der anderen Seite wiedersehen würde, als wäre nichts gewesen. Aber es wird nicht so kommen."

„Dank der Bettelei deiner Stiefmama und Mark Fosters Intrigen", sagte ich.

„Nein, Mark hat nicht intrigiert", sagte sie geduldig. „Sei nicht ungerecht zu Mark, Tante Rachel. Er war sehr gütig."

„Er ist dumm wie eine junge Eule und stur wie Solomons Maultier", sagte ich, denn ich *wollte* es sagen. „Er ist nur ein Durchschnittmensch und glaubt, er sei gut genug für meine Schöne!"

„Sprich nicht über Mark", bat sie wieder. „Ich will ihm eine gute, treue Ehefrau sein. Aber noch gehöre ich nur mir selbst – *noch* – nur noch ein paar schöne Stunden, und die will ich *ihm* widmen. Die letzten Stunden meiner Mädchenzeit – die müssen ihm gehören."

So sprach sie von ihm, während ich bei ihr saß und sie festhielt. Ihr herrliches Haar fiel über meinen Arm, und mir tat das Herz weh. Für sie war es nicht so schlimm wie für mich, denn sie hatte entschieden, was zu tun war, und sich damit abgefunden. Sie würde Mark Foster heiraten, aber ihr Herz war in Frankreich, in einem Grab, das keiner kannte, denn niemand wußte, wo die Hunnen Owen Blair beerdigt hatten – wenn sie es überhaupt getan hatten. Und sie erzählte, was sie einander bedeutet hatten, seit sie kleine Kinder gewesen waren. Sie waren zusammen zur Schule gegangen und hatten schon damals beschlossen zu heiraten, wenn sie erwachsen wären. Er hatte ihr seine Liebe gestanden, und sie hatte Träume und Hoffnungen gehegt. Das einzige, was sie nicht erwähnte, war der Tag, an dem er Mark Foster verprügelt hatte, weil der ihr Äpfel gebracht hatte. Marks Name fiel nie, es ging nur um Owen – Owen, wie er ausgesehen hatte und was gewesen wäre, wenn er nicht in den schrecklichen Krieg gezogen und gefallen wäre. Und ich saß dabei, hielt sie im Arm und hörte mir alles an, während ihre Stiefmama nebenan fest und triumphierend schlief.

Als sie ihr Herz ausgeschüttet hatte, sank sie wieder auf ihr Kissen zurück. Ich stand auf und ging nach unten, um Feuer zu machen. Ich fühlte mich schrecklich alt und müde. Meine Füße waren schwer wie Blei, und mir stiegen immer wieder Tränen in die Augen, auch wenn ich mich dagegen wehrte, denn ich wußte, daß es Unglück bringt, an einem Hochzeitstag zu weinen.

Bald kam Isabella Clark herunter. *Sie* sah sehr zufrieden aus. Ich hatte Isabella noch nie gemocht – seit dem Tag, an dem Phillippas Vater sie hier hergebracht hatte, und heute morgen mochte ich sie noch weniger. Sie war eine dieser listigen Frauen, die immer lächeln und hinter der Fassade Intrigen spinnen. Ich muß ihr zugestehen, daß sie gut zu Phillippa gewesen war, aber es war ihr Werk, daß mein Liebling an diesem Tag Mark Foster heiraten würde.

„Du bist früh auf, Rachel“, sagte sie. Ihr Lächeln und ihre Stimme waren freundlich wie immer, aber im Innern haßte sie mich, das wußte ich genau. „Das ist gut, denn wir haben heute viel zu tun. Eine Hochzeit bedeutet eine Menge Arbeit.“

„Nicht diese Art von Hochzeit“, sagte ich säuerlich. „Ich nenne es nicht Hochzeit, wenn zwei Leute heiraten und sich davonstehlen, als würden sie sich schämen – was in diesem Fall auch angebracht wäre.“

„Es war Phillippas eigener Wunsch, daß es eine kleine Hochzeit sein sollte“, sagte Isabella geschmeidig. „Du weißt genau, daß ich ihr eine große Feier ermöglicht hätte, wenn sie gewollt hätte.“

„Oh, es ist schon gut so“, sagte ich. „Je weniger Leute mitansehen, wie Phillippa einen Mann wie Mark Foster heiratet, desto besser.“

„Mark Foster ist ein guter Mann, Rachel.“

„Kein guter Mann würde sich damit zufriedengeben, ein Mädchen zu kaufen, wie Mark Phillippa gekauft hat“, sagte ich, entschlossen, es ihr zu geben. „Er ist nur ein Durchschnittsmensch und nicht wert, meinem Liebling das Wasser zu reichen. Es ist gut, daß ihre Mutter diesen Tag nicht erlebt – aber dann wäre es gar nicht so weit gekommen.“

„Ich denke, Phillippas Mutter hätte daran gedacht, daß Mark Foster sehr wohlhabend ist“, sagte Isabella etwas gehässig.

So gehässig gefiel sie mir besser, als wenn sie aalglatt war – dann hatte ich nicht solche Angst vor ihr.

Die Trauung sollte um elf Uhr sein, und um neun ging ich zu Phillippa hinauf, um ihr beim Anziehen zu helfen. Sie war keine umständliche Braut und machte sich nicht viele Gedanken um ihr Aussehen. Mit Owen als Bräutigam wäre es anders gewesen, dann hätte man es ihr nicht rechtmachen können. Aber jetzt sagte sie nur „Das ist schon gut so, Tante Rachel“, ohne auch nur hinzusehen.

Trotzdem war es unvermeidlich, daß sie bezaubernd aussah, als sie fertig war. Mein Liebling wäre auch in Lumpen schön gewesen, und in ihrem weißen Kleid und mit Schleier sah sie aus wie eine Königin. Und sie war nicht nur schön, sondern auch gut. Es war genau das richtige Maß an Güte, mit einer kleinen Prise der Erbsünde, ohne die sie zuckersüß und langweilig gewesen wäre.

Dann schickte sie mich hinaus. „In meiner letzten Stunde will ich allein sein“, sagte sie. „Gib mir einen Kuß, Tante Rachel – *Mutter* Rachel.“

Als ich nach unten ging – ich war so albern, daß ich weinte –, hörte ich ein Klopfen an der Tür. Mein erster Gedanke war, Isabella Bescheid zu sagen, denn ich nahm an, daß es Mark Foster sei, der zu früh erschien, und mir war nicht danach, ihn zu sehen. Ich zittere immer noch, wenn ich mich frage: „Was wäre passiert, wenn Isabella aufgemacht hätte?“

Ich ging also hin und öffnete die Tür in einer Art Trotzreaktion – ich hoffte halbwegs, daß es Mark Foster sein würde, damit er meine Tränen sehen konnte. Ich öffnete – und taumelte zurück, als hätte ich einen Schlag bekommen.

„Owen! Gott sei uns gnädig! Owen!“ stieß ich hervor. Mir wurde eiskalt, denn ich dachte wahrhaftig, sein Geist sei erschienen, um diese unheilige Allianz zu verhindern.

„Tante Rachel, ich komme doch nicht zu spät?“ sagte er heftig. „Sag mir, daß es gerade noch rechtzeitig ist!“

Ich schaute zu ihm auf. Er stand da, groß und gutaussehend und völlig unverändert, abgesehen davon, daß er braungebrannt war und eine kleine weiße Narbe auf der Stirn hatte. Und obwohl ich nichts begriff und ganz durcheinander war, empfand ich tiefe Dankbarkeit.

„Nein, du bist nicht zu spät“, sagte ich.

„Gott sei Dank“, sagte er atemlos. Dann zog er mich in den Salon und schloß die Tür. „Man hat mir auf dem Bahnhof erzählt, daß Phillippa heute Mark Foster heiraten werde. Ich konnte es nicht glauben, aber ich bin hergekommen, so schnell mein Pferd mich getragen hat. Tante Rachel, das kann doch nicht wahr sein! Sie kann sich nichts aus Mark Foster machen, selbst wenn sie mich vergessen haben sollte!“

„Es stimmt, daß sie Mark heiraten wird“, sagte ich halb lachend und halb weinend, „aber sie liebt ihn nicht. Ihr Herz gehört dir. Ihre Stiefmama hat alles eingefädelt. Mark hat eine Hypothek auf das Grundstück. Er hat Isabella Clark gesagt, er würde die Hypothek verbrennen, wenn Phillippa ihn heiratet – und wenn nicht, würde es zur Zwangsvollstreckung kommen. Phillippa opfert sich, um ihre Stiefmama zu retten – sie tut es für ihren verstorbenen Vater. Das ist alles deine Schuld“, rief ich, als ich mich von meiner Verblüffung erholt hatte. „Wir dachten, du seist tot! Warum bist du nicht nach Hause gekommen? Warum hast du nicht geschrieben?“

„Ich habe geschrieben, nachdem ich aus dem Krankenhaus entlassen wurde – mehrmals“, sagte er, „und nie eine Antwort bekommen, Tante Rachel. Was sollte ich glauben, als Phillippa meine Briefe nicht beantwortete?“

„Sie hat keinen einzigen davon bekommen“, rief ich. „Sie hat sich deinetwegen die Augen ausgeweint. *Jemand* muß die Briefe unterschlagen haben.“ Und ich wußte und weiß genau – auch wenn ich keinerlei Beweise habe –, daß es Isabella Clark gewesen war. Diese Frau schreckt vor nichts zurück.

„Nun, das klären wir ein andermal“, sagte Owen ungeduldig. „Jetzt sind andere Dinge wichtig. Ich muß Phillippa sehen!“

„Ich gehe sie holen“, sagte ich eifrig, aber genau in diesem Moment ging die Tür auf, und Isabella und Mark kamen herein. Isabellas Gesicht vergesse ich nie. Ich hatte beinahe Mitleid mit ihr. Sie wurde aschfahl, und ihr fielen fast die Augen aus dem Kopf. Ihr Lügengerüst stürzte ein wie ein Kartenhaus. Mark Foster schaute ich zuerst nicht an, und als ich es tat, war nichts zu sehen. Sein Gesicht war farblos und hölzern wie immer, und neben Owen wirkte er mickrig und alltäglich. Niemand hätte ihn als Bräutigam auserwählt.

Owen fand als erster die Sprache wieder. „Ich will zu Phillippa“, sagte er, als sei er erst gestern gegangen.

Isabellas Geschmeidigkeit und Taktik waren wie weggeblasen, und die echte Frau kam zum Vorschein, intrigant und skrupellos wie eh und je. „Du kannst nicht zu ihr“, sagte sie verzweifelt. „Sie will dich nicht sehen. Du hast sie verlassen und ihr nie geschrieben, und sie wußte, du bist es nicht wert, daß man sich deinetwegen grämt. Sie hat einen besseren Mann lieben gelernt.“

„Ich habe geschrieben und glaube, du weißt das am besten“, sagte Owen und hatte alle Mühe, ruhig zu bleiben. „Was den Rest betrifft, diskutiere ich nicht mit dir. Wenn ich von Phillippa höre, daß sie einen anderen Mann liebt, werde ich es glauben – aber keine Sekunde früher.“

„Das wirst du nie von ihr hören“, sagte ich.

Isabella warf mir einen giftigen Blick zu. „Du bekommst Phillippa erst zu Gesicht, wenn sie die Frau eines besseren Mannes ist“, sagte sie eigensinnig, „und ich befehle dir, mein Haus zu verlassen, Owen Blair!“

„Nein!“ Das kam von Mark Foster. Er hatte bisher kein Wort gesagt, aber jetzt trat er vor und baute sich vor Owen auf. Wie verschieden die beiden aussehen! Aber er sah Owen seelenruhig ins Gesicht, und Owen starrte wütend zurück.

„Sind Sie einverstanden, Owen, daß Philippa herunterkommt und sich zwischen uns entscheidet?“

„Ja“, sagte Owen.

Mark Foster wandte sich an mich. „Gehen Sie sie holen“, sagte er.

Isabella schloß von sich selbst auf Phillippa und stöhnte leise vor Verzweiflung. Owen war geblendet von Liebe und Hoffnung und glaubte, er habe gewonnen. Aber ich kannte meinen Liebling zu gut, um froh zu sein. Auch Mark Foster kannte sie, und ich haßte ihn dafür.

Ich ging hinauf zu meinem Liebling, sehr blaß und zittrig. Als ich eintrat, kam sie mir entgegen und sah aus wie ein Mädchen, das auf den Tod gefaßt ist.

„Ist – es – soweit?“ sagte sie und krallte die Hände ineinander.

Ich sagte kein Wort, sondern hoffte, daß Owens unerwarteter Anblick ihre Entschlossenheit ins Wanken bringen würde. Ich hielt ihr also nur die Hand hin und führte sie nach unten. Sie klammerte sich an mich, und ihre Hand war kalt wie Eis. Als ich die Tür zum Salon öffnete, trat ich beiseite und schob sie vor mir hinein.

Sie schrie „Owen!“ und zitterte so, daß ich sie festhalten mußte.

Owen machte einen Schritt auf sie zu. Aus seinem Gesicht sprach all seine Liebe und Sehnsucht, aber Mark versperrte ihm den Weg.

„Warten Sie, bis sie ihre Wahl getroffen hat“, sagte er und wandte sich an Phillippa.

Ich konnte das Gesicht meines Lieblings nicht sehen, aber das von Mark, und sein Gesicht zeigte keinen Funken Gefühl. Dahinter sah ich Isabella, bleich und verkniffen.

„Phillippa“, sagte Mark, „Owen Blair ist zurückgekehrt. Er sagt, er habe dich nie vergessen und dir mehrmals geschrieben. Ich habe ihm gesagt, daß du mir versprochen hast, mich zu heiraten, aber ich lasse dir die Wahl. Wen von uns beiden willst du heiraten, Phillippa?“

Mein Liebling stand kerzengerade da, und das Zittern hörte auf. Sie wich zurück, und nun sah ich ihr Gesicht – es war totenbleich, aber ruhig und entschlossen. „Ich habe versprochen, dich zu heiraten, Mark, und ich halte mein Wort“, sagte sie.

Isabella Clarks Wangen bekamen wieder etwas Farbe, aber Marks Miene war unverändert.

„Phillippa“, sagte Owen, und der Schmerz in seiner Stimme tat meinem alten Herzen weher denn je, „liebst du mich nicht mehr?“

Mein Liebling wäre kein Mensch gewesen, wenn sein bittender Ton sie nicht gerührt hätte. Sie sagte kein Wort, sondern schaute ihn nur einen Moment lang an. Wir alle sahen ihren Blick – ihre ganze Seele, voller Liebe zu Owen, offenbarte sich darin. Dann wandte sie sich ab und ging zu Mark.

Owen sagte kein Wort. Er wurde sehr blaß und machte einen Schritt in Richtung Tür, aber wieder stellte sich Mark ihm in den Weg.

„Warten Sie“, sagte er. „Sie hat die Wahl getroffen, mit der ich gerechnet habe – aber ich noch nicht. Und ich entscheide, daß ich keine Frau heirate, deren Herz einem anderem gehört. Phillippa, ich dachte, Owen Blair sei tot – und daß ich deine Liebe gewinnen könnte, wenn wir erst verheiratet wären. Aber ich liebe dich zu sehr, um dich unglücklich zu machen. Geh zu dem Mann, den du liebst – du bist frei!“

„Und was wird aus mir?“ jammerte Isabella.

„Ach, du! Dich hatte ich ganz vergessen“, sagte Mark, und es klang müde. Er zog ein Papier aus der Tasche und warf es in den Kamin. „Da ist der Schuldschein. Das ist das einzige, was dir wichtig ist, denke ich. Guten Tag!“ Er ging hinaus.

Er war nur ein Durchschnittsmensch, aber in diesem Augenblick sah er durch und durch aus wie ein Gentleman. Ich wollte ihm nachlaufen und etwas sagen, aber – seine Miene – nein, es war nicht der Zeitpunkt für leere Worte!

Phillippa weinte an Owens Schulter. Isabella Clark sah zu, wie der Schuldschein verbrannte, und danach kam sie zu mir in die Diele – wieder lächelnd und obenauf.

„Wirklich, das ist alles zu romantisch, nicht wahr? Wahrscheinlich ist es am besten so, wenn man es richtig bedenkt. Mark hat sich tadellos verhalten, oder? Nicht viele Männer hätten so gehandelt."

Ausnahmsweise war ich der gleichen Meinung wie Isabella. Aber mir war trotzdem zum Weinen zumute, und ich tat es. Ich freute mich für meinen Liebling und Owen, aber Mark Foster hatte den Preis für ihr Glück bezahlt, und ich wußte, es hätte ihn sein Leben lang unglücklich werden lassen.

15. Tannis aus The Flats

Kaum jemand in Avonlea konnte verstehen, warum Elinor Blair nie geheiratet hatte. Sie war eins der hübschesten Mädchen in unserem Teil der Insel gewesen und sogar jetzt als Fünfzigjährige noch sehr attraktiv. In ihrer Jugend hatte sie unzählige Verehrer gehabt, aber nachdem sie vor fünfundzwanzig Jahren von einem Besuch bei ihrem Bruder Tom im Nordwesten Kanadas zurückgekommen war, hatte sie sich in sich selbst zurückgezogen und alle Männer freundlich, aber bestimmt auf Distanz gehalten. Sie war als fröhliches, immer zum Lachen aufgelegtes Mädchen in den Westen gegangen – und kam still und ernst zurück, mit einem Schatten auf dem Gesicht, der nie mehr ganz verschwand.

Elinor hatte nie viel über ihren Besuch gesprochen. Sie hatte nur die Landschaft und das Leben beschrieben, das zu jener Zeit wirklich rauh gewesen war. Obwohl wir Tür an Tür aufgewachsen und immer mehr Schwestern als Freundinnen gewesen waren, vertraute sie selbst mir nur die alltäglichsten Dinge an. Aber als Tom Blair zehn Jahre später zu einem kurzen Besuch nach Hause kam, erzählte er ein oder zwei Leuten die Geschichte von Jerome Carey – eine Geschichte, die nur allzu gut erklärte, warum Elinor so traurig aussah und sich nicht mehr für Männer interessierte. Ich erinnere mich fast wörtlich an das, was er sagte, und wie seine Stimme klang – und daran, daß Welten zwischen der friedlichen Sommerlandschaft und dem primitiven Leben in The Flats lagen.

The Flats war eine gottverlassene kleine Handelsniederlassung, fünfzehn Meilen flußaufwärts von Prince Albert und sehr dünn besiedelt mit Métis[5] und drei weißen Männern. Als Jerome Carey dorthin entsandt wurde, um das Telegrafenamt zu übernehmen, verwünschte er sein Schicksal in der drastischen Sprache, die im äußersten Nordwesten gestattet war.

Nicht, daß Carey ein gottloser Mensch gewesen wäre, sogar als jemand, der in den Westen gegangen war. Er war ein englischer Gentleman, und seine Wortwahl war ebenso anständig wie sein Lebenswandel. Aber – The Flats!

Am Rand der Siedlung schäbiger Blockhütten hatten Indianer ihre Tipis aufgeschlagen. Sie kamen aus dem Reservat und kampierten dort mit ihren Hunden, *squaws* und *papooses*[6]. Indianer sind in mancher Hinsicht interessant, aber man kann nicht behaupten, daß sie auch sympathisch wären. Nach drei Wochen in The Flats war Carey einsamer, als er es je für möglich gehalten hätte, sogar im *Great Lone Land*. Wenn er nicht Paul Dumont das Telegrafieren beigebracht hätte, hätte es ihn wohl in den Selbstmord getrieben.

The Flats war von Bedeutung, weil hier drei Telegrafenlinien ihren Anfang nahmen, die zu entlegenen Handelsniederlassungen im Norden führten. Es kamen nicht viele Nachrichten von dort, aber die wenigen waren meistens wichtig. Tage und sogar Wochen konnten vergehen, ohne daß in The Flats ein Telegramm ankam. Carey konnte nicht an den Kollegen in Prince Albert drahten, denn sie waren einander nicht wohlge-

5 Métis: Nachfahren europäischer Pelzhändler und indianischer Frauen in Kanada und Nordamerika.

6 Papoose: Kind.

sonnen. Carey gab ihm die Schuld an seiner Versetzung nach The Flats.

Carey schlief in einer Dachkammer über dem Büro und aß bei Joe Esquint auf der anderen Seite der „Straße“. Joe Esquints Frau war eine gute Köchin, und sie schloß Carey schnell ins Herz, wie es die meisten Frauen taten. Er kam gut mit den Frauen zurecht, was einem Mann angeboren sein muß und nie gelernt werden kann. Außerdem sah er gut aus mit seinen scharfgeschnittenen Zügen, tiefliegenden dunkelblauen Augen und hellblonden Locken. Er war einsachtzig groß und muskulös. Mrs. Joe Esquint fand, er habe den schönsten Schnurrbart, den sie je gesehen hatte.

Zum Glück war Mrs. Joe so alt, dick und häßlich, daß auch die bösesten Klatschmäuler der umherziehenden Eingeborenen und der Indianer, die am Lagerfeuer hockten, nichts Verdächtiges an ihrem Verhältnis zu Carey aufspüren konnten. Aber bei Tannis Dumont war es anders.

Tannis kam Anfang Juli von der Akademie in Prince Albert nach Hause. Carey war seit einem Monat in The Flats, und seine Arbeit hatte schon jetzt nichts Neues mehr zu bieten. Paul Dumont beherrschte den Code so gut, daß er kaum noch Fehler machte, über die sich Carey amüsieren konnte. Er war der Verzweiflung nahe. Er erwog ernsthaft, alles hinzuwerfen und auf einer Ranch in Alberta anzufangen – dort gab es wenigstens die Abwechslung, Pferde mit dem Lasso einzufangen. Aber als er Tannis Dumont sah, dachte er, daß er es vielleicht doch noch eine Weile aushalten würde.

Tannis war die Tochter des alten Auguste Dumont, der den einzigen kleinen Laden in The Flats betrieb. Er wohnte in dem einzigen Holzrahmenhaus, das der Ort zu bieten hatte, und hatte angeblich so viel Geld, daß es in den Augen der Métis ein riesiges Vermögen war. Der alte August war schwarzhaarig, häßlich und immer schlechter Laune. Aber Tannis war eine Schönheit.

Ihre Urgroßmutter war eine Cree-Indianerin gewesen und hatte einen französischen Trapper geheiratet. Der Sohn der beiden wurde zu gegebener Zeit der Vater von Auguste Dumont. Auguste heiratete eine Frau, dessen Mutter eine französische Métis und deren Vater ein echter Schotte aus den Highlands gewesen war. Das Ergebnis dieser obskuren Kreuzung war auch gleichzeitig ihre Rechtfertigung – Tannis aus The Flats, die aussah, als fließe das Blut sämtlicher Howards in ihren Adern.

Aber der Hauptstrom in diesen Adern war derjenige der Plains und der Prärie. Ein erfahrener Blick erkannte es an ihrem majestätischen Gang, den anmutigen und doch fülligen Rundungen des schlanken Körpers, an den kleinen schmalen Händen und Füßen, an dem Purpurschimmer auf der langen glatten Mähne blauschwarzer Haare und vor allem an den großen, dunklen Augen – sanft und doch von einem schwelenden Feuer. Auch Frankreich hatte Tannis einiges mit auf den Weg gegeben – einen leichten Schritt statt des Schlurfens der Métis, die Form ihrer roten Lippen, das Lachen in ihrer Stimme und die Redegewandtheit. Von ihrem rothaarigen schottischen Großvater hatte sie eine hellere und etwas rosigere Haut als die meisten Eingeborenen.

Der alte Auguste war sehr stolz auf Tannis. Er schickte sie für vier Jahre auf die Schule nach Prince Albert, weil für seine Tochter nur das Beste gut genug war. Nach der High School und reichlich gesellschaftlichem Leben in der Stadt – denn hellsichtige Politiker mußten sich mit dem alten Auguste gutstellen, da er die Wählerstimmen von gut zwei- oder dreihundert Métis beeinflußte – kam Tannis nach Hause und hatte eine sehr dünne, aber höchst täuschende Tünche aus Kultur und Zivilisation, die die primitiven Leidenschaften und Vorstellungen ihrer Natur verbarg.

Carey sah nur ihre Schönheit und die Tünche. Er hielt Schein für Sein und glaubte, Tannis sei eine guterzogene, moderne junge Frau, mit der ein freundlicher Flirt dasselbe war wie mit weißen Frauen – ein angenehmer Zeitvertreib für eine Stunde oder eine Saison. Es war ein Fehler – ein großer Fehler. Tannis verstand etwas vom Klavierspielen, etwas weniger von Grammatik und Latein und noch weniger von gesellschaftlicher Heuchelei. Und sie verstand absolut nichts vom Flirten. Ein Indianer begreift keine kontrollierten Gefühle.

Carey fand es in The Flats einigermaßen erträglich, nachdem Tannis nach Hause gekommen war. Bald ging er oft zu den Dumonts, sprach mit Tannis im Salon – der für die Verhältnisse von The Flats außerordentlich elegant war – Tannis hatte nicht umsonst vier Jahre lang die Salons in Prince Albert inspiziert – oder spielte Geige oder Klavier mit ihr. Als Musik und Gespräche langweilig wurden, machten sie lange Ritte über die Prärie. Tannis war eine ausgezeichnete Reiterin und wurde mit ihrem störrischen Pony auf eine Art fertig, die Carey bewundernswert fand. Sie machte eine fabelhafte Figur im Sattel.

Manchmal hatte er die Prärie satt, und dann ruderten er und Tannis in Nitchie Joes Einbaum über den Fluß und landeten an dem alten Wanderweg, der mitten in den waldigen Gürtel des Tals von Saskatchewan mündete und in Richtung Norden zu anderen Handelsniederlassungen führte, die am Rande der Zivilisation lagen. Sie streiften unter gewaltigen, jahrhundertealten Fichten entlang, und Carey erzählte Tannis von England und zitierte aus Gedichten. Tannis mochte Poesie, sie hatte in der Schule einiges darüber gelernt und verstand etwas davon. Aber einmal meinte sie zu Carey, es sei eine lange, umständliche Art, zu sagen, was man auch in wenigen einfachen Worten sagen könne. Carey lachte. Er mochte es, wenn sie so etwas sagte. Es klang immer sehr intelligent aus einem solchen Mund.

Wenn jemand Carey gesagt hätte, daß er mit dem Feuer spielte, hätte er gelacht. Erstens war er kein bißchen in Tannis verliebt – er mochte und bewunderte sie nur. Außerdem kam ihm nie der Gedanke, daß Tannis vielleicht in ihn verliebt sei. Er hatte ihr doch nie irgendwelche Liebeserklärungen gemacht! Und vor allem war er, wie gesagt, der verhängnisvollen Überzeugung, Tannis sei wie die Frauen, mit denen er ein Leben lang zu tun gehabt hatte. Er wußte nicht genug über die Eigenheiten der Eingeborenen, um sie verstehen zu können.

Aber wenn Carey glaubte, ihn verbinde nur Freundschaft mit Tannis, war er der einzige in The Flats. Alle Métis dachten, er wolle Tannis heiraten. Sie fanden die Vorstellung nicht merkwürdig. Sie wußten nicht, daß Careys Cousin zweiten Grades ein Baronet war, hätten aber auch nicht verstanden, daß das eine Rolle spielen könnte. Sie dachten, die Erbin des reichen alten Auguste, die in Prince Albert zur Schule gegangen war, sei für jeden eine gute Partie.

Der alte Auguste zuckte die Achseln und war zufrieden. Ein Engländer war als Ehemann für ein Métis-Mädchen nicht zu verachten, selbst wenn er nur im Telegrafenamt arbeitete. Der junge Paul Dumont verehrte Carey, und die halb-schottische Mutter, die es vielleicht verstanden hätte, war tot. In ganz The Flats gab es nur zwei Leute, die nicht mit der Heirat einverstanden waren, die jedermann für beschlossene Sache hielt. Der eine war der kleine Priester, Vater Gabriel. Er mochte sowohl Tannis als auch Carey, aber er schüttelte zweifelnd den Kopf, als er den Klatsch aus den Hütten und den Tipis hörte. Religionen konnten sich mischen, aber verschiedenes Blut – ah, das war nicht richtig! Tannis war ein gutes Mädchen und schön dazu, aber sie war keine passende Gefährtin für den blonden, Erz-Engländer. Vater Gabriel wünschte sich brennend, daß Jerome Carey bald wieder versetzt würde. Er ging sogar nach Prince Albert und zog selbst ein paar Drähte, aber ohne Erfolg. Er stand politisch auf der falschen Seite.

Der andere Unzufriedene war Lazarre Mérimée, ein fauler, liebestrunkener französischer Métis, der auf seine Art in Tannis verliebt war. Er konnte sie nie bekommen, das wußte er – der alte Auguste und der junge Paul hätten ihn mit Schrotkugeln durchsiebt, wenn er es gewagt hätte, sich dem Haus als Bewerber zu nähern –, aber er haßte Carey trotzdem und lauerte auf eine Gelegenheit, ihn in Schwierigkeiten zu bringen. Es gibt keinen ärgeren Feind auf der Welt als ein Métis. Ein echter Indianer ist schlimm genug, aber sein verwässerter Abkömmling ist noch zehnmal schlimmer.

Was Tannis betraf, so liebte sie Carey von ganzem Herzen, und mehr war nicht zu sagen.

Wenn Elinor Blair nicht nach Prince Albert gekommen wäre, weiß man nicht, was passiert wäre. Carey hätte vielleicht sogar gelernt, Tannis zu lieben, und sie geheiratet – was sein weltlicher Ruin gewesen wäre. Aber Elinor kam nach Prince Albert, und ihre Ankunft war für Tannis aus The Flats das Ende all ihrer Hoffnungen.

Carey traf sie eines Abends im September. Er war in die Stadt geritten, um auf einen Ball zu gehen, und hatte Paul Dumont die Verantwortung für das Telegrafenamt überlassen. Elinor war soeben in Prince Albert eingetroffen, um Tom zu besuchen. Sie hatte sich seit fünf Jahren darauf gefreut – seit er geheiratet hatte und Avonlea in Richtung Westen verlassen hatte. Wie ich schon sagte, war sie damals sehr schön, und Carey verliebte sich auf den ersten Blick in sie.

In den nächsten drei Wochen ging er neunmal in die Stadt und besuchte die Dumonts nur einmal. Es gab keine Ausritte und Spaziergänge mehr mit Tannis. Er vernachlässigte sie nicht absichtlich – er hatte sie einfach vergessen. Die Eingeborenen witterten eine Katzbalgerei unter Liebenden, aber Tannis verstand. Es war eine andere Frau im Spiel.

Es ist völlig unmöglich, ihre Gefühle zu diesem Zeitpunkt zu Papier zu bringen. Eines Abends folgte sie Carey, als er auf dem Weg nach Prince Albert war. Sie ritt hinter ihm her, außer Hör-, aber in Sichtweite. Lazarre wiederum war in einem Anfall von Eifersucht *ihr* nachgeritten und hatte ihr nachspioniert, bis sie umkehrte. Danach beobachtete er Carey und Tannis auf Schritt und Tritt, und Monate später hatte er berichtet, was er alles durch seine schäbige Schnüffelei erfahren hatte.

Tannis folgte Carey bis zum Haus der Blairs auf den Klippen über der Stadt. Sie sah, wie er sein Pferd an der Pforte anband und eintrat. Auch sie band ihr Pony an eine Pappel – ein Stück entfernt – und schlich dann heimlich über die Wiese hin zu dem Haus, bis sie die Fenster erreicht hatte. Durch eins davon sah sie Carey und Elinor. Das Métis-Mädchen kauerte sich im Schatten zusammen und starrte die Rivalin feindselig an. Sie sah das hübsche, rosige Gesicht, den Kranz aus goldenem Haar, die blauen lachenden Augen der Frau, die Jerome Carey liebte, und erkannte sehr klar, daß für sie keine Hoffnung mehr bestand. Sie, Tannis aus The Flats, konnte es nie mit dieser anderen aufnehmen. Es war gut, wenigstens das zu wissen.

Nach einer Weile pirschte sie leise davon, band ihr Pony los und peitschte es gnadenlos durch die Straßen der Stadt und den langen, staubigen Pfad am Fluß entlang. Ein Mann wandte sich um und schaute ihr nach, als sie an einem hell erleuchteten Geschäft in der Water Street vorbeipreschte.

„Das war Tannis aus The Flats“, sagte er zu einem Begleiter. „Sie war letzten Winter auf der Schule in der

Stadt – eine Schönheit und ein bißchen teuflisch, wie alle diese Eingeborenenmädchen. Warum in aller Welt jagd sie so dahin?“

Eines Tages – etwa zwei Wochen später – ging Carey allein über den Fluß. Er wollte einen Streifzug in den Norden machen und ungestört von Elinor träumen. Als er zurückkam, stand Tannis am Kanu-Steg unter einer Fichte, übergossen mit feingesiebten Sonnenstrahlen. Sie wartete auf ihn und fragte ohne Einleitung: „Mr. Carey, warum kommen Sie mich nicht mehr besuchen?“

Carey errötete wie ein junges Mädchen. Ihr Ton und ihr Blick waren ihm unangenehm. Er dachte schuldbewußt, daß er sie vernachlässigt hatte, und stammelte, er habe viel zu tun gehabt.

„Nicht so viel“, sagte Tannis mit ihrer schrecklichen Direktheit. „Das ist es nicht. Es liegt daran, daß Sie nach Prince Albert gehen und sich mit einer weißen Frau treffen!“

Selbst in seiner Verlegenheit merkte Carey, daß dies das erste Mal war, daß er den Ausdruck „eine weiße Frau“ aus Tannis' Mund hörte – oder überhaupt eine Bemerkung, die zeigte, daß sie sich des Unterschieds zwischen sich und den Weißen bewußt war. Er verstand im gleichen Augenblick, daß mit diesem Mädchen nicht zu spaßen war – sie wollte die Wahrheit von ihm hören, früher oder später. Aber er kam sich unglaublich dumm vor.

„Ich nehme es an“, antwortete er zögernd.

„Und was ist mit mir?“ fragte Tannis.

Das war eine peinliche Frage, vor allem für Carey, der geglaubt hatte, Tannis würde die Regeln kennen und das Spiel um seiner selbst willen spielen, so wie er es getan hatte.

„Ich verstehe Sie nicht, Tannis“, sagte er hastig.

„Sie haben mich dazu gebracht, mich in Sie zu verlieben“, sagte Tannis.

Diese Worte sehen auf dem Papier harmlos aus. Aber sie klangen nicht harmlos für Tom, als Lazarre sie wiederholte, und schon gar nicht für Carey, als eine Frau sie ihm entgegenschleuderte, in der die ganze Leidenschaft kriegerischer Vorfahren brodelte. Tannis hatte ihre Kritik an Poesie gerechtfertigt. Sie hatte ihre wenigen Worte gesprochen, getrieben von der Verzweiflung, dem Schmerz und einem wilden Appell, den alle Poesie der Welt nie ausdrücken könnte.

Carey fühlte sich wie ein Schuft. Plötzlich begriff er, wie unmöglich es war, Tannis die Lage zu erklären, und daß er sich noch mehr zum Narren machen würde, wenn er es versuchte.

„Es tut mir sehr leid“, stammelte er wie ein geprügelter Schuljunge.

„Das spielt keine Rolle“, unterbrach Tannis ihn heftig. „Wer kümmert sich schon um mich – eine Métis? Wir Eingeborenenmädchen sind nur dazu da, die weißen Männer zu amüsieren. So ist es – nicht wahr? Wenn sie uns satt haben, schieben sie uns beiseite und gehen zu ihresgleichen zurück. Oh, es ist schon gut. Aber ich werde es nicht vergessen – und mein Vater und mein Bruder auch nicht. Sie werden es Sie bedauern lassen, ganz gewiß!“

Sie wandte sich ab und stapfte zu ihrem Kanu zurück. Er wartete unter den Fichten, bis sie den Fluß überquert hatte, dann ging auch er unglücklich nach Hause. Was für einen Schlamassel hatte er angerichtet! Arme Tannis! Wie schön sie in ihrem Zorn ausgesehen hatte – und so sehr wie eine *squaw*! Die ethnischen Eigenheiten kommen bei heftigen Gefühlsregungen besonders zur Geltung, wie Tom später bemerkte.

Ihre Drohung machte ihm keine Sorgen. Wenn der junge Paul und der alte Auguste ihm Ärger bereiten sollten, würde er es schon mit ihnen aufnehmen können. Aber der Gedanke an den Kummer, den er Tannis gemacht hatte, tat weh. Er war sicher kein Schurke gewesen, aber ein Dummkopf, und das ist manchmal fast genauso schlimm.

Die Dumonts jedoch ließen ihn in Ruhe. Tannis' vier Jahre in Prince Albert waren nicht völlig umsonst gewesen. Sie wußte, daß weiße Mädchen ihre männlichen Verwandten nicht zu einer Vendetta anstachelten, wenn ein Mann sich nicht mehr blicken ließ – und sie hatte nichts gegen ihn vorzubringen, das man in Worte fassen konnte. Nach einiger Überlegung beschloß sie, den Mund zu halten. Sie lachte sogar, als der alte Auguste fragte, was zwischen ihr und ihrem Verehrer vorgefallen sei und ob sie seiner überdrüssig geworden sei. Auguste zuckte resigniert die Achseln. Vielleicht war es besser so. Diese englischen Schwiegersöhne waren manchmal einfach zu hochnäsig.

Also ritt Carey oft in die Stadt, Tannis wartete, daß ihre Zeit kam und schmiedete nutzlose Rachepläne, Lazarre Mérimée schmollte und betrank sich – und das Leben in The Flats ging seinen gewohnten Gang, bis zur letzten Woche im Oktober, als ein schweres Unwetter dasNorthland heimsuchte.

Es war eine schlimme Nacht. Die Drähte zwischen The Flats und Prince Albert waren unterbrochen, und sie waren völlig von der Außenwelt abgeschnitten. Drüben bei Joe Esquint feierten die Eingeborenen Joes Geburtstag mit einem Zechgelage. Paul Dumont war hingegangen, und Carey saß allein im Büro, rauchte träge vor sich hin und träumte von Elinor.

Plötzlich hörte er aus dem Prasseln des Regens und dem Pfeifen des Windes erschrockene Stimmen heraus. Er eilte zur Tür und traf auf Mrs. Joe Esquint, die ihn atemlos am Arm packte: „Meestair Carey – kommen Sie schnell! Lazarre – er bringt Paul um – sie schlagen sich!“

Carey unterdrückte einen Fluch und eilte über die Straße. Er hatte so etwas befürchtet und Paul geraten, nicht hinzugehen, denn die Besäufnisse der Métis endeten fast immer mit Schlägereien. Er platzte in Joe Esquints Küche und fand dort einen Kreis stummer Zuschauer vor – und Paul und Lazarre in der Mitte. Carey sah erleichtert, daß nur ihre Fäuste zum Einsatz kamen. Er warf sich zwischen die Kampfhähne und schleifte Paul weg, während Mrs. Joe Esquint – Joe selbst lag sturzbetrunken in einer Ecke – ihre dicken Arme um Lazarre schlang und ihn zurückhielt.

„Schluß jetzt!“ sagte Carey streng.

„Laß mich – ich zeige es ihm“, schnaubte Paul. „Er hat meine Schwester beleidigt. Er hat gesagt, daß du – laß mich!“

Er konnte sich nicht aus Careys eisernem Griff befreien. Lazarre knurrte wie ein Wolf, schüttelte Mrs. Joe so heftig ab, daß sie durch den Raum wirbelte, und stürzte sich auf Paul. Carey wehrte ihn ab, so gut es ging, und taumelte rückwärts gegen den Tisch. Der fiel mit Gepolter zu Boden, und das Licht ging aus.

Mrs. Joes kreischte so, daß beinahe das Dach einstürzte. In dem Durcheinander, das folgte, knallten zwei Pistolenschüsse. Man hörte einen Schrei, ein Stöhnen, einen Sturz – und dann, daß jemand zur Tür rannte. Als Mrs. Joe Esquints Schwester Marie mit einer neuen Lampe hereinstürmte, kreischte Mrs. Joe immer noch, Paul Dumont lehnte matt an der Wand mit einem herunterhängenden Arm, und Carey lag mit dem Gesicht nach unten in einer Blutlache.

Marie Esquint hatte gute Nerven. Sie befahl Mrs. Joe, still zu sein, und drehte Carey um. Er war bei Bewußtsein, aber benommen und konnte nicht aufstehen. Marie schob ihm einen Mantel unter den Kopf, sagte Paul, er solle sich auf die Bank legen, ließ Mrs. Joe ein Bett fertigmachen, und ging den Arzt holen. Es ergab sich, daß in jener Nacht ein Arzt in The Flats war – ein Mann aus Prince Albert; er war gerade aus dem Reservat gekommen und hatte sich dort um ein paar kranke Indianer gekümmert. Wegen des Sturms hatte er bei dem alten Auguste Zuflucht gesucht.

Marie kam bald mit dem Arzt, dem alten Auguste und Tannis zurück. Carey wurde auf Mrs. Esquints Bett gelegt. Der Doktor untersuchte ihn, während Mrs. Joe auf dem Boden saß und so laut heulte, wie es ihre Lungen hergaben. Dann schüttelte er den Kopf.

„Ein Schuß in den Rücken“, sagte er kurz.

„Wie lange?“ fragte Carey. Er verstand.

„Vielleicht bis morgen früh“, antwortete der Arzt.

Mrs. Joe heulte noch lauter, und Tannis stand am Bett. Der Arzt wußte, daß er nichts für Carey tun konnte, und eilte in die Küche zu Paul, der eine schwere Armverletzung hatte. Marie ging mit.

Carey sah Tannis stumpfsinnig an. „Laß sie kommen“, sagte er.

Tannis lächelte grausam. „Das geht nicht. Die Drähte sind kaputt, und niemand in The Flats wird heute abend in die Stadt gehen“, antwortete sie.

„Mein Gott, ich *muß* sie sehen, bevor ich sterbe“, stieß Carey bittend hervor. „Wo ist Vater Gabriel? *Er* wird gehen!“

„Der Priester ist gestern abend in die Stadt gegangen und noch nicht zurück“, sagte Tannis.

Carey stöhnte und schloß die Augen. Wenn Vater Gabriel nicht da war, würde wirklich niemand gehen. Der alte Auguste und der Arzt konnten Paul nicht alleinlassen, und der wußte nur zu gut, daß kein einziger Eingeborener in einer solchen Nacht einen Fuß vor die Tür setzen würde, selbst wenn sie nicht allesamt eine Todesangst gehabt hätten, in ein Gerichtsverfahren hineingezogen zu werden, das sicherlich folgen würde.

Er mußte sterben, ohne Elinor noch einmal gesehen zu haben.

Tannis schaute unergründlich auf das bleiche Gesicht auf Mrs. Joe Esquints schmutzigem Kissen hinunter. Ihr versteinerte Miene verriet nichts über den Konflikt, der in ihr tobte. Nach einer kleinen Weile wandte sie sich ab, ging hinaus und schloß die Tür hinter dem Verletzten und Mrs. Joe, deren Geheul zu einem Wimmern erstorben war. Nebenan schrie Paul vor Schmerz auf, als der Arzt seinen Arm behandelte, aber Tannis ging nicht zu ihm. Stattdessen schlüpfte sie hinaus und eilte durch den Sturm die Straße hinunter, die zum Stall des alten Auguste führte. Fünf Minuten später galoppierte sie in der stürmischen Nacht den Fluß entlang, in Richtung Stadt, um Elinor Blair an das Sterbebett ihres Geliebten zu holen.

Ich bleibe dabei, daß keine Frau je selbstloser gehandelt hat als Tannis! Um der Liebe willen drängte sie die Eifersucht und den Haß beiseite, die sich ihrer bemächtigt hatten. Sie hatte nicht nur die Rache in der Hand, sondern auch die Genugtuung, mit Carey bis zu seinem Ende allein zu sein. Sie verzichtete auf beides, damit der Mann, den sie liebte, in Frieden sterben konnte. Für eine weiße Frau wäre eine solche Tat lediglich aller Anerkennung wert gewesen. Für Tannis aus The Flats mit ihrer Herkunft und Tradition war es ein wirkliches Opfer.

Es war acht Uhr, als Tannis The Flats verließ, und zehn, als sie ihr Pferd vor dem Haus auf der Klippe zügelte. Elinor unterhielt Tom und seine Frau mit Klatschgeschichten aus Avonlea, als das Dienstmädchen in der Tür erschien.

„Bitte, Ma'am, draußen auf der Veranda steht eine Eingeborene. Sie fragt nach Miss Blair."

Elinor ging verwundert hinaus, und Tom folgte ihr. Tannis stand, die Peitsche in der Hand, in der stürmischen Nacht. Das warme Licht der Dielenlampe fiel auf ihr bleiches Gesicht, und ihr langes Haar hing durchweicht herab. Sie sah wild aus.

„Jerome Carey ist heute bei einem Streit bei Joe Esquint niedergeschossen worden“, sagte sie. „Er liegt im Sterben – er will Sie sehen – ich bin gekommen, um Sie zu holen.“

Elinor stieß einen leisen Schrei aus und klammerte sich an Toms Schulter. Tom sagte, sie sei entsetzt gewesen. Er war nie damit einverstanden gewesen, daß Carey Elinor den Hof machte, aber diese Nachricht mußte jeden schockieren. Er war jedoch entschlossen, daß Elinor nicht in einer solchen Nacht hinausgehen sollte, geschweige denn sich einer Sterbeszene aussetzen. Das machte er Tannis unmißverständlich klar.

„Ich bin durch den Sturm hergeritten“, sagte Tannis verächtlich. „Kann sie nicht genausoviel für ihn tun wie ich?“

Das gute alte Inselblut in Elinors Adern gewann die Oberhand. „Ja“, sagte sie fest. „Nein, Tom, widersprich nicht – ich muß gehen. Hol mein Pferd – und deins!“

Zehn Minuten darauf galoppierten drei Reiter den Klippenweg hinunter und nahmen den Pfad am Fluß entlang. Glücklicherweise hatten sie Rückenwind, und der schlimmste Sturm war bereits vorüber. Trotzdem war es ein wilder, finsterer Ritt. Tom fluchte leise vor sich hin. Ihm gefiel die ganze Sache nicht – Carey in irgendeiner ordinären Eingeborenen-Hütte tödlich verwundet, dieses schöne, mürrische Mädchen als seine Botin, dieser alptraumhafte Ritt durch Wind und Regen. Es schmeckte alles zu sehr nach Melodram, selbst für das Northland, wo noch primitive Sitten herrschten. Er wünschte von Herzen, Elinor hätte Avonlea nie verlassen.

Es war halb eins, als sie in The Flats ankamen. Tannis war offenbar die einzige, die zusammenhängend denken konnte. Sie sagte Tom, wohin er die Pferde bringen sollte, und führte dann Elinor in das Zimmer, in dem Carey im Sterben lag. Der Arzt saß an seinem Bett, und Mrs. Joe kauerte in einer Ecke und schniefte vor sich hin. Tannis packte sie an der Schulter und schob sie unsanft aus dem Zimmer. Der Arzt verstand und ging sofort hinaus. Als Tannis die Tür schloß, sah sie, wie Elinor vor dem Bett auf die Knie sank und Carey ihr eine zitternde Hand auf den Kopf legte.

Tannis setzte sich vor der Tür auf den Boden und wickelte sich in einen Umhang, den Marie Esquint liegengelassen hatte. In dieser Haltung sah sie aus wie eine leibhaftige *squaw*, und alle, die kamen und gingen, hielten sie für eine solche – sogar der alte Auguste, der nach ihr suchte. Er ließ sie in Ruhe. Sie hielt dort Wache, bis der Morgen über der Prärie dämmerte und Jerome Carey starb. Sie wußte, wann es passierte, weil Elinor aufschrie.

Tannis sprang auf und stürzte hinein. Sie kam zu spät – sogar für einen letzten Blick. Sie nahm Careys Hand und wandte sich mit kalter Würde an die weinende Elinor. „Gehen Sie jetzt“, sagte sie. „Sie hatten ihn im Leben – bis zum letzten Augenblick. Jetzt gehört er mir.“

„Es müssen Vorkehrungen getroffen werden“, stammelte Elinor.

„Mein Vater und mein Bruder werden alle Vorkehrungen treffen, wie Sie es nennen“, sagte Tannis ruhig. „Er hatte keine engen Verwandten auf der Welt – und gar keine in Kanada –, das hat er mir erzählt. Sie können einen protestantischen Pfarrer aus der Stadt herschicken, wenn Sie wollen, aber er wird hier in The Flats begraben werden, und sein Grab gehört mir – mir allein! Gehen Sie!“

Widerwillig und bekümmert, aber einem Willen und einer Leidenschaft nachgebend, die zwingender waren als ihre eigenen Gefühle, ging Elinor langsam hinaus und ließ Tannis aus The Flats mit ihrem Toten allein.